들어가는 말

초 1, 2학년을 위한 공부 체력 증진 프로젝트

우리 아이의 성장과 발육을 위해 어떤 영양제를 먹이시나요? 비타민, 칼슘, 마그네슘, 아연, 철분, 유산균까지 이것저것 챙겨서 먹여야 할 게 참 많더라고요. 간단하게 딱 한 알로 해결하면 좋을 거 같은데 말이죠.
그래서 여러 가지 성분이 함유된 종합 비타민 젤리 같은 게 나오나 봐요.

초 1, 2학년의 공부도 이와 비슷합니다. 할 게 참 많아요. 우선 한글을 떼야 읽고 쓸 수 있으니 한글 습득은 기본 중의 기본이고요. 국어, 수학 교과서에 나오는 개념도 알아야 하죠. 1에서 100까지 세면서 더하기 빼기도 할 수 있어야 합니다. 어휘력과 문장력이 뒷받침되어야 맞춤법 실력까지 자연스럽게 올라가고요. 연산뿐 아니라 문장으로 된 문제도 소화할 수 있어야 하죠. 여기에 문해력이 더해지면 독해력, 문제해결력, 추론 능력까지 필요합니다.

챙겨야 할 학습 영양제가 많지요? 그렇더라도 모두 학습에 기초가 되는 역량이라 초등학생이라면 꼭 해야 하는 공부임에는 틀림이 없습니다. 공부의 기초를 쌓는 데 주력하는 기적학습연구소는 이렇게 다양한 초등 학습 내용을 어떻게 하면 효과적으로 다룰 수 있을지 고민하다가 초 1, 2학년을 위한 종합 비타민 같은 교재가 있으면 좋겠다는 생각에 《꼭공》을 기획하게 되었습니다.

《꼭공 _ **꼭** 필요한 **공**부》는 유아기를 막 벗어난 초등 1, 2학년을 위해 특별히 고안된 책입니다. 이 시기의 아이들은 여러 개의 알약을 한 번에 삼키기 어렵지요. 그래서 학습의 기초 체력을 다질 수 있도록 꼭 필요한 10가지 학습 영역을 한 권에 모았습니다. 초등학생이 되어 시작하는 집공부인 만큼 너무 어렵지 않게, 알차게 공부할 수 있도록 한 쪽, 한 쪽 공을 들였어요. 그러다 보니 말랑말랑한 종합 비타민 젤리처럼 '오늘은 국어, 내일은 수학'을 번갈아 가며 맛볼 수 있는 특별한 학습서가 되었습니다.
소화하기 힘든 여러 권의 문제집을 사서 앞쪽만 풀고 마는 것보다 아주 경제적이고 효율적이지요!

꼭 필요한 공부, 꼭 해야 하는 공부라면 종합 비타민 같은 《꼭공》을 꼭꼭 씹어서 공부 영양소를 듬뿍 채웁시다.
《꼭공》을 경험한 친구들이 공부의 기초 체력을 탄탄히 다질 수 있기를 기대합니다.
이 책의 캐릭터 '**꼭**파'는 교과 핵심 개념을 파고들어요. '양파**공**'은 친구들의 공부 도우미랍니다.
꼭파와 양파공을 따라 《꼭공》의 세계로 빠져 보실까요?

꼭공 학습 설계

읽기…쓰기…셈하기

기초 학력 강화에 필요한 10가지 꼭공 능력

초 1, 2학년의 꼭공은 '읽기, 쓰기, 셈하기'를 중심으로 공부의 기초 체력을 키우는 것에 집중합니다.

읽기 | 한글부터 숫자, 교과서 낱말, 문장, 글 등을 읽을 수 있어야 공부의 기초 체력을 튼튼하게 다질 수 있어요. 단어의 의미를 파악하고, 문장 구조를 이해하며, 글의 전반적인 내용을 해석하는 것을 포함하지요.

쓰기 | 자기 생각이나 의견을 문자로 쓸 수 있어야 합니다. 문법, 철자, 문장 구성 등을 포함하여 바르게 쓰는 능력을 길러야 해요. 쓰기는 효과적으로 의사소통을 하는 데 매우 중요한 공부 체력입니다.

셈하기 | 수학적 개념을 이해하고 수치를 다루는 능력이 필요합니다. 연산(덧셈, 뺄셈, 곱셈, 나눗셈) 원리를 이해하고, 알고리즘에 따라 계산 결과를 이끌어 내는 수 조작 과정은 수학적 사고력의 시작입니다.
셈하기는 일상생활에서도 필수적이며, 더 복잡한 수학 개념을 배우는 기초가 됩니다.

꼭공은 초 1, 2학년들에게 다음과 같은 공부 루틴을 추천합니다.

꼭공 공부 루틴 | 학교에서는 매일 국어, 수학 교과서로 공부합니다. 하교 후 집에 와서는 꼭공으로 배운 내용을 한번 정리해 보는 겁니다. 많지 않아요. 오늘 배운 내용을 떠올리며 하루는 국어 2쪽, 다음 날은 수학 2쪽을 차근차근 풀어 보는 거죠. 짧으면 5분, 길어야 10분 내외로 자기만의 공부 습관을 만들 수 있어요.
가랑비에 옷 젖듯 공부 습관을 몸과 마음에 스며들게 하는 거죠. 그럼 어떤 것을 공부할까요?

꼭공은 세 가지 기초 학력 '읽기, 쓰기, 셈하기'를 기반으로 하여
초등 국어, 수학 교과서에서 꼭 공부해야 할 10가지 영역을 뽑았습니다.

우리는 이것을 초 1, 2학년이 꼭 공부해야 할 10가지 꼭공 능력이라고 불러요.

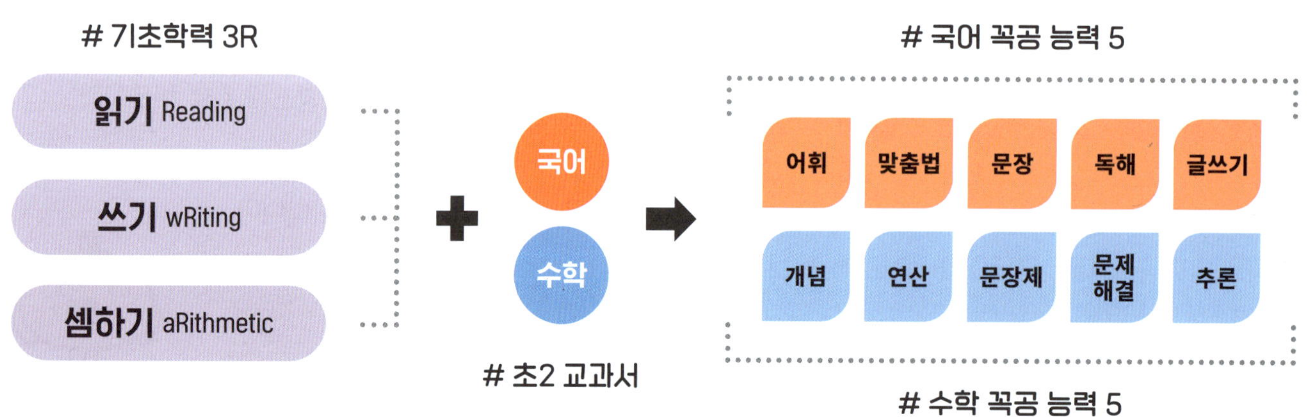

초 1, 2학년이 꼭 공부해야 할 10가지 꼭공 능력

국어

어휘 | 교과서 어휘를 중심으로 수준별 낱말을 습득하고, 정확한 뜻과 쓰임새를 알아봅니다. 어휘의 폭이 넓어질수록 교과 내용을 제대로 이해해 공부 실력을 다지고 문해력을 키울 수 있습니다.

맞춤법 | 우리말과 글을 바르게 쓰기 위한 원칙과 방법을 파악하고 적용합니다. 맞춤법을 잘 알고 지키면 교과 학습 및 의사소통 등에서 잘못된 표현과 오해를 줄여 효과적인 언어생활을 할 수 있습니다.

문장 | 어휘가 모여 문장이 되고, 문장을 익히며 점차 더 긴 글을 읽는 힘을 기를 수 있습니다. 교과서에 나오는 문장 구조를 파악하고, 스스로 하나의 문장을 완성하면서 읽고 쓰기와 친숙해집니다.

독해 | 읽고 이해하는 독해 능력은 국어뿐 아니라 전 과목에서 요구되는 공부의 기초입니다. 내용을 읽고 이해함으로써 모르는 것을 습득하고, 나아가 문제 해결에까지 다다를 수 있습니다.

글쓰기 | 글쓰기는 자신의 생각과 경험을 글로 표현하는 활동에 해당합니다. 글쓰기를 통해 자기 생각을 다른 사람에게 전달할 수 있고, 이야기를 만들거나 문장으로 쓰면서 창의력과 표현력을 기를 수 있습니다.

수학

개념 | 덧셈·뺄셈 원리와 방법, 수학 기호와 용어 등을 익힙니다. 수학은 개념이 점차 심화·확장되는 나선형 학습 설계를 가지므로 해당 학년의 개념을 완벽히 이해하는 것이 중요합니다.

연산 | 자연수의 덧셈과 뺄셈을 연습합니다. 연산은 필수적이며, 이 능력이 부족하면 문제 해결의 실마리를 찾아도 정답을 구할 수 없습니다. 따라서 실수 없이 정확하게 계산하는 연산 능력을 갖추는 것이 중요합니다.

문장제 | 문제를 읽고 문제 속에 숨겨진 연산을 찾아 식과 답을 쓰는 연습을 합니다. 생활 속 수학적 문제 상황을 글로 표현한 문장제를 해결하며 수학이 실생활에 도움을 주고, 문제 해결에 필수적인 학문임을 이해합니다.

문제해결 | 해결해야 할 문제를 정확하게 파악한 다음, 배운 내용을 이용하여 논리적으로 사고하며 문제를 해결합니다. 문제해결력은 수학뿐 아니라 다른 분야의 여러 문제를 해결하는 데 꼭 필요한 역량입니다.

추론 | 배운 내용을 바탕으로 자신이 세운 가설이나 해결 방법을 논리적으로 정당화하는 과정입니다. 낯선 수학 문제의 답을 추측하고, 그 이유를 생각해 보면서 수학적 사고력과 문제해결력을 키울 수 있습니다.

오렌지는 국어, 블루는 수학과 관련 있어요. 이 10가지 꼭공 능력을 기르며 학습 기본기를 꽉 채워 봅시다.
꼭공으로 매일 가볍고 즐겁게 공부하면 다음 학년에 올라가서도 아주 수월하게 공부 체력을 키울 수 있고요.
어느새 의젓한 초등학생으로 성장할 겁니다.
오늘 학교 잘 다녀왔나요? 손 씻고, 간식도 먹고 잠깐 쉬었다가 꼭공을 만나 보세요.

기적학습연구소 일동

꼭공! 이렇게 활용해 보세요

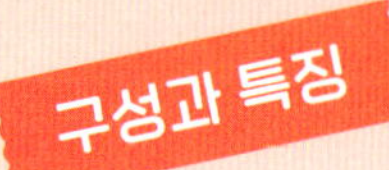

오늘 공부할 주제는?

초2 국어 교과서, 수학 교과서에서 기초 학력 3R
(읽기, 쓰기, 셈하기)을 중심으로 핵심 주제 70가지를 뽑았어요.

**오늘은 국어, 내일은 수학
하루씩 번갈아 공부해요!**

국어 2쪽, 수학 2쪽이 하루씩 번갈아 가며 나와요. 이 책 저 책 찾을 필요 없이 이 한 권만 쭈~욱 풀면 국어, 수학을 모두 공부할 수 있어요.

11 종합

꼭공 복습

국어, 수학을 번갈아 10번 공부하고 난 후, 잘 공부했는지 한꺼번에 확인해 보세요.

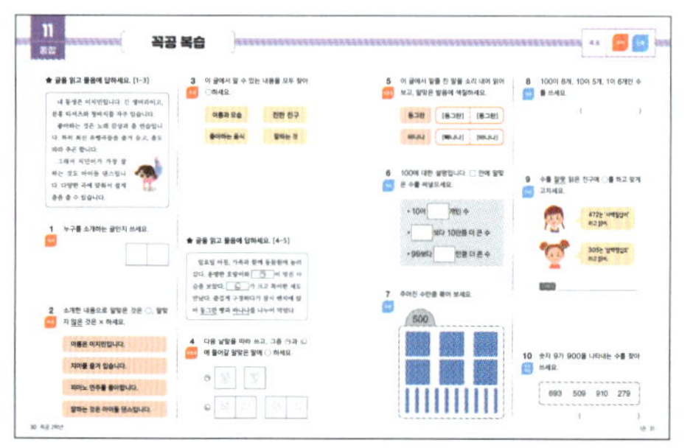

02 수학 **백과 몇백**

01 국어 **어떻게 소개할까요?**

소개하는 글을 쓸 때는 먼저 소개하는 대상이 무엇인지 쓰고, 대상의 이름, 생김새(색깔과 모양), 특징을 자세히 써요.
쓴 다음에는 소개하는 내용이 잘 드러났는지, 읽을 사람이 궁금해할 내용인지, 바르고 정확한 문장으로 썼는지 확인해요.

1 글을 읽고 물음에 답하세요.

> 나는 고양이를 키우고 있습니다. 고양이의 이름은 '단추'입니다. 단추처럼 동글동글한 얼굴이 귀여워서 붙인 이름입니다. 단추는 온몸에 까만 줄무늬가 있고, 발 부분만 하얀 털로 덮여 흰 양말을 신은 것처럼 보입니다. 잠을 많이 자고, 상자에 들어가서 노는 것을 가장 좋아합니다. 낯선 사람에게는 겁을 내지만, 내가 가만히 앉아 있을 때면 은근슬쩍 다가와 몸을 부비곤 합니다.

- 무엇을 소개하는 글인지 쓰세요. (　　　　)
- 소개하는 대상의 이름은 ☐☐입니다.

고양이에게 무슨 이름을, 어떤 까닭으로 붙였다고 했는지 살펴봐.

- 이름을 그렇게 붙인 까닭은 무엇인지 쓰세요.
- 소개한 내용으로 알맞지 않은 것에 × 하세요.

얼굴이 동글동글해요.	까만 줄무늬를 가지고 있어요.	상자에 들어가 놀기 좋아해요.	낯선 사람을 보면 신이 나요.

10 꼭공 2학년

꼭공 능력 개념 연산 문장제 문제해결 추론

꼭공 능력 어휘 맞춤법 문장 독해 글쓰기

2 수아가 소중하게 여기는 물건에 대해 정리한 카드입니다. 글을 참고하여 자신에게 소중한 물건을 소개할 내용을 쓰세요.

소중한 물건	제가 요즘 가장 소중하게 여기는 물건은 생일에 엄마가 선물해 주신 손가방입니다.
색깔과 모양	연두색 바탕에 진초록색 테두리가 있고, 노란 손잡이가 달려 있습니다. 가운데에 공룡이 그려져 있습니다.
쓰임새	친구를 만나거나 가족과 놀러 갈 때 간단한 물건을 넣기 편리합니다.
소중한 까닭	가방에 그려진 공룡 얼굴이 귀엽고 깜찍해서 마음에 듭니다.

그림으로 그려 보세요.

소중한 물건

색깔과 모양

쓰임새

소중한 까닭

1권 11

나도 모르게 쑥쑥 자라는 꼭공 능력!

오늘의 공부는 어떤 꼭공 능력을 키워 줄까요? 국어 꼭공 능력 5가지, 수학 꼭공 능력 5가지 중에서 불이 들어온 칸을 체크해 보세요. 내가 잘하는 것과 조금 더 노력해야 할 것을 알 수 있어요.

꼭공 능력 어휘 맞춤법 문장 독해 글쓰기

꼭공 능력 개념 연산 문장제 문제해결 추론

꼭파가 알려 주는 개념! 양파공이 짚어 주는 힌트!

교과서에 나오는 중요한 개념을 꼭박스에 담았어요. '꼭파'는 이 개념을 친절하게 알려 주고, '양파공'은 어려운 부분이나 체크해야 할 부분을 도와줍니다. 옆에서 학부모님이 지도하실 때는 TIPTALK 을 참고해 주세요.

이런 순서로 공부해요

…

- 활동지는 정답 앞쪽에 있어요.
- 정답은 책 맨 뒤에 있어요.

꼭공 국어 수학

01~11

내 이름은 꼭파!

꼭 공부해야 할 것만 콕 짚어 알려 줄게.

나는 수다쟁이 양파공!

공부할 때 내 힌트가 도움이 될 거야.

· 학습 계획표 ·

	꼭공 내용	꼭공 능력					공부한 날
01	어떻게 소개할까요?	어휘	맞춤법	문장	**독해**	**글쓰기**	/
02	백과 몇백	**개념**	연산	문장제	문제해결	**추론**	/
03	자기소개를 해요	어휘	맞춤법	**문장**	독해	**글쓰기**	/
04	세 자리 수 읽고 쓰기	**개념**	연산	문장제	문제해결	**추론**	/
05	내 꿈을 말해요	**어휘**	맞춤법	**문장**	독해	글쓰기	/
06	세 자리 수 나타내기	**개념**	연산	문장제	문제해결	**추론**	/
07	달과 딸, 불과 뿔	**어휘**	**맞춤법**	문장	독해	글쓰기	/
08	자리의 숫자와 나타내는 수	**개념**	연산	문장제	**문제해결**	추론	/
09	글자 수 & 첫소리가 같은 낱말	**어휘**	**맞춤법**	문장	독해	글쓰기	/
10	수 맞추기	개념	연산	문장제	**문제해결**	**추론**	/
11	꼭공 복습		**국어**		**수학**		/

01
국어

어떻게 소개할까요?

소개하는 글을 쓸 때는 먼저 소개하는 대상이 무엇인지 쓰고, 대상의 이름, 생김새(색깔과 모양), 특징을 자세히 써요.
쓴 다음에는 소개하는 내용이 잘 드러났는지, 읽을 사람이 궁금해할 내용인지, 바르고 정확한 문장으로 썼는지 확인해요.

1 글을 읽고 물음에 답하세요.

> 나는 고양이를 키우고 있습니다. 고양이의 이름은 '단추'입니다. 단추처럼 동글동글한 얼굴이 귀여워서 붙인 이름입니다. 단추는 온몸에 까만 줄무늬가 있고, 발 부분만 하얀 털로 덮여 흰 양말을 신은 것처럼 보입니다. 잠을 많이 자고, 상자에 들어가서 노는 것을 가장 좋아합니다. 낯선 사람에게는 겁을 내지만, 내가 가만히 앉아 있을 때면 은근슬쩍 다가와 몸을 부비곤 합니다.

- 무엇을 소개하는 글인지 쓰세요. ( )

- 소개하는 대상의 이름은 □□ 입니다.

고양이에게 무슨 이름을, 어떤 까닭으로 붙였다고 했는지 살펴봐.

- 이름을 그렇게 붙인 까닭은 무엇인지 쓰세요.

- 소개한 내용으로 알맞지 않은 것에 × 하세요.

얼굴이 동글동글해요.	까만 줄무늬를 가지고 있어요.	상자에 들어가 놀기 좋아해요.	낯선 사람을 보면 신이 나요.

2 수아가 소중하게 여기는 물건에 대해 정리한 카드입니다. 글을 참고하여 자신에게 소중한 물건을 소개할 내용을 쓰세요.

소중한 물건	제가 요즘 가장 소중하게 여기는 물건은 생일에 엄마가 선물해 주신 손가방입니다.
색깔과 모양	연두색 바탕에 진초록색 테두리가 있고, 노란 손잡이가 달려 있습니다. 가운데에 공룡이 그려져 있습니다.
쓰임새	친구를 만나거나 가족과 놀러 갈 때 간단한 물건을 넣기 편리합니다.
소중한 까닭	가방에 그려진 공룡 얼굴이 귀엽고 깜찍해서 마음에 듭니다.

그림으로 그려 보세요.

소중한 물건

색깔과 모양

쓰임새

소중한 까닭

백과 몇백

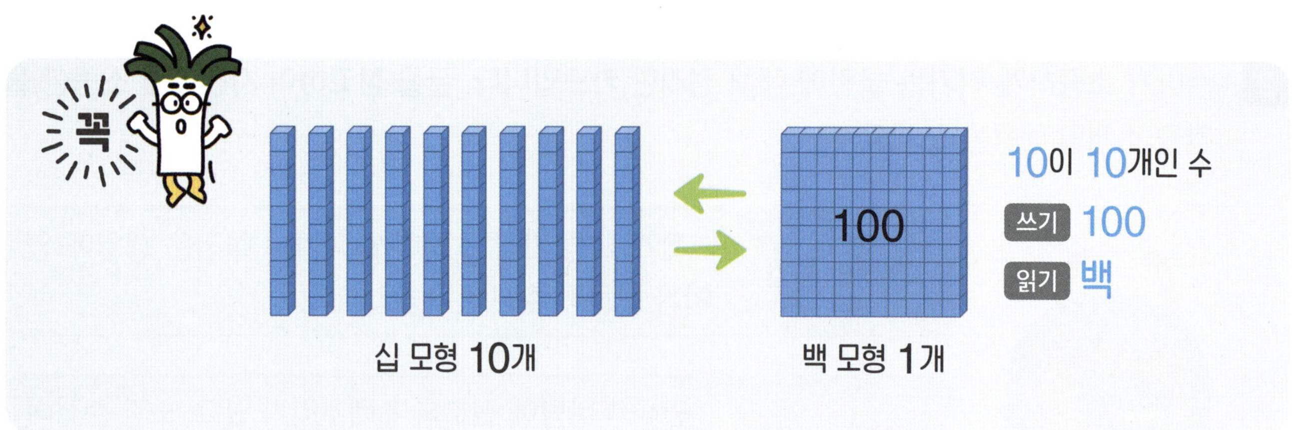

1 □ 안에 알맞은 수를 써넣으세요.

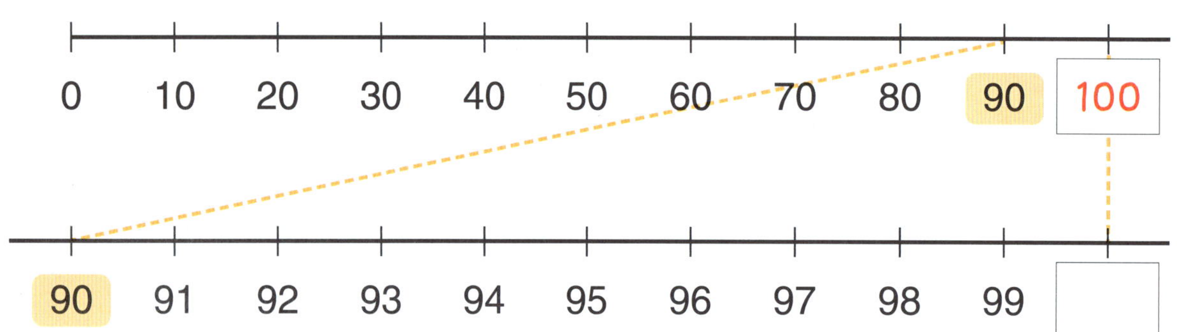

90보다 10만큼 더 큰 수는 □입니다.

□은 99보다 1만큼 더 큰 수입니다.

100은 80보다 □만큼 더 큰 수입니다.

97보다 □만큼 더 큰 수는 100입니다.

TIPTALK

100을 '~보다 ~만큼 더 큰 수'와 같이 다양하게 표현해 봅니다. 아이가 어려워한다면 수직선을 보고 100이 되려면 얼마만큼 움직여야 하는지 생각해 보게 해 주세요.

나만의 방법으로 100을 나타내 볼까?

□보다 □만큼 더 큰 수는 100입니다.

TIPTALK

몇백은 100이 몇 개인 수입니다. 200은 100이 2개인 수, 300은 100이 3개인 수를 나타내는 거죠. 100은 10이 10개인 수이므로 몇백 또한 10이 몇 개인 수로 나타낼 수 있어요. 200은 10이 20개인 수, 300은 10이 30개인 수로 나타낼 수 있지요.

2 주어진 수만큼 묶어 보세요.

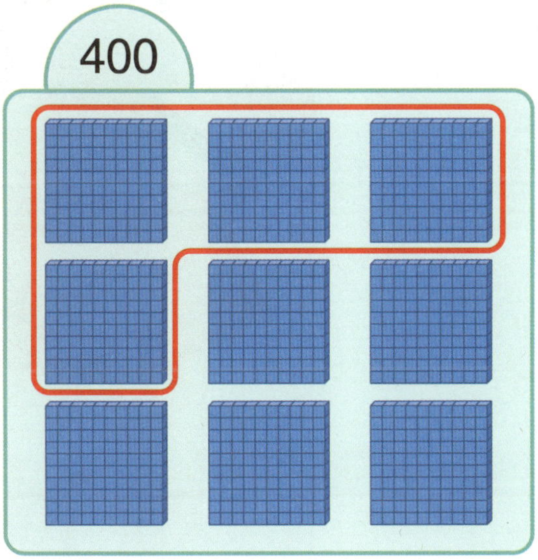

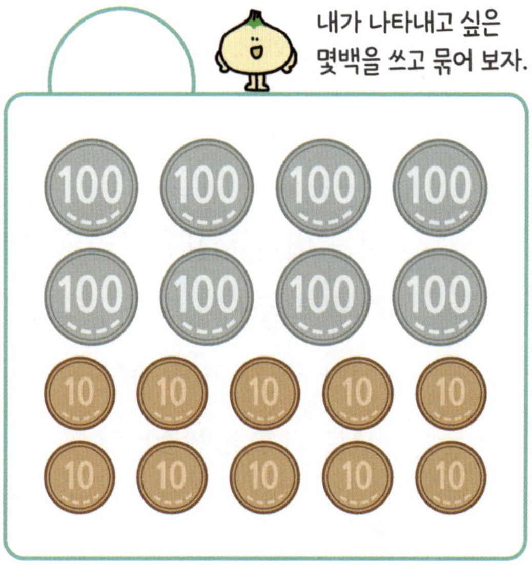

400

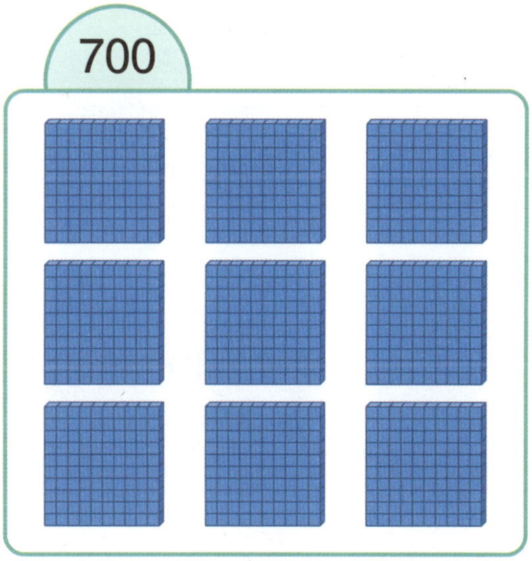

700

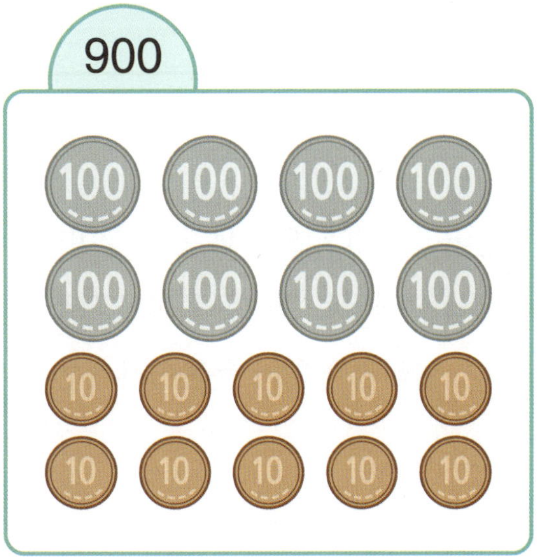

900

내가 나타내고 싶은 몇백을 쓰고 묶어 보자.

100 100 100 100
100 100 100 100
10 10 10 10 10
10 10 10 10 10

100 100 100 100
100 100 100 100
10 10 10 10 10
10 10 10 10 10

03
국어

자기소개를 해요

1 친구의 자기소개를 읽고 자신에 대해 소개하는 내용을 쓰세요.

저는 **이지유**입니다.

저는 **단발머리**에,
노란색 옷을 좋아하고
치마를 자주 입습니다.

저는 **그림 그리기**를
좋아합니다.

제가 잘하는 것은
달리기입니다.

이름, 모습, 좋아하는 것, 잘하는 것 등을 정리하면 한 편의 자기소개 글이 된다는 것을 알려 주고, 그 밖에 더 소개하고 싶은 내용이 있다면 덧붙일 수 있게 해 주세요.

저는 이지유입니다. 곱슬곱슬한 갈색 단발머리입니다. 노란색 옷을 좋아하고 치마를 자주 입습니다. 그림 그리기를 좋아해서 색연필로 귀여운 동물을 자주 그립니다. 제가 가장 잘하는 것은 달리기입니다. 달리기가 빨라 운동회에서 반 대표로도 자주 뽑혔습니다.

내 이름은?
내 모습은?
내가 좋아하는 것은?
내가 잘하는 것은?
위에서 답한 내용을 모아 정리하고,
회색 그림자 안에 내 모습도 그려 봐.

04
수학

세 자리 수 읽고 쓰기

세 자리 수를 읽을 때는

❶ 앞에서부터 숫자에 자릿값을 붙여서 읽어요. 백 십 일 256 → 이백오십육

❷ 숫자가 1인 자리는 자릿값만 읽어요. 151 → 백오십일

❸ 숫자가 0인 자리는 읽지 않아요. 206 → 이백육

자릿값 '일'은 붙여서 읽지 않아!

1 수를 읽어 보세요.

내 옷에는 백사십 이라고 쓰여 있어. (140)

이 책은 ________ 쪽까지 있어. (264)

정류장에 ________ 번 버스가 도착했어. (500)

윤서네 집은 ________ 동 ________ 호야. (117동 902호)

세 자리 수로 나타낼 때는

		백	십	일
❶ 자릿값 앞에 있는 수를 차례로 써요.	삼백팔십칠 →	3	8	7
❷ 자릿값만 읽은 자리에는 1을 써요.	삼백십삼 →	3	1	3
❸ 읽지 않은 자리에는 0을 꼭 써요.	사백구 →	4	0	9

'십'이 없으니까 십의 자리에 0!

2 빈 곳에 수로 쓰세요.

생수병에서 삼백삼십이라는 수를 봤어.

☐ mL

나는 오늘 칠백이 걸음 걸었어.

엄마 신발에는 이백사십오라고 쓰여 있어.

과자 한 봉지를 팔백십 원에 판다고?!

☐ 원

05
국어

내 꿈을 말해요

나는 커서 무엇이 되어 어떤 일을 하고 싶나요?
세상의 수많은 직업에 대해 알아보고 내 꿈을 이야기해요.

TIPTALK
생각 그물을 만들어 자유롭게 생각을 펼쳐 보고, 발표하는 연습을 해 봅니다.

1 자신의 장래 희망을 쓰고, 관련 있는 낱말을 덧붙여 생각 그물을 만들어 보세요.

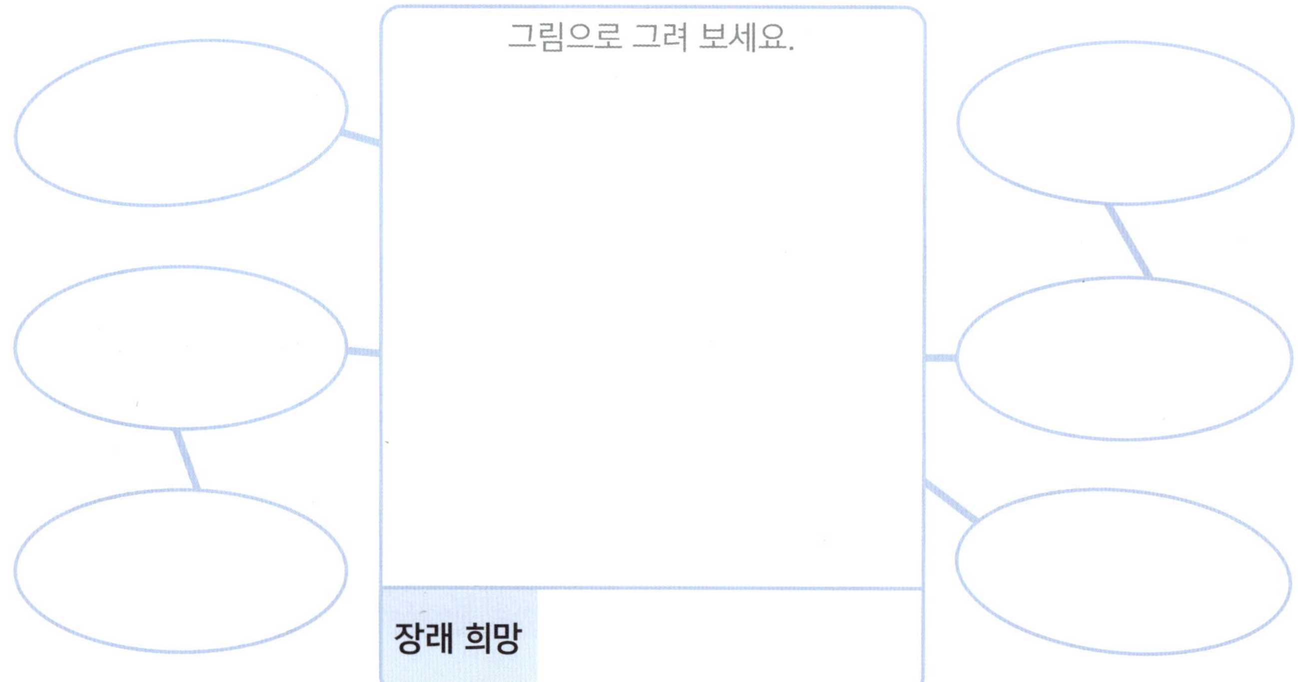

2 그림과 어울리도록 빈칸을 채우고, 낱말을 활용해 짧은 글을 지어 보세요.

직업	선생님	예 선생님이 국어를 가르치신다.
하는 일	가르치다	

직업	소방관	
하는 일	구조하다	

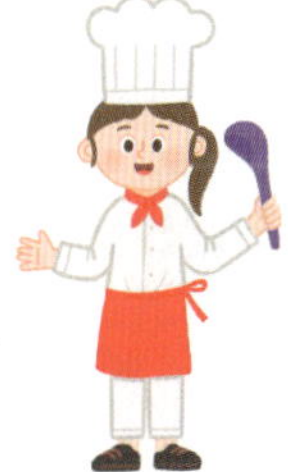

직업		
하는 일	요리하다	

직업		
하는 일	농사짓다	

직업		
하는 일	노래하다	

직업		
하는 일	치료하다	

06 수학

세 자리 수 나타내기

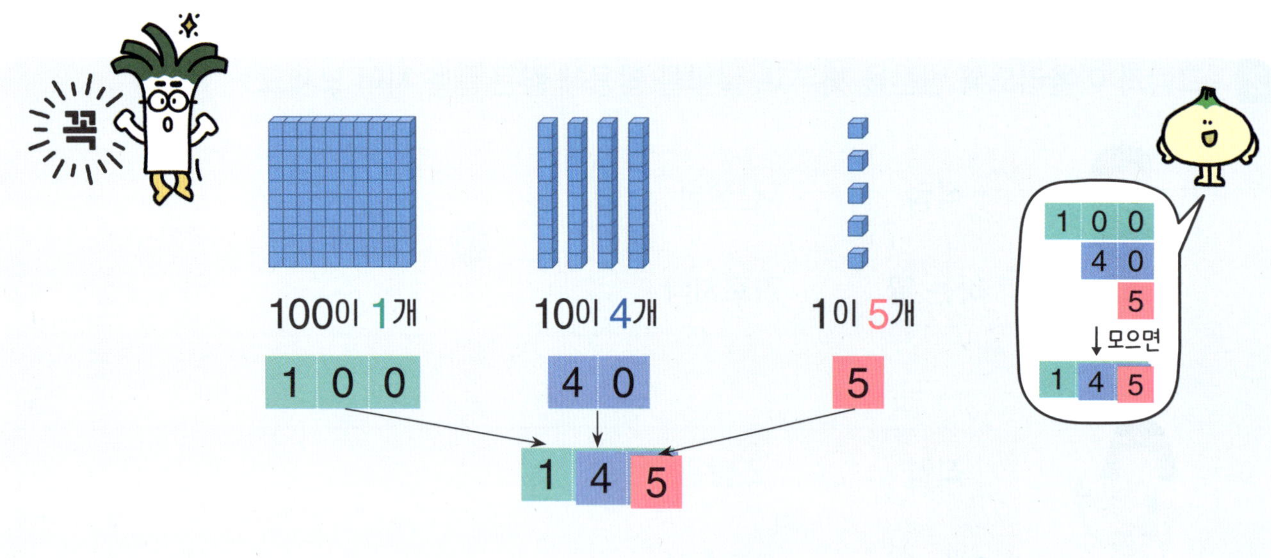

1 빈칸에 알맞은 수를 써넣으세요.

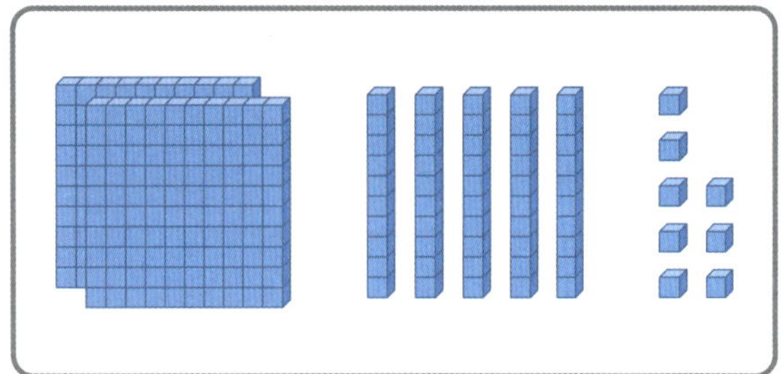

100이 2개, 10이 5개, 1이 8개인 수

➡ 

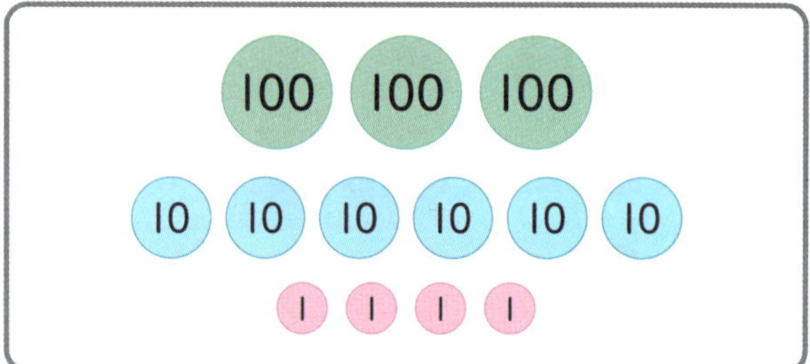

100이 3개, 10이 6개, 1이 4개인 수

➡ 

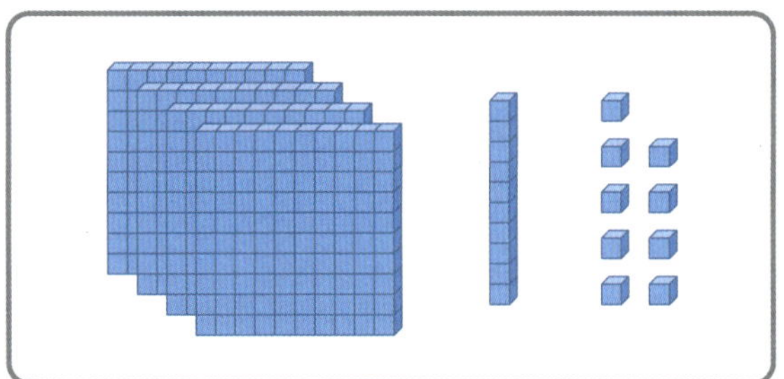

100이 4개, 10이 1개, 1이 9개인 수

➡ 

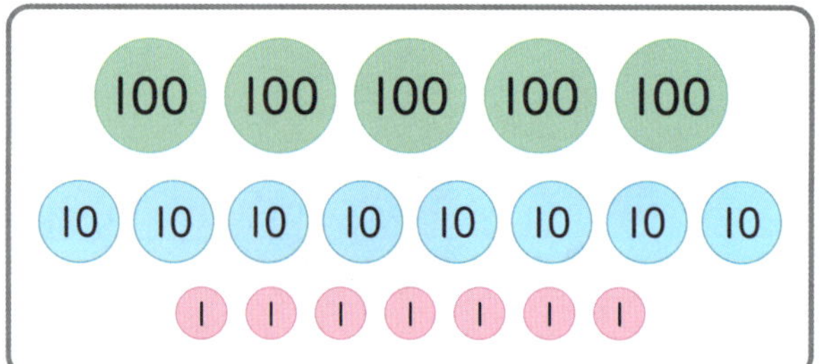

100이 5개, 10이 8개, 1이 7개인 수

➡ 

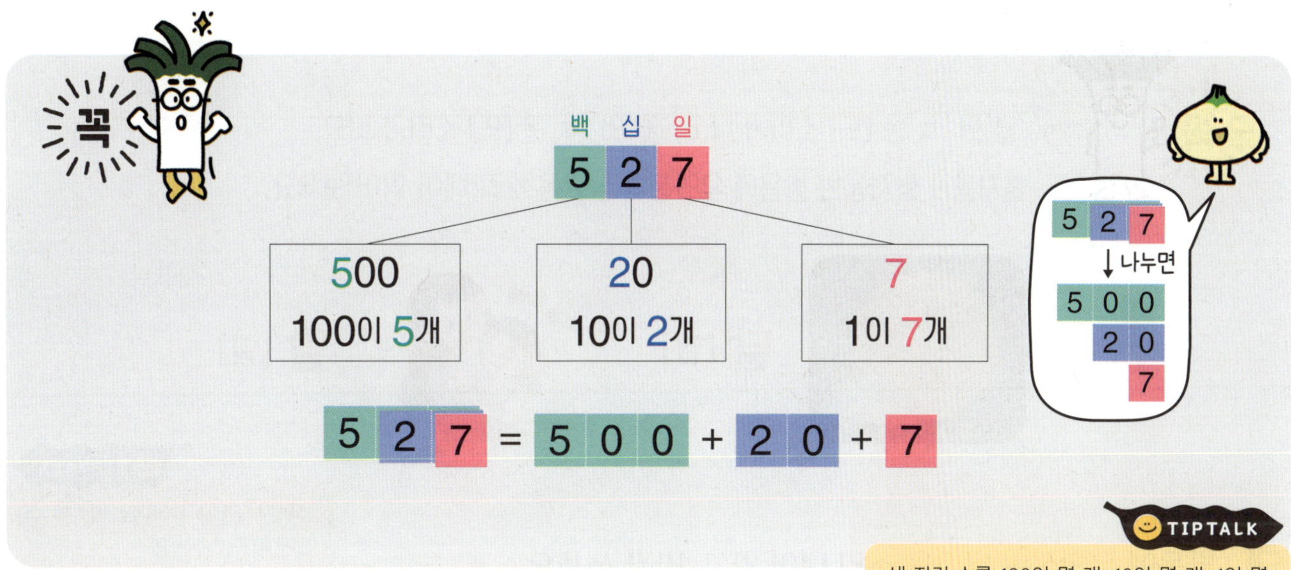

TIPTALK
세 자리 수를 100이 몇 개, 10이 몇 개, 1이 몇 개인 수로 나타내면서 세 자리 수는 몇백, 몇십, 몇의 합으로 나타낼 수 있음을 설명해 주세요.

2 □ 안에 알맞은 수를 써넣고 수만큼 색칠하세요.

381 ➡ 100이 3개, 10이 □개, 1이 □개인 수

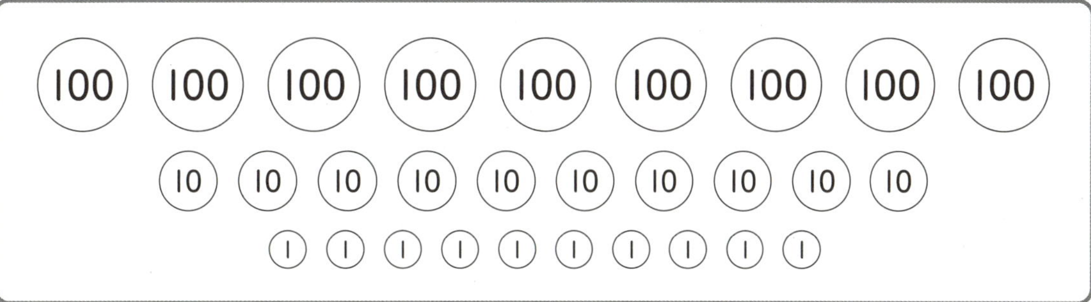

654 ➡ 100이 □개, 10이 □개, 1이 □개인 수

100 100 100 100 100 100 100 100 100
10 10 10 10 10 10 10 10 10 10
1 1 1 1 1 1 1 1 1 1

07
국어

달과 딸, 불과 뿔

'달'의 'ㄷ'은 [드] 소리가 나고, '딸'의 'ㄸ'은 [뜨] 소리가 나요.
홑자음과 쌍자음의 발음에 유의하며 낱말을 소리 내어 읽어 보세요.

달 [달]

딸 [딸]

주어진 낱말을 표기대로 발음할 수 있게 지도해 주세요.

1 발음에 유의하며 낱말을 소리 내어 읽고, 따라 쓰세요.

불 [불]

자다 [자다]

자 다

뿔 [뿔]

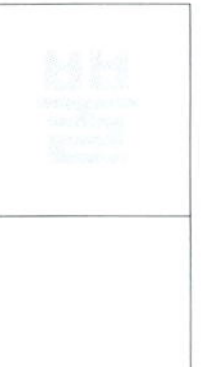

짜다 [짜다]

굴 [굴]

부리 [부리]

꿀 [꿀]

뿌리 [뿌리]

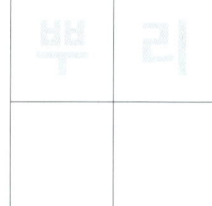

2 다음 문장에 알맞은 낱말을 골라 ○ 하고, 읽어 보세요.

가을 들판에 노랗게 (**벼 , 뼈**)가 익었어.

오늘 아침에는 우유랑 (**방 , 빵**)을 먹으려고 해.

내일 출발해야 하니까 어서 (**짐 , 찜**)을 싸 두도록 해.

빨래를 (**자서 , 짜서**) 물기를 털어 내고 옥상에 널었다.

3 밑줄 친 낱말의 발음으로 알맞은 것에 색칠하세요.

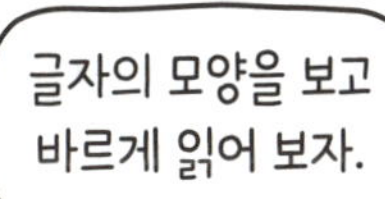

차가 막혀서 좀 늦었어. | [좀] | [쫌]

간식으로 바나나 하나를 먹었어. | [빠나나] | [바나나]

미용실에서 머리를 단발로 자르다. | [짜르다] | [자르다]

거울에 비친 모양은 좌우가 거꾸로야. | [거꾸로] | [꺼꾸로]

보름달이 노란 동그라미 호떡 같아. | [동그라미] | [똥그라미]

08 수학

자리의 숫자와 나타내는 수

꼭
백의 자리
십의 자리
일의 자리
2 3 7
237에서
2 0 0
2는 백의 자리 숫자이고, 200을 나타냅니다.
3 0
3은 십의 자리 숫자이고, 30을 나타냅니다.
7
7은 일의 자리 숫자이고, 7을 나타냅니다.

1 □ 안에 알맞은 수를 써넣으세요.

458
- 백의 자리 숫자: □ ➡ □ 을/를 나타냅니다.
- 십의 자리 숫자: □ ➡ □ 을/를 나타냅니다.
- 일의 자리 숫자: □ ➡ □ 을/를 나타냅니다.

516
- 백의 자리 숫자: □ ➡ □ 을/를 나타냅니다.
- 십의 자리 숫자: □ ➡ □ 을/를 나타냅니다.
- 일의 자리 숫자: □ ➡ □ 을/를 나타냅니다.

777
- 백의 자리 숫자: □ ➡ □ 을/를 나타냅니다.
- 십의 자리 숫자: □ ➡ □ 을/를 나타냅니다.
- 일의 자리 숫자: □ ➡ □ 을/를 나타냅니다.

7인데 700이라고?!
70일 수도 있다고?
숫자가 같아도 어느
자리에 있느냐에 따라
나타내는 수가 다르구나.

2 알맞은 수를 찾아 ○를 하세요.

백의 자리 숫자가 5인 수

숫자 7이 70을 나타내는 수

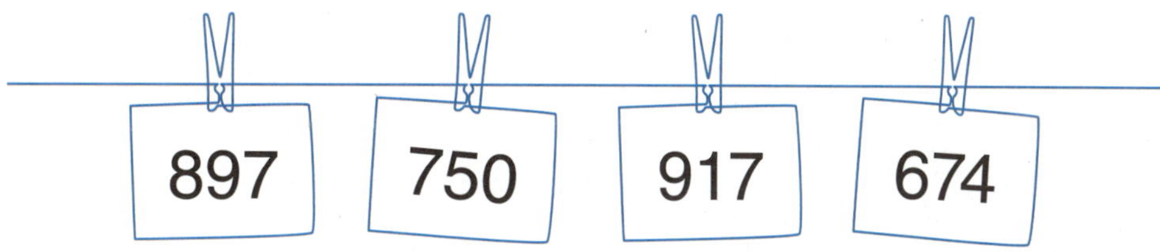

일의 자리 숫자가 2인 수

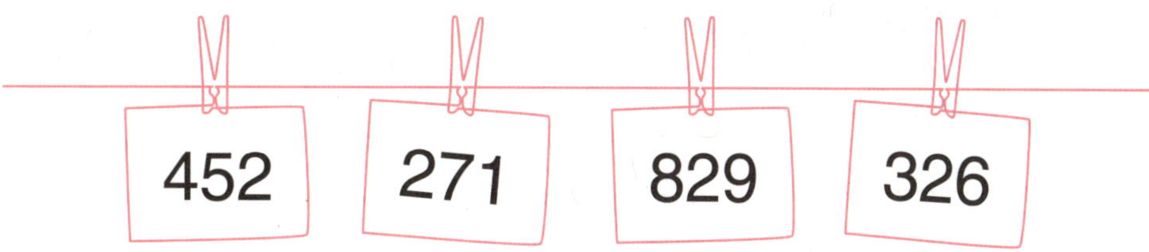

숫자 6이 600을 나타내는 수

09
국어

글자 수 & 첫소리가 같은 낱말

1 기찻길을 따라가면서 글자 수 규칙에 알맞은 낱말을 쓰세요.

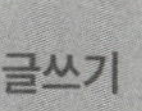

2 첫소리가 같은 낱말끼리 묶은 기차입니다. 빈칸에 같은 첫소리를 가진 낱말을 쓰세요.

ㄱㄹ | 기린 | | |

ㅁㄷ | 마당 | | |

ㅎㄴ | 하늘 | | |

ㅇㄱ | 아기 | | |

ㅊㅅ | 책상 | | |

10
수학

수 맞추기

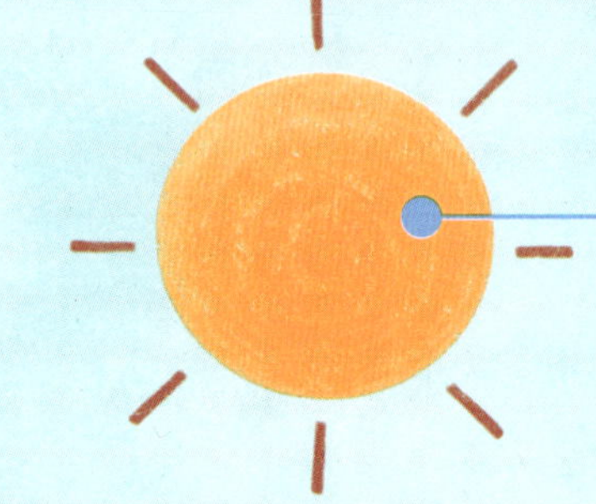

★ 설명하는 수를 보고, 빈칸에 알맞은 수를 써넣으세요.

가로줄(→)

1 백의 자리 숫자가 2, 십의 자리 숫자가 6, 일의 자리 숫자가 5인 수
3 똑같은 숫자로만 이루어진 세 자리 수
5 구백사십팔
8 백의 자리 숫자가 십의 자리 숫자보다 2만큼 더 큰 수
11 10이 10개인 수
13 500+10+6
14 일의 자리 숫자는 백의 자리 숫자를 두 번 더한 수
16 100이 6개,10이 5개, 1이 9개인 수

세로줄(↓)

2 육백사십삼
4 100이 3개, 10이 9개, 1이 4개인 수
6 900+30
7 십의 자리 숫자가 백의 자리 숫자보다 3만큼 더 작은 수
9 100이 7개인 수
10 백의 자리 숫자와 일의 자리 숫자가 같고, 십의 자리 숫자가 6인 수
12 614와 일의 자리 숫자가 똑같은 수
15 백의 자리 숫자가 2이고, 각 자리 숫자의 합이 8인 수

꼭공 능력
개념
연산
문장제
문제 해결
추론
1
2
2
6
5
3
4
5
6
7
8
9
10
11
12
13
14
15
16

꼭공 복습

★ 글을 읽고 물음에 답하세요. [1-3]

내 동생은 이지민입니다. 긴 생머리이고, 분홍 티셔츠와 청바지를 자주 입습니다.

좋아하는 것은 노래 감상과 춤 연습입니다. 특히 최신 유행곡들을 즐겨 듣고, 춤도 따라 추곤 합니다.

그래서 지민이가 가장 잘하는 것도 아이돌 댄스입니다. 다양한 곡에 맞춰서 쉽게 춤을 출 수 있습니다.

1 독해 누구를 소개하는 글인지 쓰세요.

(　　　　　　　　)

2 독해 소개한 내용으로 알맞은 것은 ○, 알맞지 않은 것은 × 하세요.

- 이름은 이지민입니다.
- 치마를 즐겨 입습니다.
- 피아노 연주를 좋아합니다.
- 잘하는 것은 아이돌 댄스입니다.

3 독해 이 글에서 알 수 있는 내용을 모두 찾아 ○ 하세요.

이름과 모습	친한 친구
잘하는 것	좋아하는 음식

★ 글을 읽고 물음에 답하세요. [4-5]

일요일 아침, 가족과 함께 동물원에 놀러 갔다. 용맹한 호랑이와 [㉠]이 멋진 사슴을 보았다. [㉡]가 크고 특이한 새도 만났다. 즐겁게 구경하다가 잠시 쉬면서 ㉢동그란 빵과 ㉣바나나를 나누어 먹었다.

4 맞춤법 다음 낱말을 따라 쓰고, 그중 ㉠과 ㉡에 들어갈 알맞은 말에 ○ 하세요.

㉠  

㉡  

5 맞춤법 ㉢과 ㉣을 소리 내어 읽어 보고, 알맞은 발음에 색칠하세요.

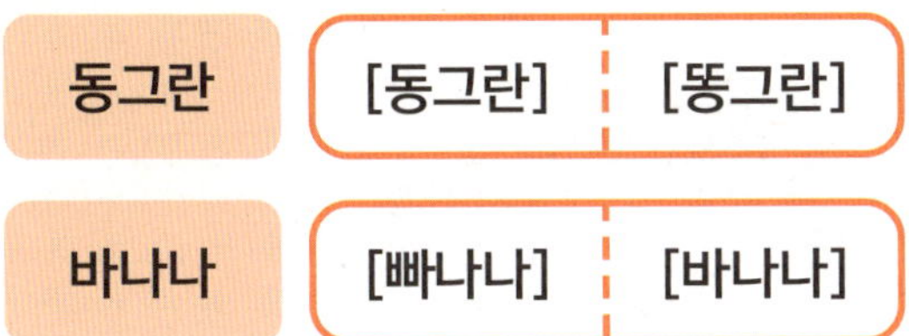

6 개념 100에 대한 설명입니다. □ 안에 알맞은 수를 써넣으세요.

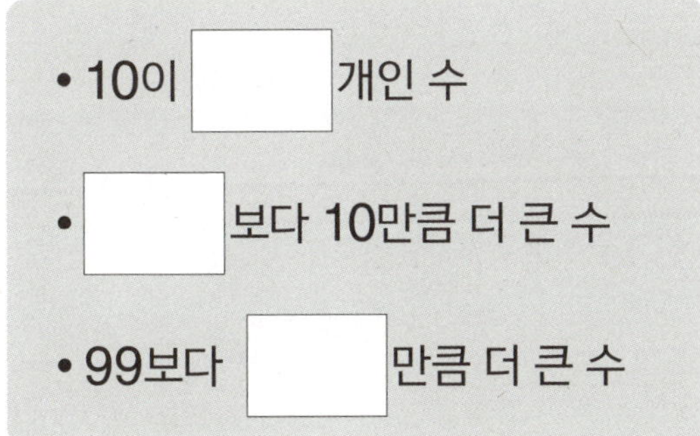

• 10이 □개인 수
• □보다 10만큼 더 큰 수
• 99보다 □만큼 더 큰 수

7 추론 주어진 수만큼 묶어 보세요.

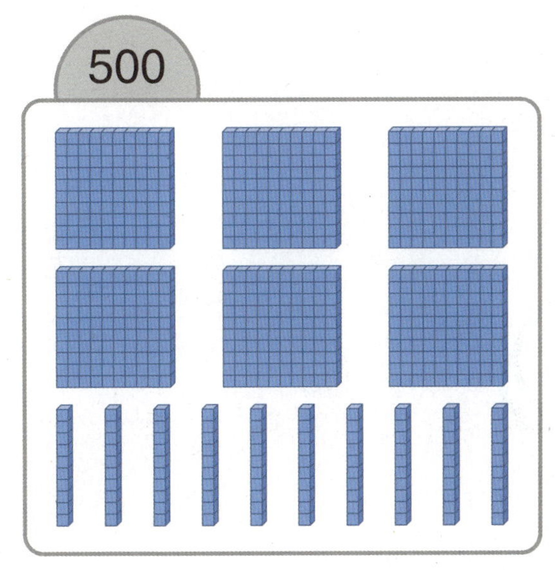

8 개념 100이 8개, 10이 5개, 1이 6개인 수를 쓰세요.

(　　　　　　　　)

9 개념 수를 잘못 읽은 친구에 ○ 하고 맞게 고치세요.

472는 '사백칠십이'
라고 읽어.
305는 '삼백영십오'
라고 읽어.

고치기 ____________________

10 문제해결 숫자 9가 900을 나타내는 수를 찾아 쓰세요.

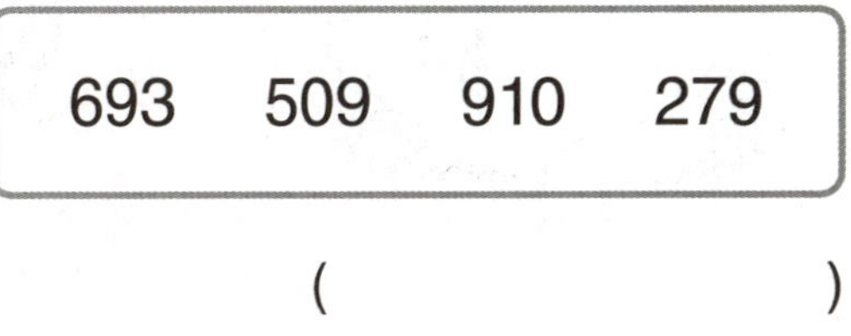

(　　　　　　　　)

꼭공 국어 수학

12~22

어느 수가 가장 클까?

세 수의 크기를 비교해 봐.

꾸며 주는 말을 써서

더 생생한 문장을 만들어 봐.

· 학습 계획표 ·

	꼭공 내용	꼭공 능력					공부한 날
12	꼬리를 무는 끝말잇기	어휘	맞춤법	문장	독해	글쓰기	/
13	뛰어 세기	개념	연산	문장제	문제 해결	추론	/
14	꼬리따기 & 말 덧붙이기	어휘	맞춤법	문장	독해	글쓰기	/
15	두 수의 크기 비교	개념	연산	문장제	문제 해결	추론	/
16	아, 시원해!	어휘	맞춤법	문장	독해	글쓰기	/
17	세 수의 크기 비교	개념	연산	문장제	문제 해결	추론	/
18	꾸며 주는 말 찾기	어휘	맞춤법	문장	독해	글쓰기	/
19	수를 설명해 봐	개념	연산	문장제	문제 해결	추론	/
20	구름이 두둥실 떠다녀	어휘	맞춤법	문장	독해	글쓰기	/
21	수 만들기	개념	연산	문장제	문제 해결	추론	/
22	꼭공 복습		국어		수학		/

12
국어

꼬리를 무는 끝말잇기

1 끝말잇기를 하며 출발에서 도착까지 길을 찾으세요.

출발 ↓

학교	수업	지우개	선물	마음	연필
교실	실내화	화요일	요리	마을	오늘
바구니	날씨	일기	기분	책장	의자
파도	등산	구름	분수	수건	건물
일요일	동네	연못	계절	결심	물결
안개	호수	미술	장미	심장	물건
주스	풍차	술래	소풍	심술	겨울

↓ 도착

2 질문을 읽고 빈칸에 알맞은 낱말을 쓰세요.

13
수학

뛰어 세기

1 100씩, 10씩, 1씩 뛰어 세어 보세요.

TIPTALK

1000은 2학년 2학기 '네 자리 수'에서 자세하게 배웁니다. 여기에서는 1000을 999보다 1만큼 더 큰 수로 간단히 지도해 주세요.

TIPTALK

뛰어 세기 한 수를 보면서 백, 십, 일의 자리 수 중 어느 자리 수가 어떻게 달라지는지 규칙을 찾을 수 있도록 하고, 같은 규칙으로 이어서 뛰어 세기를 할 수 있도록 지도해 주세요.

2 빈칸에 알맞은 수를 써넣으세요.

➡ ☐ 씩 뛰어 세었습니다.

➡ ☐ 씩 뛰어 세었습니다.

➡ ☐ 씩 뛰어 세었습니다.

➡ ☐ 씩 뛰어 세었습니다.

14
국어

꼬리따기 & 말 덧붙이기

꼬리따기 말놀이는 비슷한 것을 떠올려서 말을 이어 가는 놀이예요. '원숭이 엉덩이는 빨개, 빨간 것은 사과…'처럼 비슷한 것을 끌어와 말해 보세요.

1 꼬리따기 말놀이를 해 볼까요? 왼쪽 글을 소리 내어 읽고 빈칸에 알맞은 말을 넣어 보세요. 그리고 오른쪽처럼 새로운 꼬리따기 말놀이를 만들어 보세요.

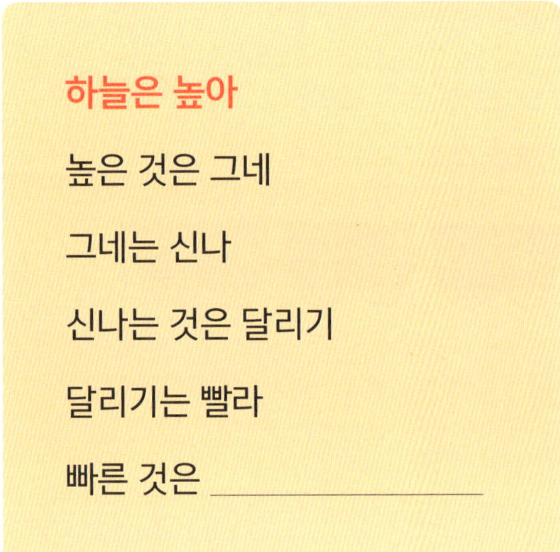

지구는 둥글어
둥근 것은 수박
수박은 맛있어
맛있는 건 떡볶이
떡볶이는 빨개
빨간 것은 장미
장미는 ______________

말 덧붙이기 놀이는 상대방이 한 말을 반복한 다음 새로운 말을 덧붙여 이어 나가는 놀이예요. 놀이를 시작하는 친구가 '시장에 가면' 뒤에 '고기도 있고'처럼 말을 덧붙이면, 그다음 친구는 앞 친구의 말을 반복한 뒤에 다른 말을 덧붙여요. 새로운 말을 덧붙이지 못하거나 다르게 반복하면 지게 되지요.

2 다음 장소에서 볼 수 있는 것들을 쓰면서 말 덧붙이기 연습을 해 보세요.

편의점에 가면

과자도 있고, ＿＿＿＿＿＿＿도 있고,

＿＿＿＿＿＿＿도 있고, ＿＿＿＿＿＿＿도 있고,

＿＿＿＿＿＿＿도 있고…

과일 가게에 가면

사과도 있고, ＿＿＿＿＿＿＿도 있고,

＿＿＿＿＿＿＿도 있고, ＿＿＿＿＿＿＿도 있고,

＿＿＿＿＿＿＿도 있고…

놀이터에 가면

미끄럼틀도 있고, ＿＿＿＿＿＿＿도 있고,

＿＿＿＿＿＿＿도 있고, ＿＿＿＿＿＿＿도 있고,

＿＿＿＿＿＿＿도 있고…

15
수학

두 수의 크기 비교

꼭

세 자리 수의 크기를 비교할 때는

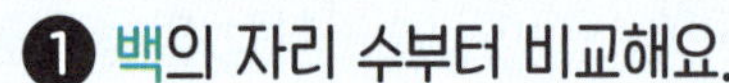

❶ 백의 자리 수부터 비교해요. 269 < 354

❷ 백의 자리 수가 같으면 십의 자리 수를 비교하고 483 > 417

❸ 백의 자리와 십의 자리 수가 같으면 일의 자리 수를 비교합니다. 520 < 526

1 두 수의 크기를 비교하여 ○ 안에 > 또는 <를 알맞게 써넣으세요.

200 ○ 350

549 ○ 542

681 ○ 605

117 ○ 493

728 ○ 722

906 ○ 986

859 ○ 594

378 ○ 324

192 ○ 129

215 ○ 219

463 ○ 468

730 ○ 888

TIPTALK
부등호를 보고 □ 안에 비교하는 수보다 큰 수가 들어가야 하는지, 작은 수가 들어가야 하는지 판단할 수 있도록 지도해 주세요.

2 □ 안에 들어갈 수 있는 수를 모두 찾아 ○를 하세요.

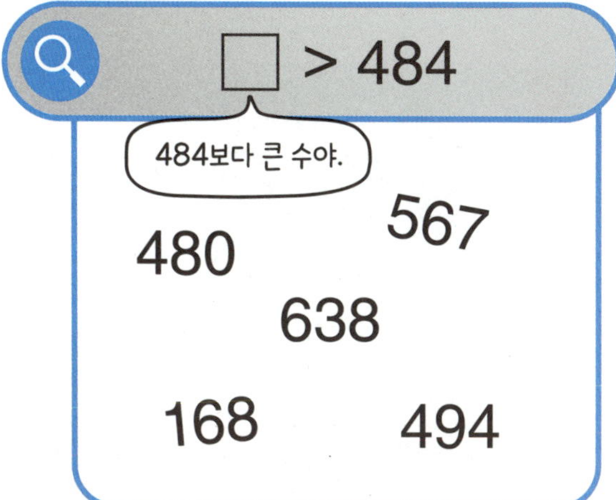

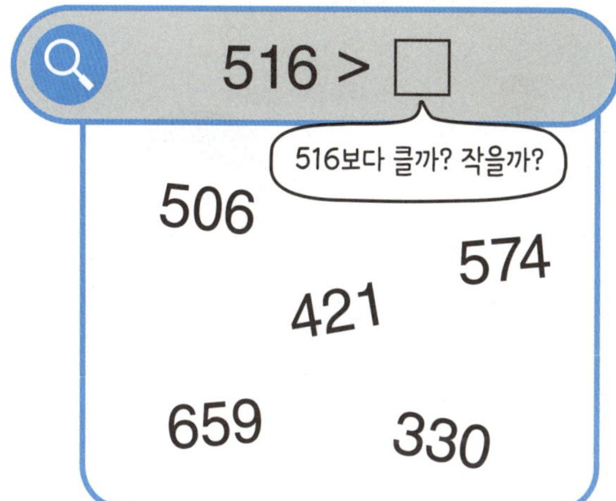

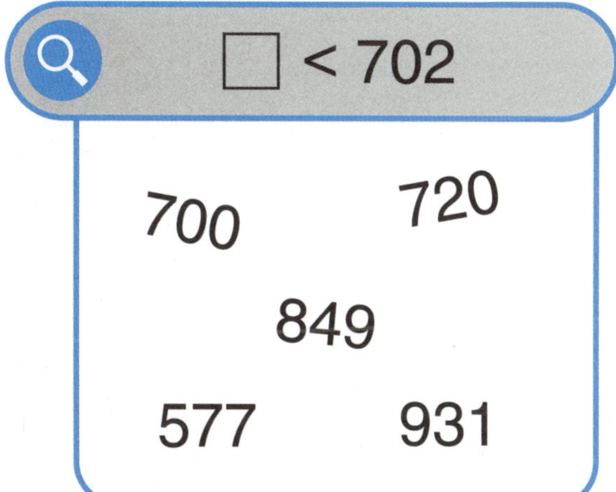

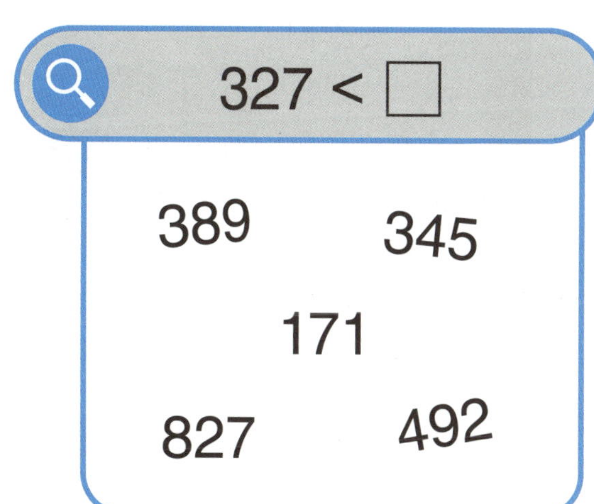

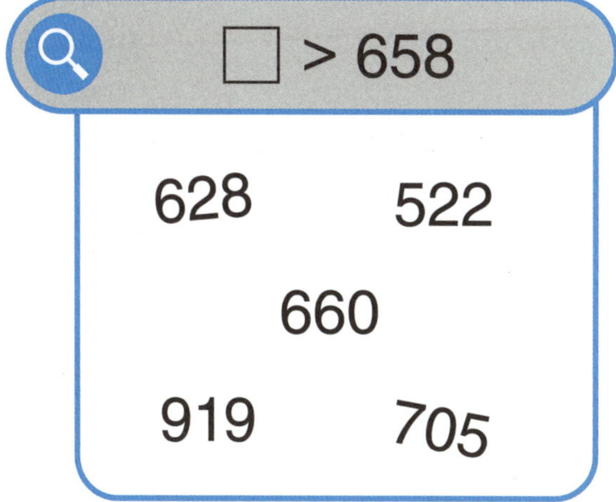

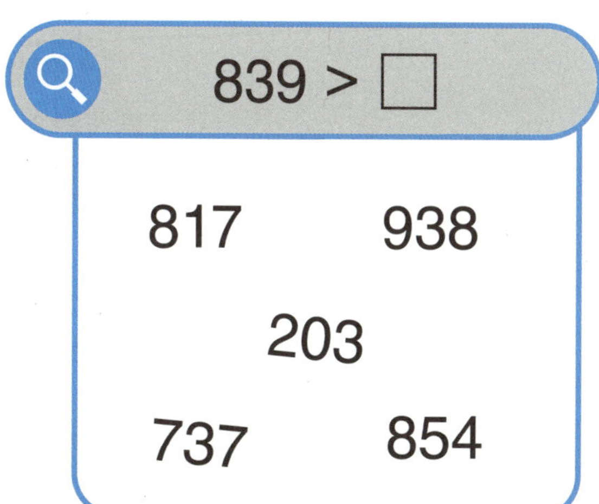

16
국어

아, 시원해!

1 시원하다고 느끼는 여러 가지 상황입니다. 어떤 상황을 나타낸 것인지 빈칸에 알맞은 그림의 번호를 쓰세요.

더위를 식힐 정도로 서늘할 때	속이 후련할 만큼 음식이 뜨겁고 얼큰할 때	지저분하던 것이 깨끗하고 말끔해져 기분이 좋아질 때	막힌 데가 없이 활짝 트여 마음이 후련할 때
( )	( )	( )	( )

그림 속 상황을 통해 '시원하다'의 여러 가지 뜻을 이해할 수 있도록 도와주세요. 이처럼 서로 비슷한 두 가지 이상의 뜻을 가진 낱말을 '다의어'라고 하는데, 아직은 어려운 개념이므로 지금 단계에서는 친숙한 상황 예시를 통해 가볍게 살펴보도록 합니다.

2 시원하다고 느끼는 상황이 그림과 같은 것을 찾아 ○ 하세요.

더우면 **시원한** 계곡에 가자.	
시원하게 펼쳐진 저 바다를 봐.	

시원한 실내에서 땀 좀 식혀.	
북엇국이 **시원해서** 속이 풀리네.	

3 다음 문장에서 공통으로 들어가는 낱말에 ○ 하고, 어울리는 그림을 찾아 선으로 이으세요.

떼를 쓰며 울다. •　　　새벽에 닭이 울다. •　　　알람 시계가 울다. •

'울다'는 기쁘거나 슬퍼서, 또는 아파서 눈물을 흘리는 것을 뜻합니다. 그 밖에도 짐승, 벌레, 바람이 소리를 낼 때, 물체가 흔들리거나 움직여 소리를 낼 때, 종이나 천둥, 벨이 소리를 낼 때도 쓸 수 있습니다.

17 수학

세 수의 크기 비교

1 수의 크기를 비교하여 가장 작은 수에는 ○를, 가장 큰 수에는 △를 하세요.

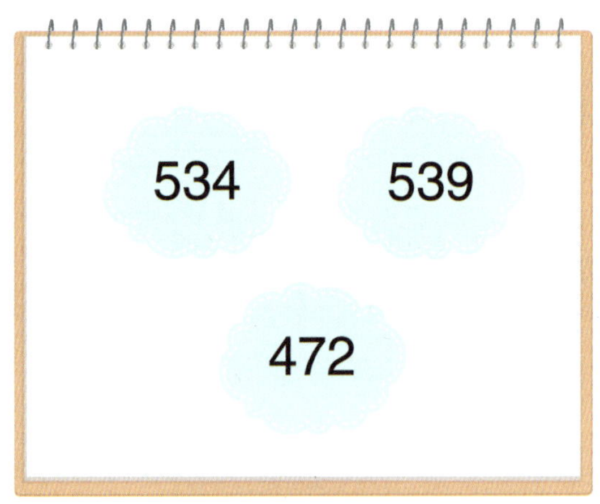

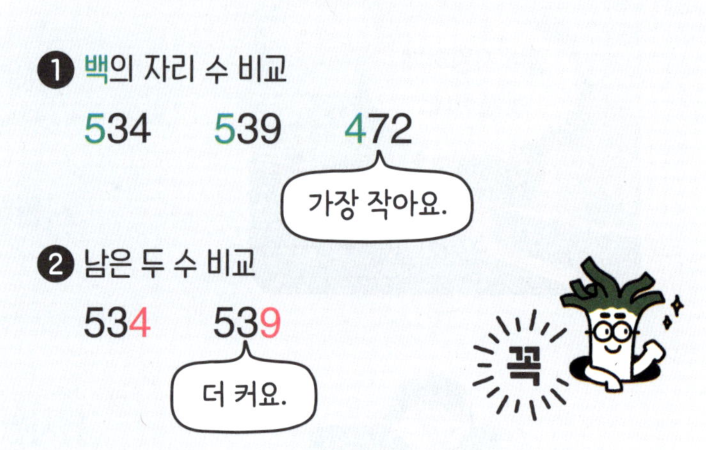

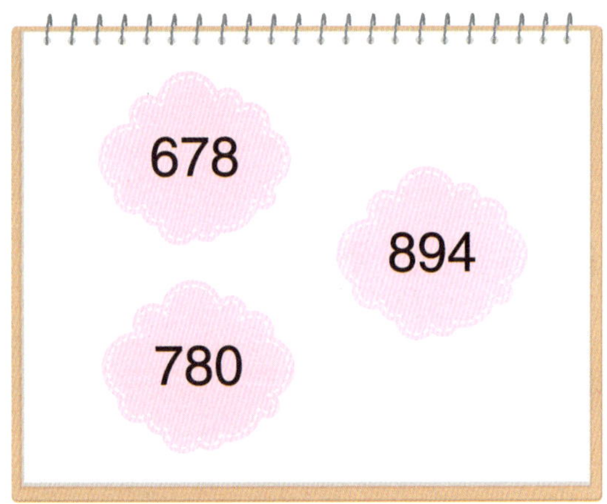

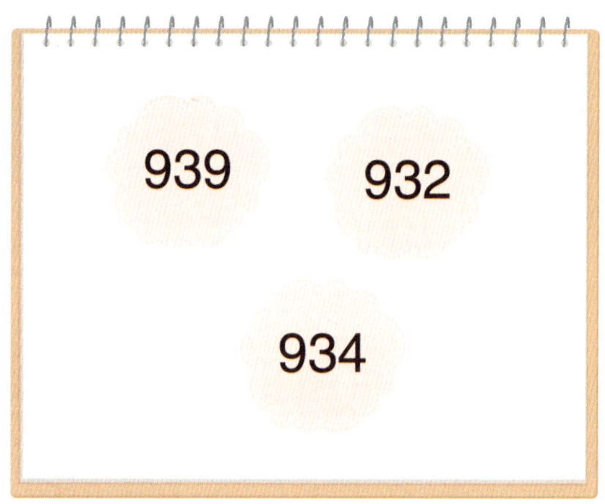

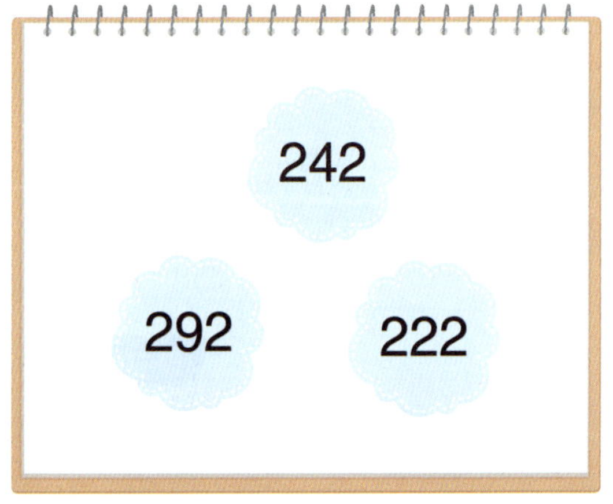

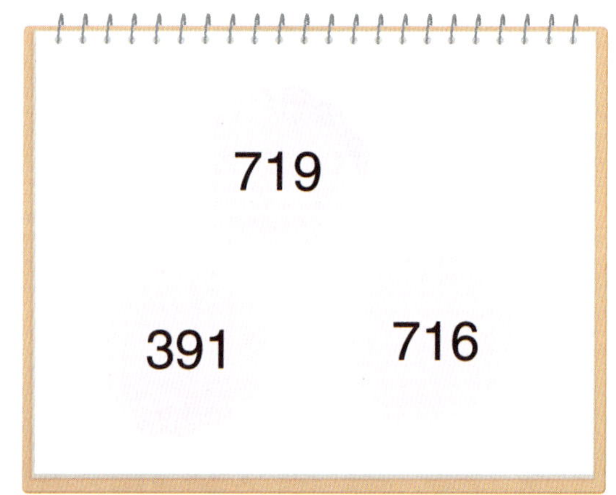

2 문제를 잘 읽고 답을 구하세요.

농장에서 귤을 어제는 190개, 오늘은 210개 땄습니다. 어제와 오늘 중에서 언제 귤을 더 많이 땄을까요?

답 ____________

이번 주에 윤재가 줄넘기를 428번 했고, 해수가 451번 했습니다. 줄넘기를 더 적게 한 사람은 누구일까요?

답 ____________

장미가 366송이, 해바라기가 126송이, 카네이션이 384송이 있습니다. 가장 많이 있는 꽃은 무엇일까요?

답 ____________

서점에서 동화책 595권, 위인전 555권, 만화책 559권을 팔았습니다. 서점에서 어떤 책을 가장 적게 팔았을까요?

답 ____________

18
국어

꾸며 주는 말 찾기

꾸며 주는 말은 뒤에 오는 말을 꾸며 그 뜻을 자세하게 해 주는 말이에요.
꾸며 주는 말을 사용하면 생각이나 느낌을 좀 더 생생하게 표현할 수 있어요.

예 강아지가 달립니다. ➡ **하얀** 강아지가 **신나게** 달립니다.

1 두 문장이 어떻게 다른지 살펴보고, 꾸며 주는 말에 ◯ 하세요.

비누로 손을 씻었다.

비누로 손을 뽀득뽀득 씻었다.

어젯밤에 꿈을 꾸었다.

어젯밤에 무서운 꿈을 꾸었다.

민수는 놀라서 눈물이 났다.

민수는 놀라서 눈물이 찔끔 났다.

재우가 물을 마신다.

재우가 시원한 물을 벌컥벌컥 마신다.

2 다음 그림을 나타낸 문장을 읽고 알맞은 꾸며 주는 말을 골라 ○ 하세요.

예 (**귀여운** , **새까만**) 강아지가 있습니다.

(**커다란** , **망가진**) 텐트를 펼쳤습니다.

(**푸르른** , **울긋불긋한**) 나무가 있습니다.

그림과 어울리도록 '강아지, 텐트, 나무'를 꾸며 주는 말을 찾아봐.

예 아빠가 고기를 (**맛있게** , **새까맣게**) 굽습니다.

민수가 (**엉금엉금** , **폴짝폴짝**) 뛰어다닙니다.

엄마가 야채를 (**말끔히** , **곰곰이**) 손질합니다.

민지가 엄마에게 (**팔랑팔랑** , **재잘재잘**) 이야기합니다.

가족들이 어떻게 하고 있는지 그림을 잘 살펴봐.

19
수학

수를 설명해 봐

1 친구가 들고 있는 수를 바르게 설명한 것에 모두 ◯를 하세요.

이 수는 두 자리 수입니다.	
백의 자리 수는 300보다 크고 400보다 작습니다.	
십의 자리 숫자는 일의 자리 숫자와 같습니다.	
일의 자리 수는 6보다 큰 짝수입니다.	

이 수는 세 자리 수입니다.	
백의 자리 수는 600보다 크고 700보다 작습니다.	
십의 자리 숫자는 70을 나타냅니다.	
일의 자리 숫자는 백의 자리 숫자보다 1만큼 더 작습니다.	

2 주어진 수를 설명해 보세요.

140

- 200보다 작은 세 자리 수입니다.
- 십의 자리 숫자는 백의 자리 숫자보다 3만큼 더 큽니다.
- 일의 자리 수는 가장 작은 수입니다.

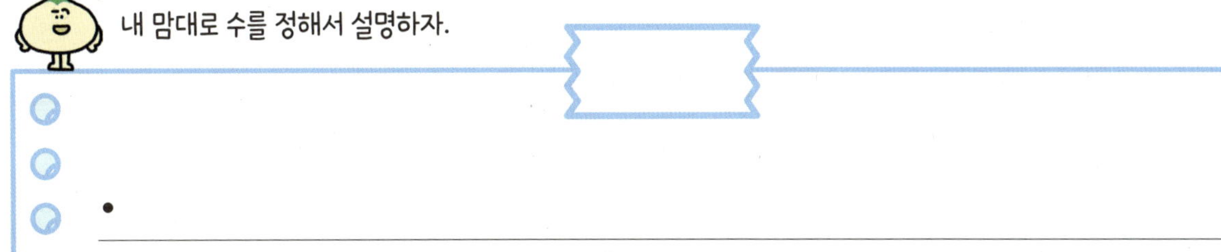

20
국어

구름이 두둥실 떠다녀

1 그림을 보고 빈칸에 알맞은 꾸며 주는 말을 넣어 문장을 완성하세요.

예 **하늘에 구름이 떠다녔습니다.**

➡ **파란** 하늘에 구름이 떠다녔습니다.

➡ 하늘에 구름이 **두둥실** 떠다녔습니다.

소라 껍데기를 주웠습니다.

➡ ________________ 소라 껍데기를 주웠습니다.

➡ 소라 껍데기를 ________________ 주웠습니다.

바다에서 물놀이를 했습니다.

➡ ________________ 바다에서 물놀이를 했습니다.

➡ 바다에서 물놀이를 ________________ 했습니다.

누나와 모래성을 쌓았습니다.

➡ 누나와 ________________ 모래성을 쌓았습니다.

➡ 누나와 모래성을 ________________ 쌓았습니다.

나는 '달콤한' 음식이 좋아!

2 보기 의 꾸며 주는 말을 넣어 그림을 설명하는 문장을 만들어 보세요.

보기

달콤한 따뜻한 맛있는 재미있게
펄펄 새근새근 주렁주렁 반짝반짝

꾸며 주는 말	만든 문장
예 주렁주렁	크리스마스 트리에 종이 주렁주렁 달려 있습니다.

21
수학

수 만들기

세 자리 수를 만들 때 어떤 숫자를 사용할까요?
바로 0, 1, 2, 3, 4, 5, 6, 7, 8, 9예요.
백의 자리에도, 십의 자리에도, 일의 자리에도 이 숫자를 모두 사용할 수 있어요.
단, 각 자리에는 숫자를 한 개밖에 사용할 수 없습니다.
0부터 9까지의 숫자만 있으면 만들지 못하는 수가 없지요. 엄청 큰 수도 만들 수 있어요.
얼음 나라 친구들과 함께 수 카드를 한 번씩만 사용하여 여러 가지 수를 만들어 보세요.

나는 32를 만들고 싶어!

그렇다면 3과 2가 필요하겠네.

난 23을 만들고 싶은데 어떤 수 카드가 필요할까?

너도 3과 2가 필요해.

1 두 자리 수 만들기

4	7	→	4				4
8	5	→	8				

자리를 바꾸면 다른 수가 돼.

2 세 자리 수 만들기

1 5 7

1		
5		
7		

1		
5		
7		

3 가장 큰 세 자리 수 만들기

큰 수부터 차례로

2 9 6 → □□□

3 0 4 → □□□

4 가장 작은 세 자리 수 만들기

작은 수부터 차례로

8 1 5 → □□□

0 7 2 → □□□

22 종합

꼭공 복습

★ 글을 읽고 물음에 답하세요. [1-2]

> 생선 가게에 가면,
> 고등어도 있고, 갈치도 있고,
> 가자미도 있고, ㉠ 도 있고,
> 명태도 있고, 굴비도 있고….

1 어휘 ㉠에 들어갈 수 있는 말을 모두 고르세요. (　　　　)

① 꽁치　② 배추　③ 장어　④ 초밥

2 어휘 생선 이름을 하나 고르고, 그 낱말로 시작하는 끝말잇기를 만들어 보세요.

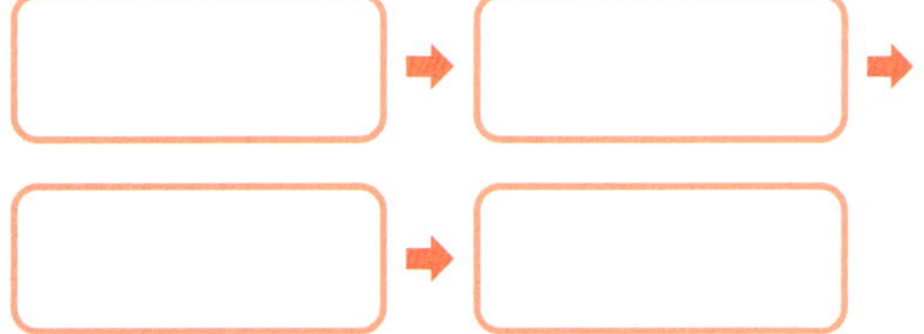

★ 글을 읽고 물음에 답하세요. [3-4]

> 아침부터 ㉠비가 주룩주룩 내렸다. 그래서 ㉡ 우산을 쓰고 학교에 갔다. 학교에 도착하니 어느새 바지 끝자락이 ㉢ 젖어 있었다. 하지만 짝꿍도 나처럼 물에 빠진 생쥐 꼴이어서 ㉣ 웃고 말았다.

3 어휘 ㉠에서 꾸며 주는 말을 찾아 쓰세요.

4 어휘 ㉡~㉣에 알맞은 꾸며 주는 말을 찾아 선으로 이으세요.

㉡ •		• 흠뻑
㉢ •		• 예쁜
㉣ •		• 깔깔

5 문장 보기 의 꾸며 주는 말 중 하나를 골라 그림을 설명하는 문장을 쓰세요.

보기

씽씽　빠르게　신나게　시원한

6 추론

275부터 10씩 뛰어 셀 때 빈칸에 알맞은 수를 써넣으세요.

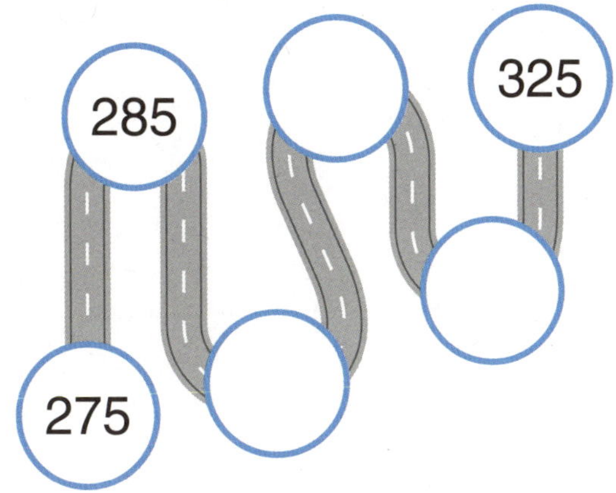

7 개념

두 수의 크기를 비교하여 ◯ 안에 > 또는 <를 알맞게 써넣으세요.

(1) 743 ◯ 696

(2) 420 ◯ 458

(3) 911 ◯ 917

8 문장제

검은 돌은 129개, 노란 돌은 286개, 흰 돌은 236개 있습니다. 어느 돌이 가장 많을까요?

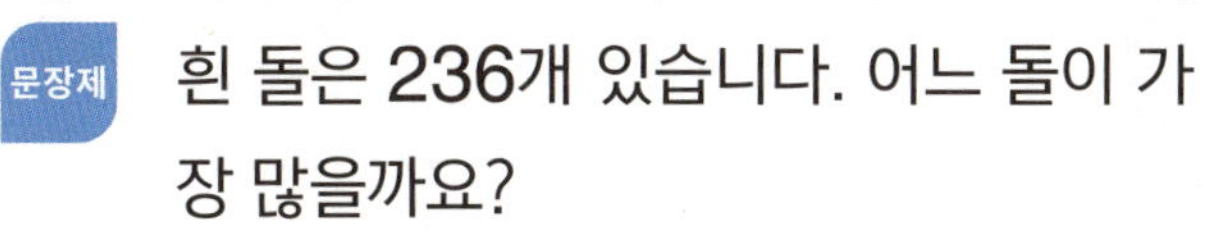

(　　　　　　)

9 문제해결

957을 바르게 설명한 것에 ◯ 하세요.

800보다 크고 900보다 작은 세 자리 수입니다.	□
십의 자리 숫자는 백의 자리 숫자보다 4만큼 더 작습니다.	□
일의 자리 숫자는 백의 자리 숫자보다 2만큼 더 큽니다.	□

10 문제해결

수 카드를 한 번씩만 사용하여 세 자리 수를 만들려고 합니다.

(1) 가장 큰 세 자리 수를 만드세요.

(　　　　　　)

(2) 가장 작은 세 자리 수를 만드세요.

(　　　　　　)

꼭공 국어 수학

23~33

생각과 느낌을 담아

겪은 일을 일기로 써 보자.

삼각형? 사각형? 원?

도형의 모양을 알아볼까?

· 학습 계획표 ·

	꼭공 내용	꼭공 능력	공부한 날
23	채린이의 하루	**어휘** 맞춤법 **문장** 독해 글쓰기	/
24	삼각형, 사각형, 원	**개념** 연산 문장제 **문제해결** 추론	/
25	생각을 담은 일기 쓰기	어휘 맞춤법 **문장** 독해 **글쓰기**	/
26	칠교놀이	개념 연산 문장제 **문제해결** **추론**	/
27	만질만질, 찐득찐득	**어휘** 맞춤법 문장 **독해** 글쓰기	/
28	길이 단위 1 cm	**개념** 연산 문장제 **문제해결** 추론	/
29	오늘은 좋은 날	**어휘** 맞춤법 문장 **독해** **글쓰기**	/
30	길이 재기	개념 연산 문장제 **문제해결** **추론**	/
31	쌍받침과 겹받침	**어휘** **맞춤법** 문장 독해 글쓰기	/
32	길이 어림하기	개념 연산 문장제 **문제해결** **추론**	/
33	꼭공 복습	**국어** **수학**	/

채린이의 하루

1 다음은 채린이가 하루 동안 겪은 일입니다. 시간 순서대로 ◯에 번호를 쓰고, 언제 있었던 일인지 쓰세요.

◯ 학교에 가기 전에 새 옷을 차려입었다.
아 침

◯ 발레 학원에서 새로운 동작을 배웠다.
☐☐

◯ 밥을 먹다가 새 옷에 음식을 흘렸다.
☐☐

◯ 수업 시간에 발표를 잘해서 선생님께 칭찬을 받았다.
☐☐

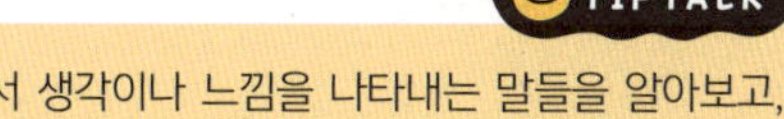

<보기>에서 생각이나 느낌을 나타내는 말들을 알아보고, 채린이의 기분을 짐작하여 쓸 수 있게 이끌어 주세요.

2 채린이는 하루 동안 어떤 생각이나 느낌이 들었을까요? 보기 의 낱말을 참고하여 표의 빈칸을 채워 보세요.

보기

슬프다 화나다 신나다 즐겁다 기쁘다 웃기다
속상하다 부끄럽다 답답하다 안타깝다 흐뭇하다 뿌듯하다
행복하다 무섭다 지루하다 궁금하다 걱정되다 조마조마하다

언제	어디서	있었던 일	생각이나 느낌
아침	집	학교에 가기 전에 새 옷을 차려입었다.	
점심	학교 (급식실)	밥을 먹다가 새 옷에 음식을 흘렸다.	
오후	학교 (교실)	수업 시간에 발표를 잘해서 선생님께 칭찬을 받았다.	
저녁	발레 학원	발레 학원에서 새로운 동작을 배웠다.	

삼각형, 사각형, 원

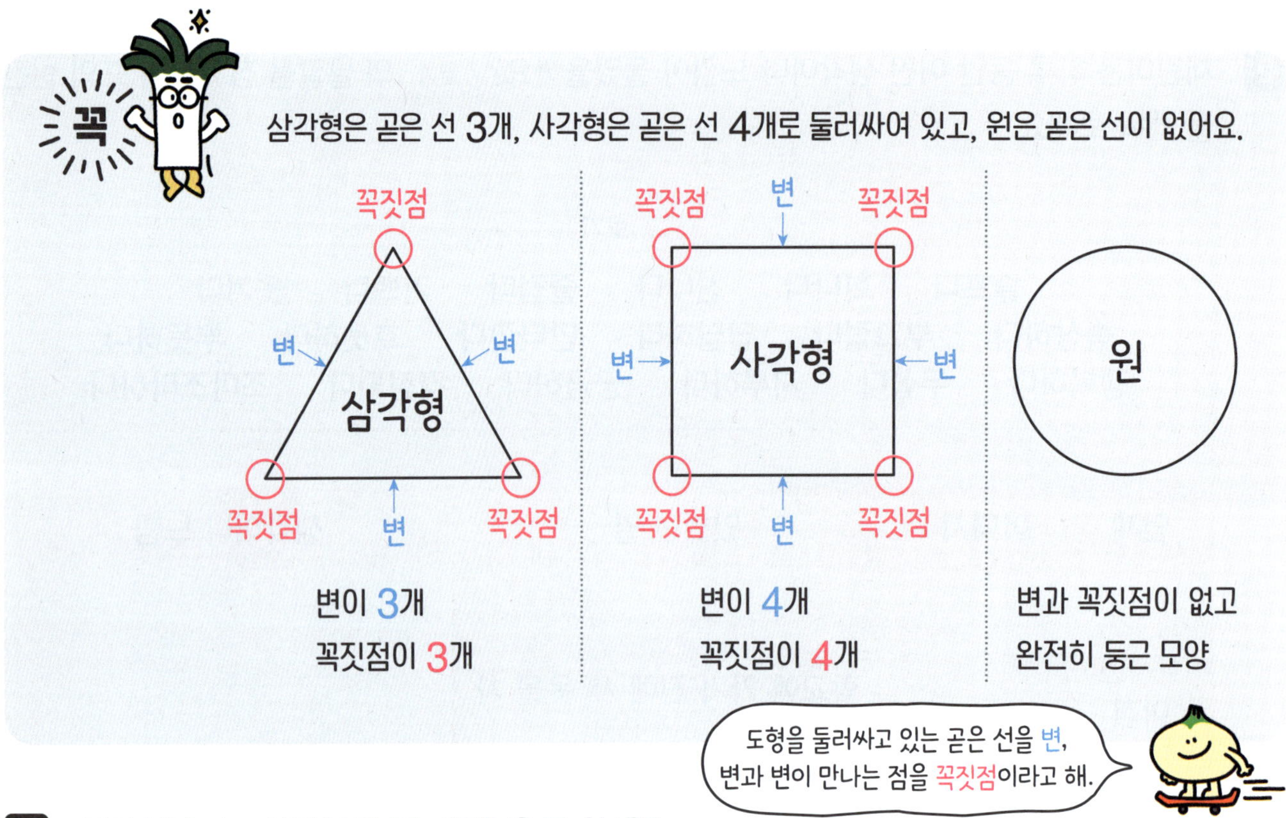

도형을 둘러싸고 있는 곧은 선을 변,
변과 변이 만나는 점을 꼭짓점이라고 해.

1 삼각형에 △, 사각형에 □, 원에 ○를 하세요.

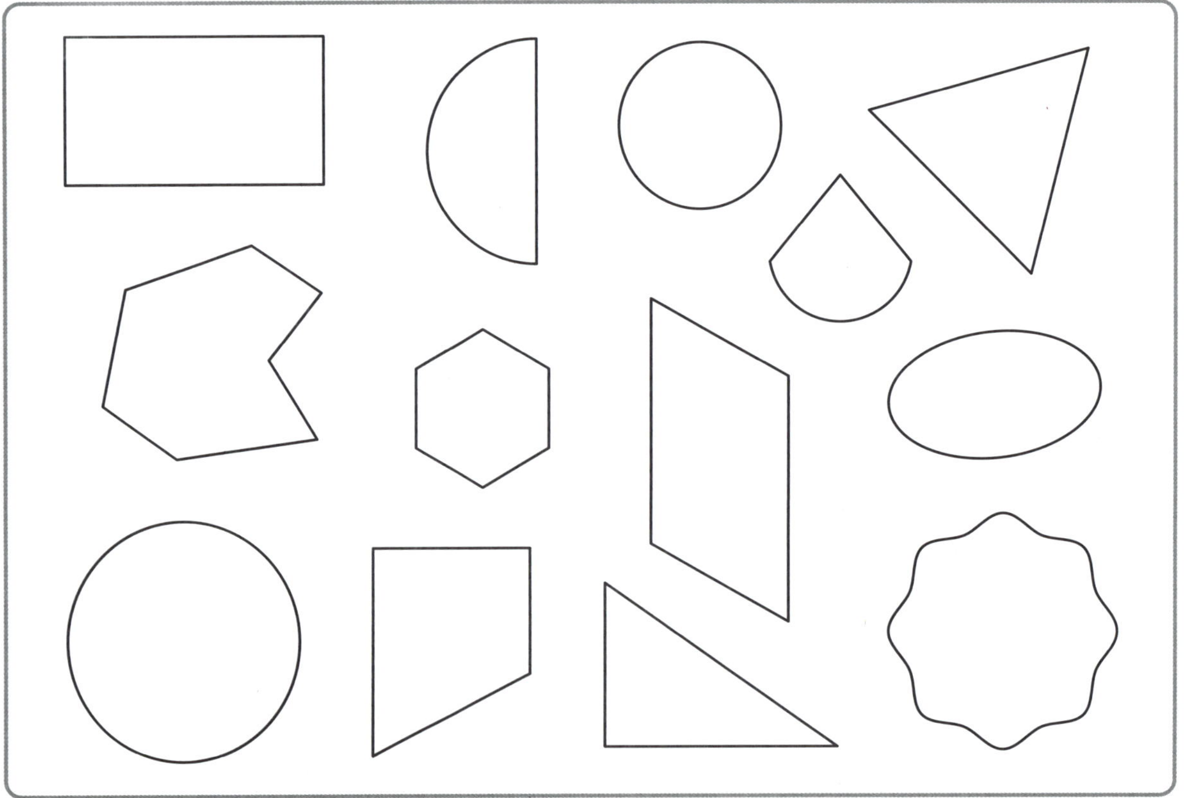

2 바르게 말한 친구를 모두 찾아 ○를 하세요.

삼각형과 사각형은
곡선으로만
되어 있어.

( )

사각형은
뾰족한 부분이
5군데 있어.

( )

원은 어느 곳에서
보아도 완전히
둥근 모양이야.

( )

원은 크기가
서로 다르고 모양도
여러 가지야.

( )

삼각형은
변이 3개,
꼭짓점이 3개야.

( )

사각형은
삼각형보다 변이
1개 더 많아.

( )

25
국어

생각을 담은 일기 쓰기

1 길을 따라가면서 자신이 하루 동안 겪은 일을 시간 순서대로 쓰세요.

2 하루 동안 겪은 일 중 인상 깊은 일을 하나 골라 정리하고, 생각과 느낌을 담아 일기를 쓰세요.

언제	
어디서	
있었던 일	
생각이나 느낌	

년 월 일 요일 날씨:

제목:

날짜와 날씨부터 쓰고,
그다음 제목, 겪은 일,
생각이나 느낌을 쓰면 돼.

칠교놀이

칠교놀이는 7조각 도형을 이리저리 돌려 맞춰 모양을 만드는 놀이입니다. 칠교판에 어떤 도형이 있는지 알아보고, 조각으로 여러 가지 모양을 만들어 볼까요?

1 삼각형과 사각형을 찾아 번호를 쓰세요.

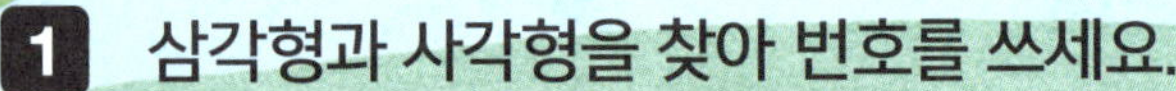

삼각형 ______________________

사각형 ______________________

2 왼쪽의 칠교 조각으로 삼각형과 사각형을 만들어 붙여 보세요.

활동지
변의 길이가
같은 조각끼리
붙여야 해.

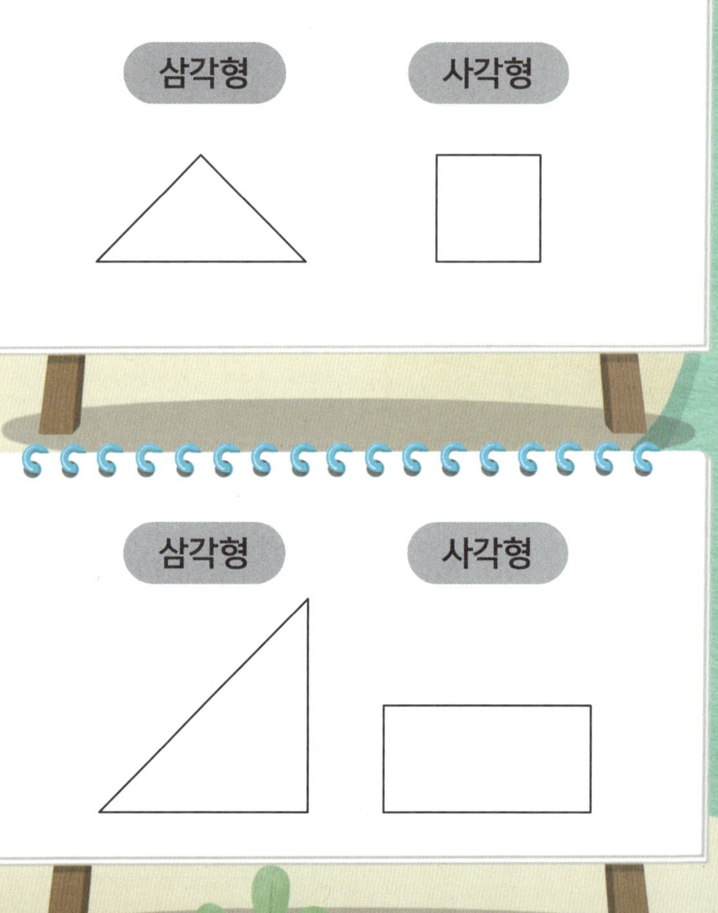

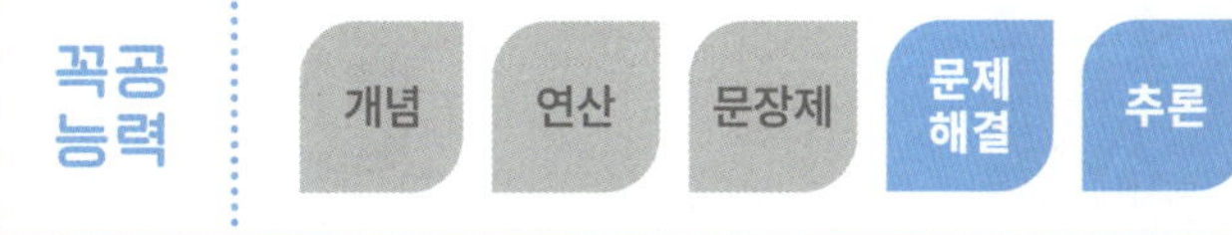

3 칠교 조각으로 여러 가지 모양을 만들어 붙여 보세요.

활동지

그림 위에 맞는 조각을 찾아 붙여 봐.

우리들의 솜씨 자랑

내가 만들고 싶은 모양을 만들어 보자.

27 국어

만질만질, 찐득찐득

느낌을 나타내는 말은 눈으로 보고, 귀로 듣고, 코로 냄새 맡고, 입으로 맛보고, 손으로 만지는 것과 같이 감각으로 느껴지는 것을 나타낸 말이에요.

예 **보드레하다:** 꽤 보드라운 느낌이 있다.
잘바닥잘바닥하다: 진흙이나 반죽 따위가 물기가 많아 매우 보드랍게 질다.
찐득찐득하다: 눅눅하고 끈기가 있어 자꾸 끈적끈적하게 달라붙다.
부들부들하다: 살갗에 닿는 느낌이 매우 부드럽다.
만질만질하다: 만지거나 주무르기 좋게 연하고 보드랍다.

1 느낌을 나타내는 말에 유의하며 글을 읽어 보세요.

엄마와 함께 공방에서 도자기 만들기 체험을 했다. 엄마는 길쭉한 컵을, 나는 곰돌이 모양의 접시를 만들기로 했다. 먼저 잘바닥잘바닥한 찰흙에 힘을 주어 납작한 접시 모양을 빚었다. 처음에는 모양을 잡기 어려웠지만 만질만질한 반죽을 열심히 매만지니 점차 원하는 모양이 되었다. 양옆에 귀 모양도 붙인 뒤, 접시 위에 내 이름을 썼다. 체험을 마친 다음, 찐득찐득한 손을 씻고 보드레한 수건에 물기를 닦았다.

몇 주 뒤에 찾으러 갔더니 예쁜 접시가 완성되어 있었다. 내 손으로 만들었다고 생각하니 참 뿌듯했다.

2 글을 읽고 물음에 답하세요.

- 엄마와 ☐☐☐ 만들기 체험을 했습니다.

- '나'가 만든 것은 무엇인가요?

길쭉한 컵	길쭉한 접시	곰돌이 모양 접시

- 일이 일어난 차례대로 번호를 쓰세요.

접시 위에 이름을 씀.	손을 씻고 물기를 닦음.	완성된 접시를 찾으러 감.	찰흙에 힘을 주어 모양을 빚음.
☐	☐	☐	☐

3 다음 문장에 알맞은 느낌을 나타내는 말을 골라 ○ 하세요.

문장을 읽고, 어떤 느낌이 들지 상상해 봐.

- 엄마 손이 [만질만질하다 | 바삭바삭하다].
- 새로 산 잠옷이 [부들부들하다 | 말랑말랑하다].
- 비가 많이 와서 마당이 [따끔따끔하다 | 잘바닥잘바닥하다].
- 음료수를 쏟아서 바닥이 [폭신폭신하다 | 찐득찐득하다].
- 비단으로 된 할머니 한복 치마가 [보드레하다 | 물컹물컹하다].

28
수학

길이 단위 1 cm

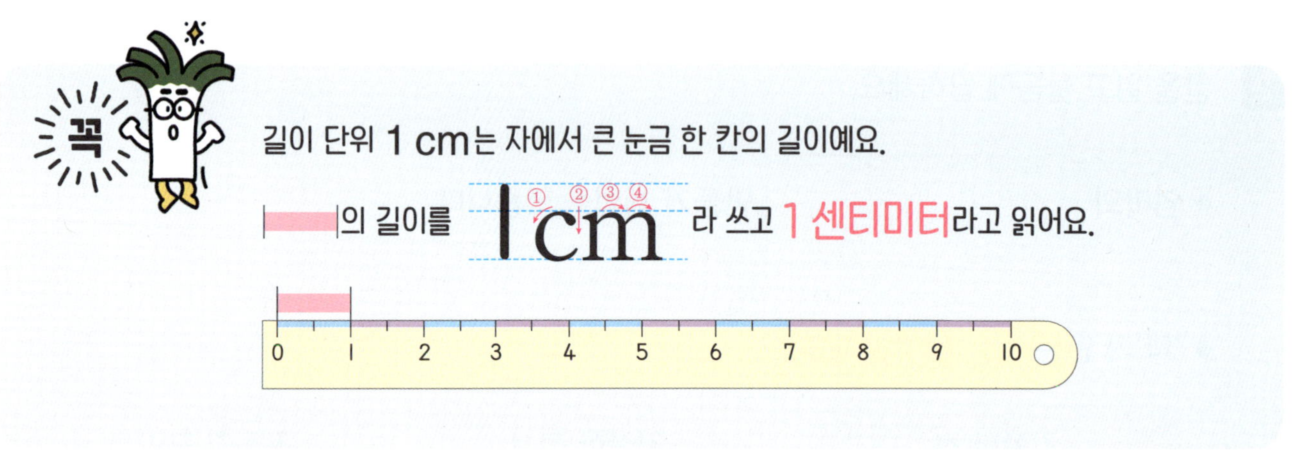

꼭
길이 단위 1 cm는 자에서 큰 눈금 한 칸의 길이예요.
의 길이를 1 cm 라 쓰고 1 센티미터라고 읽어요.
0 1 2 3 4 5 6 7 8 9 10

1 1 cm가 몇 번인지 세어 길이를 쓰고 읽어 보세요.

		쓰기	읽기
	1 cm 1번	1 cm	1 센티미터
	1 cm □번		
	1 cm □번		
	1 cm □번		
	1 cm □번		

1 cm가 ◆번이면
◆ cm구나!

2 물건의 길이는 몇 cm인지 구하세요.

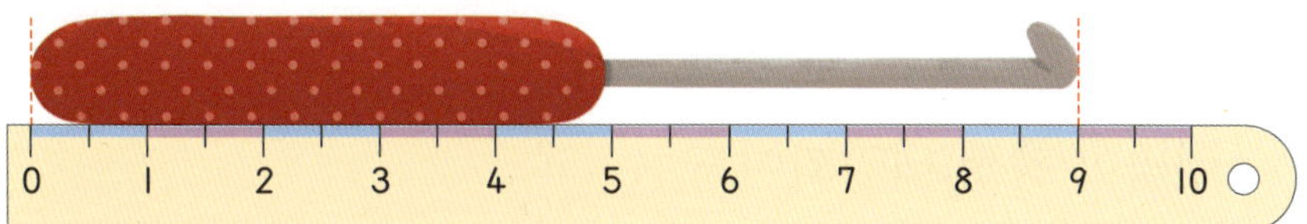

☐ cm

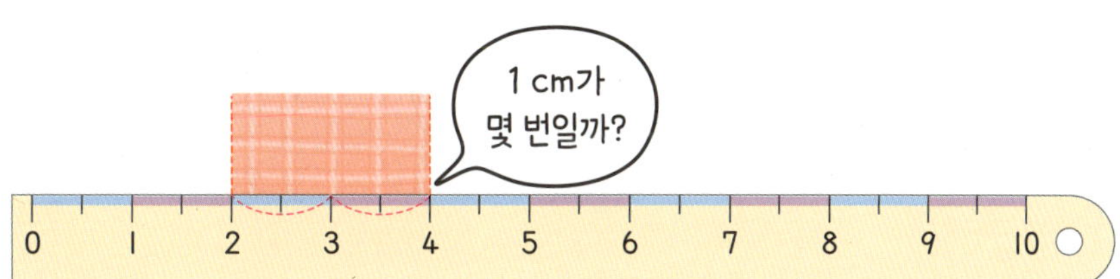

☐ cm

길이가 자의 눈금 사이에 있을 때는
눈금과 가까운 쪽에 있는 숫자를 읽으며,
숫자 앞에 약을 붙여 말해요.

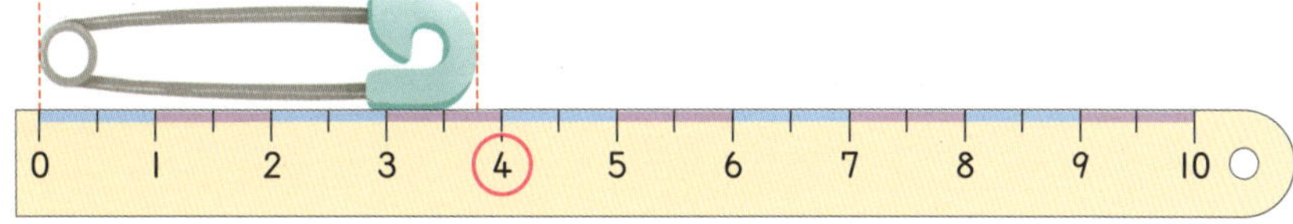

약 ☐ cm

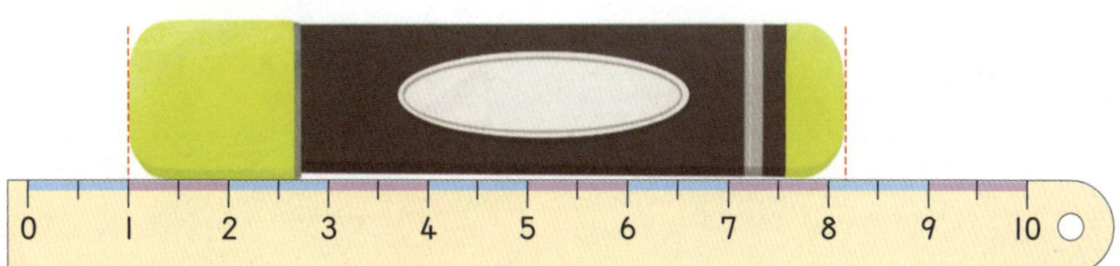

약 ☐ cm

29
국어

오늘은 좋은 날

1 소리 내어 읽으면서 흉내 내는 말을 찾아 ○ 하세요.

햇볕이 쨍쨍 내리쬐어도
숲속엔 솔솔 바람이 부네.
꼬불꼬불 길 따라 손잡고 걷자.
오늘은 날씨 좋은 날,
우리 가족 소풍 가는 날.

콸콸 물 흐르는 계곡에 가서
동글동글 수박은 물에 띄우고
첨벙첨벙 신나게 물장구치자.
오늘은 기분 좋은 날,
우리 가족 소풍 가는 날.

2 시를 읽고 물음에 답하세요.

- 오늘은 우리 [ ][ ]이 [ ][ ] 가는 날입니다.
- 우리 가족이 가는 곳은 어디인가요? ( )
- 햇볕, 바람을 나타낸 흉내 내는 말을 각각 쓰세요.

햇볕: ( ) 바람: ( )

- 시의 내용으로 알맞지 않은 것을 모두 찾아 × 하세요.

손잡고 걸음.	다람쥐를 봄.	물장구를 침.	도시락을 먹음.

3 시에 나온 흉내 내는 말을 말풍선의 빈칸에 알맞게 넣어 보세요.

우리는 ____________ 구부러진 길을 걸었다.

수영장에서 ____________ 신나게 헤엄쳤다.

폭포가 ____________ 시원하게 흘러내렸다.

4 시에 나온 흉내 내는 말을 넣어 짧은 글을 지어 보세요.

____

길이 재기

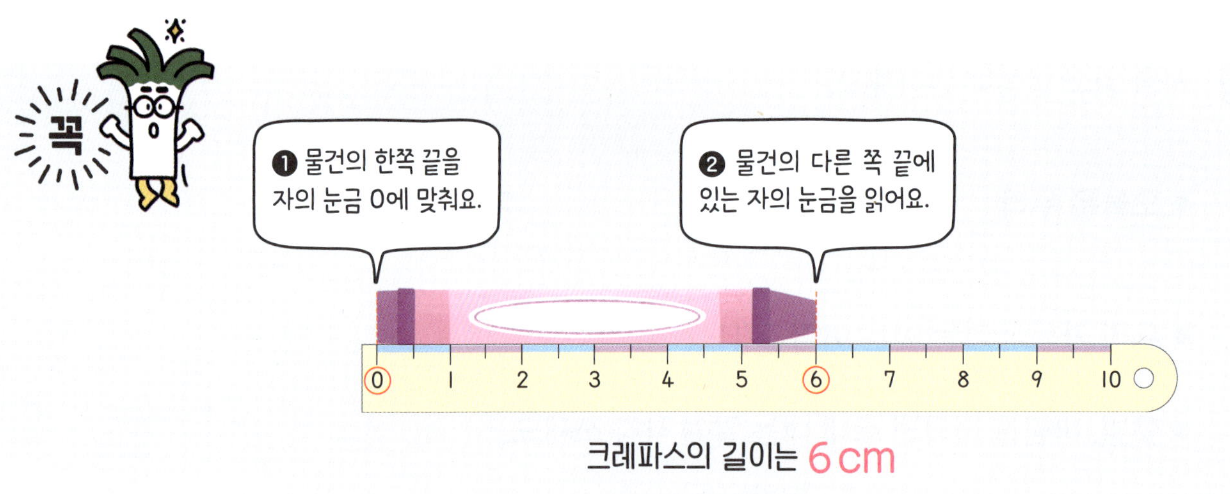

1 자로 길이를 재어 몇 cm인지 구하세요.

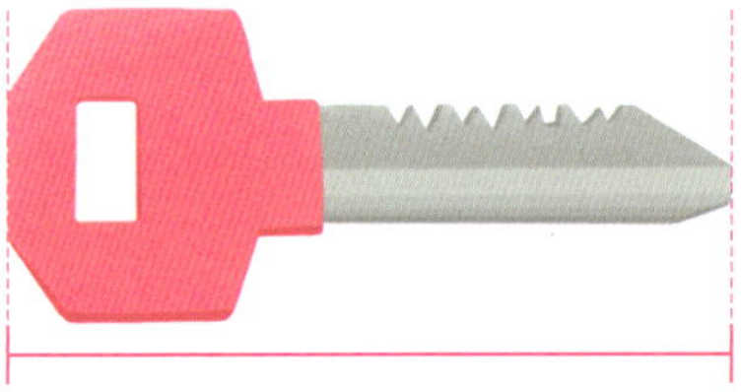

☐ cm

☐ cm

약 ☐ cm

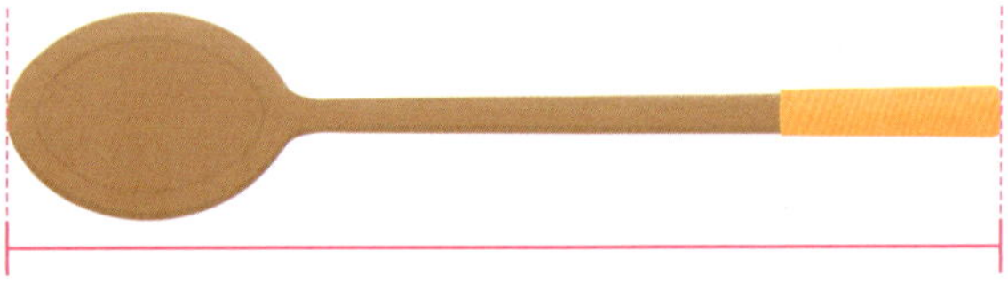

약 ☐ cm

2 자로 채소 잎의 길이를 재어 몇 cm인지 구하세요.

□ cm

□ cm

□ cm

□ cm

31 국어

쌍받침과 겹받침

쌍받침은 'ㄲ', 'ㅆ'처럼 같은 자음자가 겹쳐서 된 받침이에요.

닦다 있다

겹받침은 'ㄳ', 'ㄵ', 'ㄶ', 'ㄺ'처럼 다른 자음자가 겹쳐서 된 받침이에요.

읽다 젊다

1 빈칸에 들어갈 알맞은 쌍받침을 쓰세요.

나무가 이 다 [읻따]

창문을 다 다 [닥따]

재미가 이 다 [읻따]

채소를 보 다 [복따]

2 쌍받침이 있는 낱말을 바르게 소리 내어 읽고, 따라 쓰세요.

[낙씨]		[깍따]		[박]	[떡뽀끼]		
낚	시	깎	다	밖	떡	볶	이

3 빈칸에 들어갈 알맞은 겹받침을 쓰세요.

책을

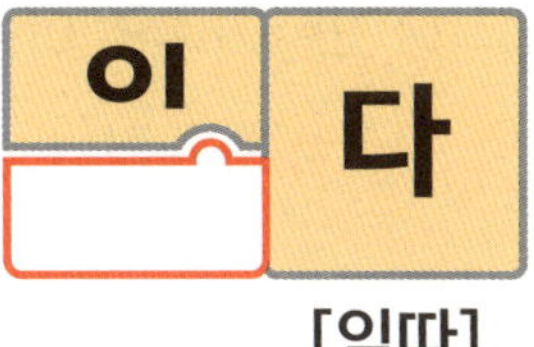

[익따]

물이

[끌타]

의자에

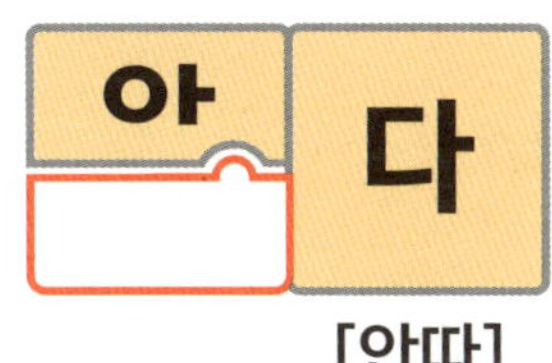

[안따]

마당이

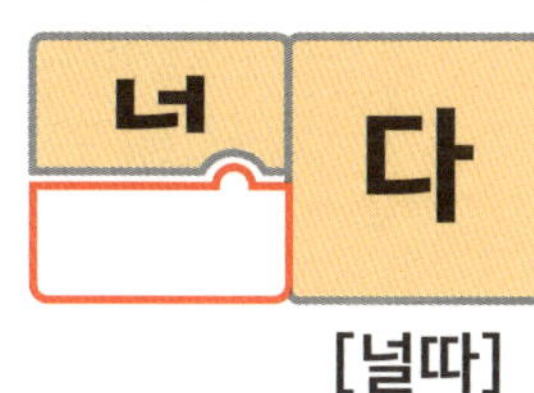

[널따]

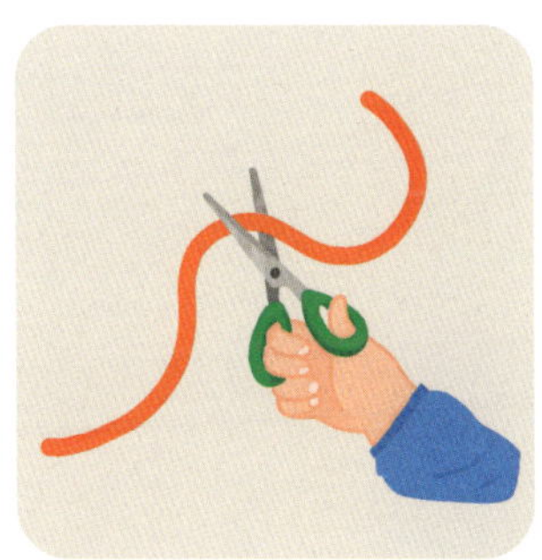

끈을

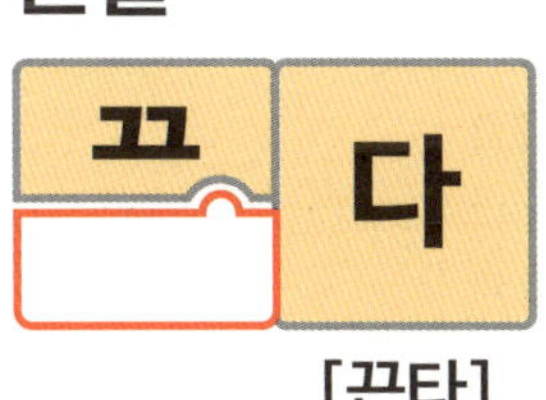

[끈타]

감자를

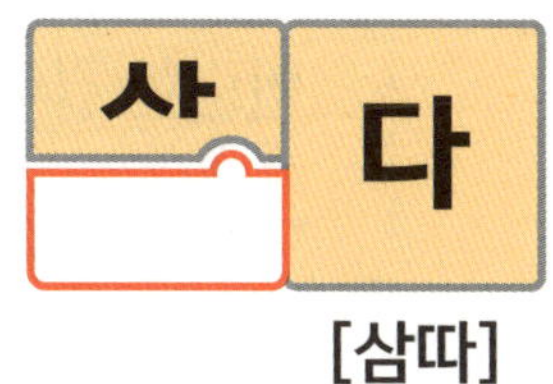

[삼따]

4 겹받침이 있는 낱말을 바르게 소리 내어 읽고, 따라 쓰세요.

[갑]

값

[닥]

닭

[밥따]

[점따]

젊 다

[실타]

싫 다

32 수학

길이 어림하기

1 연필의 길이를 어림하고 자로 재어 확인하세요.

어림하기란 자를 사용하지 않고 길이가 얼마쯤 되는지 눈으로 짐작해 보는 거예요. 어림한 길이를 말할 때는 '약 □ cm'라고 합니다.

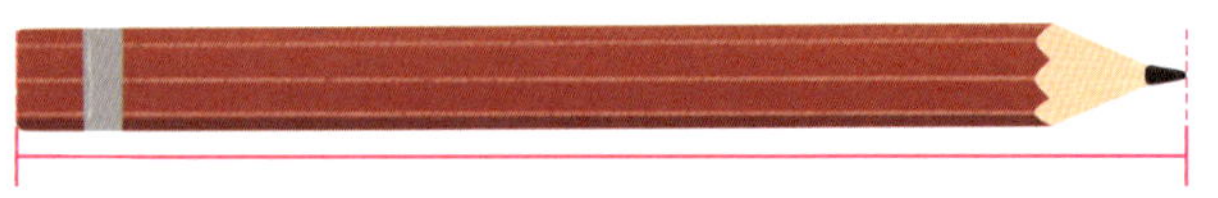

어림한 길이	약 cm
자로 잰 길이	cm

TIPTALK

자신만의 기준을 정하면 조금 더 정확하게 어림할 수 있습니다. 예를 들어, 엄지손톱의 너비(약 1 cm)를 직접 재 보고 이것을 기준으로 물건의 길이를 어림할 수 있게 도와주세요.

어림한 길이	약 cm
자로 잰 길이	cm

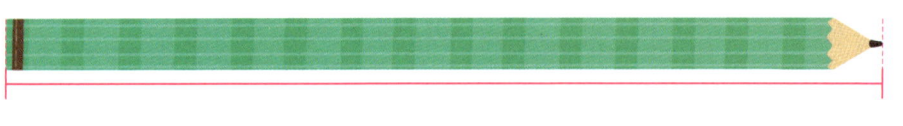

어림한 길이	약 cm
자로 잰 길이	cm

2 알맞은 길이를 골라 문장을 완성하세요.

1 cm　　5 cm　　15 cm　　27 cm　　800 cm

아빠의 발 길이는
약 ____________
입니다.

내 머리핀 길이는
약 ____________
입니다.

학교의 소나무 키는
약 ____________
입니다.

텔레비전 리모컨 길이는
약 ____________
입니다.

33 종합

꼭공 복습

★ 글을 읽고 물음에 답하세요. [1-5]

> 20○○년 ○월 ○일 금요일
>
> 제목: 꽃 구경
>
> 오후에 엄마와 집으로 오면서 이웃집에 하얀 꽃들이 활짝 핀 걸 보았다. 담장 ㉠ 으로 드리워진 나뭇가지마다 꽃송이들이 가득했다. 엄마가 목련꽃이라고 알려 주셨다.
>
> 그런데 엄마가 다음 주에 비가 오고 나면 꽃이 우수수 떨어질 거라고 하셔서 아쉬웠다. 하지만 곧 벚꽃이 필 테니 가족 모두 벚꽃 구경을 가자고 하셔서 기뻤다.

1 독해 이 일기에서 빠진 내용은 무엇인가요? (　　　　)

① 날짜　② 날씨
③ 제목　④ 겪은 일
⑤ 생각이나 느낌

2 독해 글의 내용에 맞게 빈칸에 알맞은 말을 쓰세요.

(1) 오늘 ＿＿＿＿＿＿에 겪은 일이다.

(2) ＿＿＿＿＿＿이/가 핀 것을 보았다.

3 독해 글쓴이의 생각이나 느낌이 드러난 내용을 모두 고르세요. (　　　　)

① 꽃들이 핀 걸 보았다.
② 꽃송이들이 가득했다.
③ 목련꽃이라고 알려 주셨다.
④ 벚꽃 구경을 가자고 하셔서 기뻤다.
⑤ 꽃이 떨어질 거라고 하셔서 아쉬웠다.

4 맞춤법 빈칸에 쌍받침을 써서 ㉠에 들어갈 글자를 완성하고, 같은 쌍받침이 들어간 낱말에 ○ 하세요.

낚시　샀다　넓이

5 어휘 빈칸에 알맞은 흉내 내는 말을 글에서 찾아 쓰세요.

(1) 나팔꽃이 ＿＿＿＿＿＿ 폈다.

(2) 은행잎이 ＿＿＿＿＿＿ 떨어졌다.

6 개념

삼각형에 대한 설명으로 옳은 것을 모두 고르세요. (　　　　　)

① 변이 3개입니다.
② 꼭짓점이 4개입니다.
③ 곧은 선이 없습니다.
④ 뾰족한 부분이 3군데 있습니다.
⑤ 곧은 선끼리 만나는 부분이 5군데 있습니다.

7 문제해결

칠교판 조각 중 삼각형과 사각형은 각각 몇 개일까요?

삼각형 (　　　　　　　　　)개

사각형 (　　　　　　　　　)개

8 개념

□ 안에 알맞은 수를 써넣으세요.

(1) 3 cm는 1 cm가 □번입니다.

(2) 1 cm로 □번은 8 cm입니다.

9 문제해결

반창고의 길이는 약 몇 cm일까요?

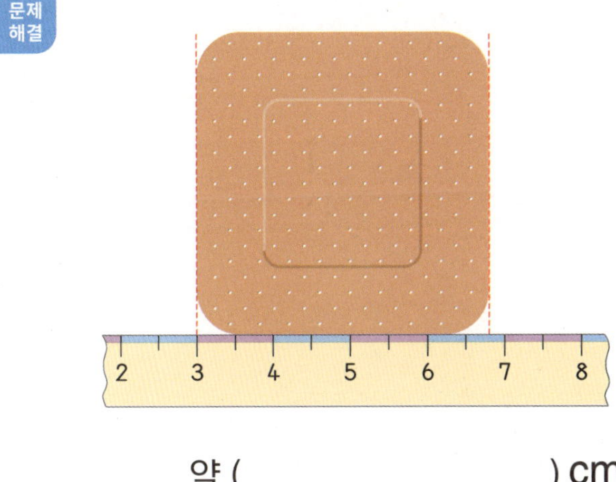

약 (　　　　　　　　　) cm

10 추론

과자의 길이를 어림하고 자로 재어 확인하세요.

어림한 길이	약　　　　cm
자로 잰 길이	cm

꼭공 국어 수학

34~44

받아올림이 있는 **덧셈**,

차근차근 연습해 보자!

앉다, 않다, 안다?

겹받침이 있는 낱말은 헷갈려!

· 학습 계획표 ·

	꼭공 내용	꼭공 능력					공부한 날
34	많다, 없다, 넓다	어휘	맞춤법	문장	독해	글쓰기	/
35	받아올림이 뭐야?	개념	연산	문장제	문제해결	추론	/
36	시의 분위기를 생각하며 읽기	어휘	맞춤법	문장	독해	글쓰기	/
37	받아올림이 있는 덧셈	개념	연산	문장제	문제해결	추론	/
38	사이좋게 지내자	어휘	맞춤법	문장	독해	글쓰기	/
39	가로 덧셈을 계산해!	개념	연산	문장제	문제해결	추론	/
40	신나는 여름 방학	어휘	맞춤법	문장	독해	글쓰기	/
41	덧셈 연습	개념	연산	문장제	문제해결	추론	/
42	마음을 나타내요	어휘	맞춤법	문장	독해	글쓰기	/
43	컵 쌓기	개념	연산	문장제	문제해결	추론	/
44	꼭공 복습		국어		수학		/

34 국어

많다, 없다, 넓다

1 겹받침이 있는 낱말을 바르게 소리 내어 읽어 보세요. 그리고 빈칸에 알맞은 겹받침을 넣으면서 글을 따라 쓰세요.

많다 [만타]

없다 [업따]

앉다 [안따]

넓다 [널따]

짧다 [짤따]

흙 [흑]

여덟 [여덜]

몫 [목]

않다 [안타]

	다	리	가		짜	은		강	아	지	가
마	이		있	어	요	.	고	양	이	는	
여	기		어	어	요	.					
	여	더		마	리	는		왼	쪽	을	
보	고		있	고	,	한		마	리	는	
보	고		있	지		아	아	요	.		

2 다음 문장에 알맞은 낱말을 골라 ○ 하고, 빈칸에 쓰세요.

예 아빠와 낚시를 가서 물고기를 (**맒이** , **많이**) 잡았다. | 많 | 이 |

간식을 먹었는데 친구가 자기 (**목** , **몫**)이 적다고 투덜거렸다. | |

가방이 (**낡아** , **낪아**) 새로 사기로 했다. | | |

실수로 친구의 발을 (**밟았다,** **발았다**). | | | |

고양이가 접시를 바닥까지 싹싹 (**할았다** , **핥았다**).

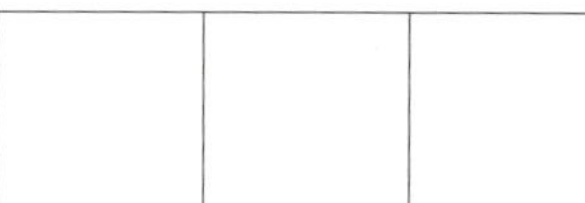

3 겹받침이 있는 낱말을 넣어 짧은 글을 지어 보세요.

값	예 오늘 점심 식사는 값도 싸고 맛있었다.
없다	
많다	
넓다	

35 수학

받아올림이 뭐야?

덧셈을 할 때는
같은 자리 수끼리 더하면 돼요.

	3	1
+		4
	3	5

	5	0
+	2	6
	7	6

그런데 같은 자리 수끼리의 합이 10이거나
10보다 크면?
2 5
+ 9
14
14를 한 칸에
쓸 수 없어요.
받아올림을 해야 해요!

같은 자리 수끼리의 합이 10이거나 10보다 클 때
10만큼 바로 윗자리로 올려 주는 거예요.

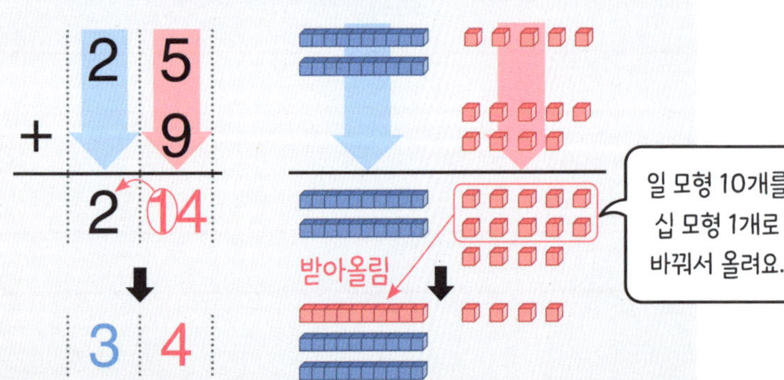

1 덧셈을 할 때 받아올림이 있으면 ○를, 없으면 ×를 하세요.

$$\begin{array}{r} 24 \\ +\ 34 \\ \hline \end{array}$$

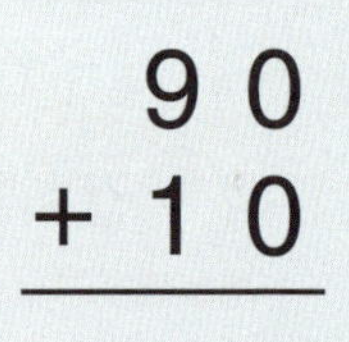

$$\begin{array}{r} 90 \\ +\ 10 \\ \hline \end{array}$$

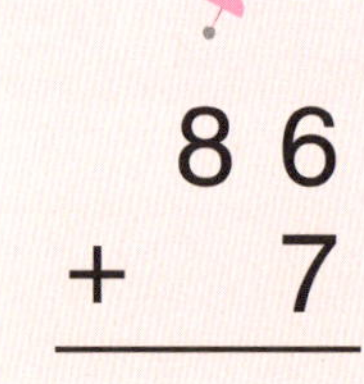

$$\begin{array}{r} 86 \\ +\ 7 \\ \hline \end{array}$$

$$\begin{array}{r} 63 \\ +\ 26 \\ \hline \end{array}$$

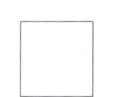

2 덧셈에 받아올림이 몇 번 있을까요?

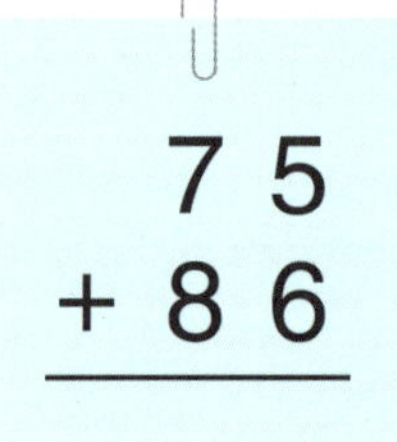

$$\begin{array}{r} 75 \\ +\ 86 \\ \hline \end{array}$$

번

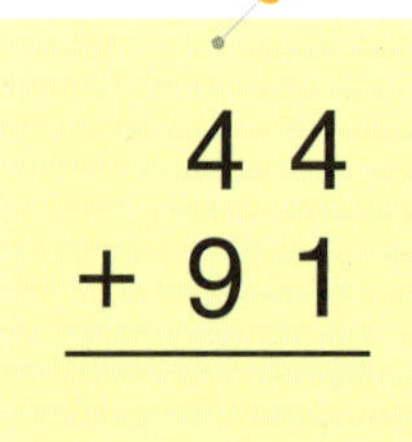

$$\begin{array}{r} 44 \\ +\ 91 \\ \hline \end{array}$$

□번

3 보기 와 같이 받아올림한 수를 표시하면서 □ 안에 알맞은 수를 써넣으세요.

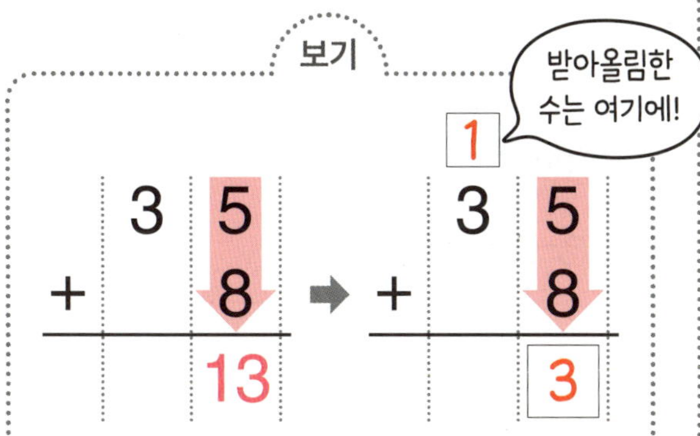

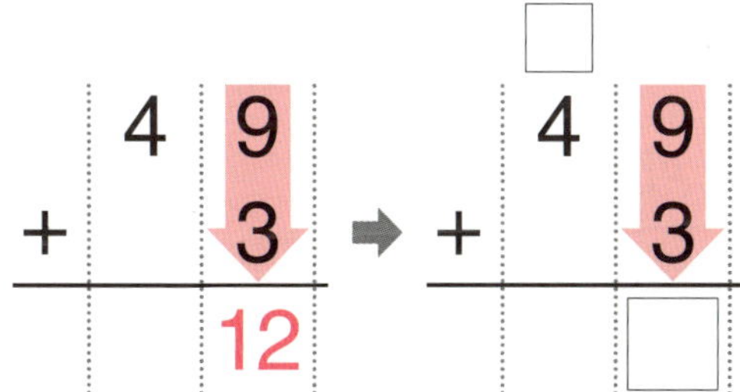

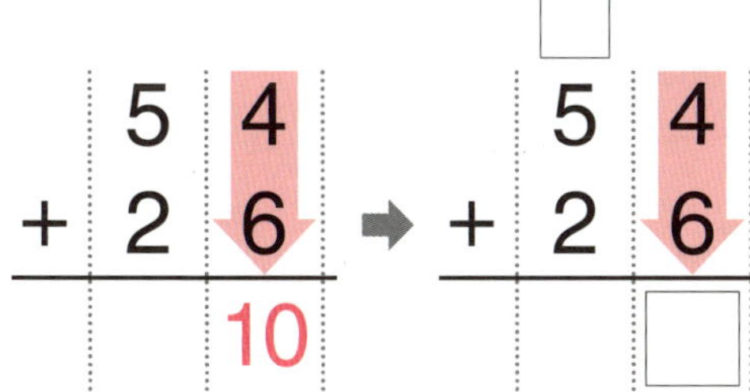

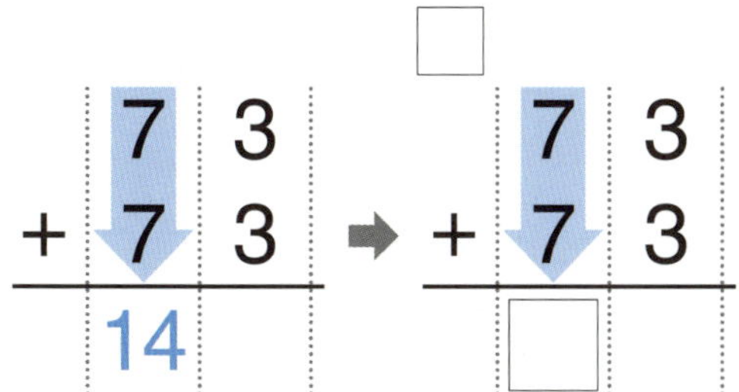

4 받아올림한 수 1 이 나타내는 수는 얼마일까요? 알맞은 수에 ○를 하세요.

36
국어

시의 분위기를 생각하며 읽기

산 샘물

권태응

바위 틈새 속에서
쉬지 않고 송송송.

맑은 물이 고여선
넘쳐흘러 졸졸졸.

푸고 푸고 다 퍼도
끊임없이 송송송.

푸다 말고 놔두면
다시 고여 졸졸졸.

산속 샘물을 토끼가
와서 먹는다는 '옹달샘'
노래가 떠올라.

1 시를 읽고 물음에 답하세요.

● 다음 뜻을 가진 낱말을 시에서 찾아 쓰세요.

샘에서 나오는 물. (　　　　　　)

● 시에서 반복되는 흉내 내는 말 두 가지를 쓰세요.

(　　　　　　　　　　)

● 시를 바르게 감상한 친구를 모두 찾아 ○ 하세요.

시원한 계곡물이 세차게 흘러가는 모습이 그려져.

바위 사이로 가느다란 물줄기가 흐르는 모습이 떠올라.

맑고 고요한 산에서 작은 물소리가 들려오는 것 같아.

2 시를 읽고 떠오르는 장면을 그림으로 그려 보세요.

받아올림이 있는 덧셈

덧셈 방법

❶ 같은 자리끼리!

	십	일
	5	9
+	6	4

❷ 일의 자리부터 계산

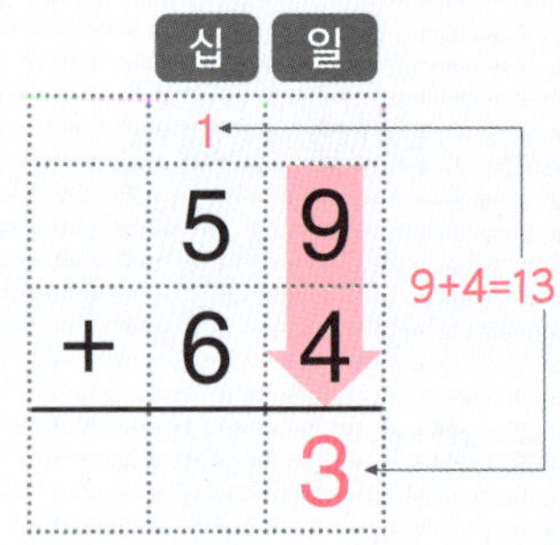

❸ 십의 자리 계산

1 받아올림을 표시하면서 덧셈을 하세요.

일의 자리 계산에서 받아올림이 있을 경우
십의 자리 계산에 받아올림한 수를 더해야 하기 때문에
일 → 십의 자리 순서로 계산하는 거야!

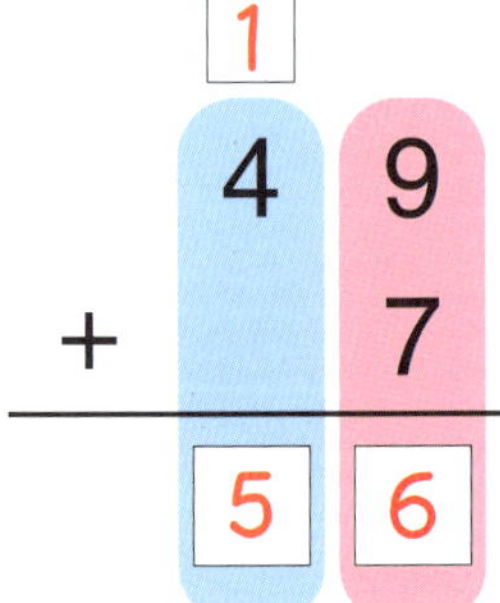

$$\begin{array}{r} 17 \\ +\ 56 \\ \hline \end{array}$$

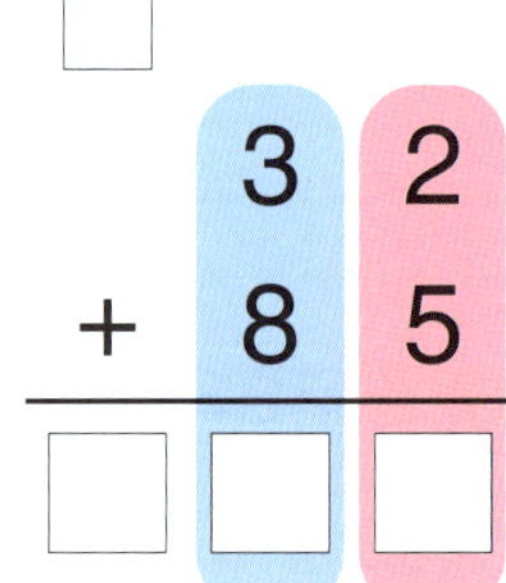

$$\begin{array}{r} 8 \\ +\ 37 \\ \hline \end{array}$$

$$\begin{array}{r} 35 \\ +\ 45 \\ \hline \end{array}$$

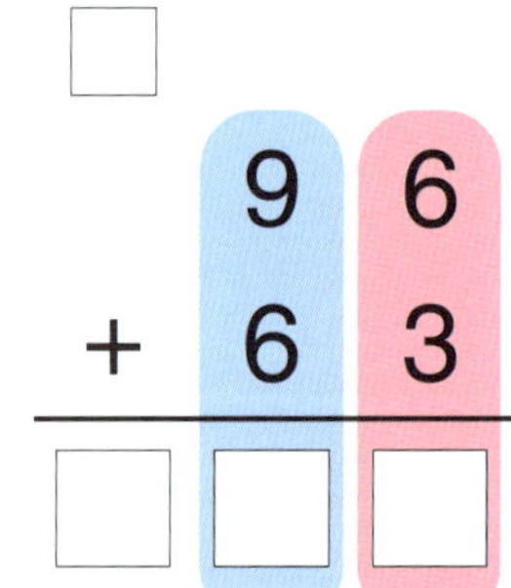

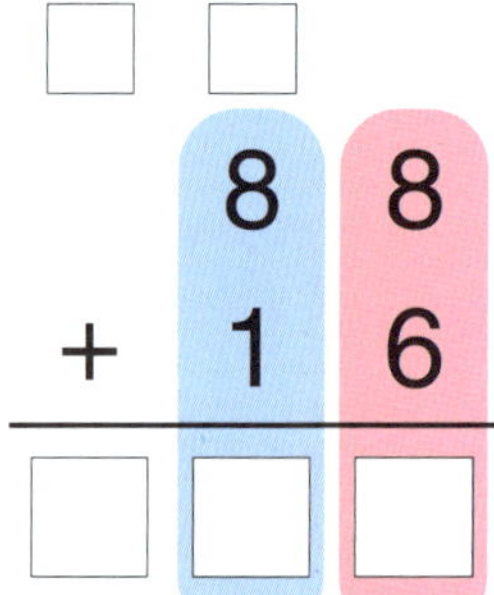

2 덧셈을 하세요.

$54 + 8$	$6 + 27$	$89 + 6$	$7 + 97$
$28 + 19$	$14 + 46$	$48 + 58$	$78 + 87$
$76 + 42$	$65 + 86$	$22 + 18$	$60 + 87$
$89 + 53$	$40 + 70$	$93 + 41$	$37 + 39$

사이좋게 지내자

1 시의 분위기를 생각하며 소리 내어 읽어 보세요.

별일도 아닌데 왜 다퉜을까?
학교 가는 발걸음 터덜터덜 무거워.
아직도 화났을까, 어떻게 말을 걸까?
짝꿍의 뒷모습 보며 맘 졸이는데.

어, 이제 왔어?
먼저 말 걸어 주는 짝꿍이 반가워.
웃으며 반겨 주는 짝꿍이 고마워.

집 가는 발걸음 폴짝폴짝 신이 나.
옆집 강아지도 덩달아 팔짝팔짝.

내일은 무얼 할까?
내일은 내가 먼저 웃으며 말해야지.
내일은 내가 먼저 반갑게 안녕 할래.

친구나 형제자매와 다툰 적 있니? 비슷한 경험을 떠올려 봐.

2 시를 읽고 물음에 답하세요.

- '나'에게 웃으며 인사를 건넨 사람은 누구인가요? (　　　　　　)
- 시의 첫 부분에서 '나'가 마음을 졸인 까닭은 무엇일까요?

____

- 학교와 집에 갈 때의 발걸음이 어떻게 달라졌는지 알맞은 흉내 내는 말을 찾아 쓰세요.

학교 가는 발걸음은 ______________ 무겁고,

집에 가는 발걸음은 ______________ 신이 납니다.

3 시의 앞부분과 뒷부분에서 '나'의 마음이 어떻게 바뀌었는지 표정을 그려 나타내 보세요.

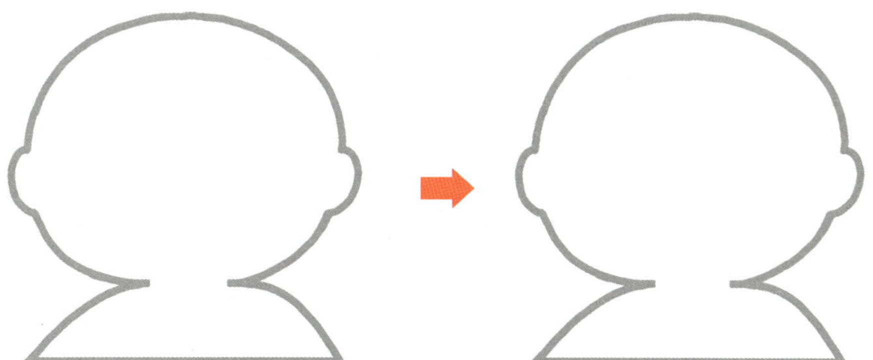

4 가족이나 친구와 다투거나 화해했던 경험을 떠올려 시의 한 부분을 바꾸어 쓰세요.

내일은 무얼 할까?
내일은 내가 먼저 웃으며 말해야지.

→

내일은 무얼 할까?
____

39
수학

가로 덧셈을 계산해!

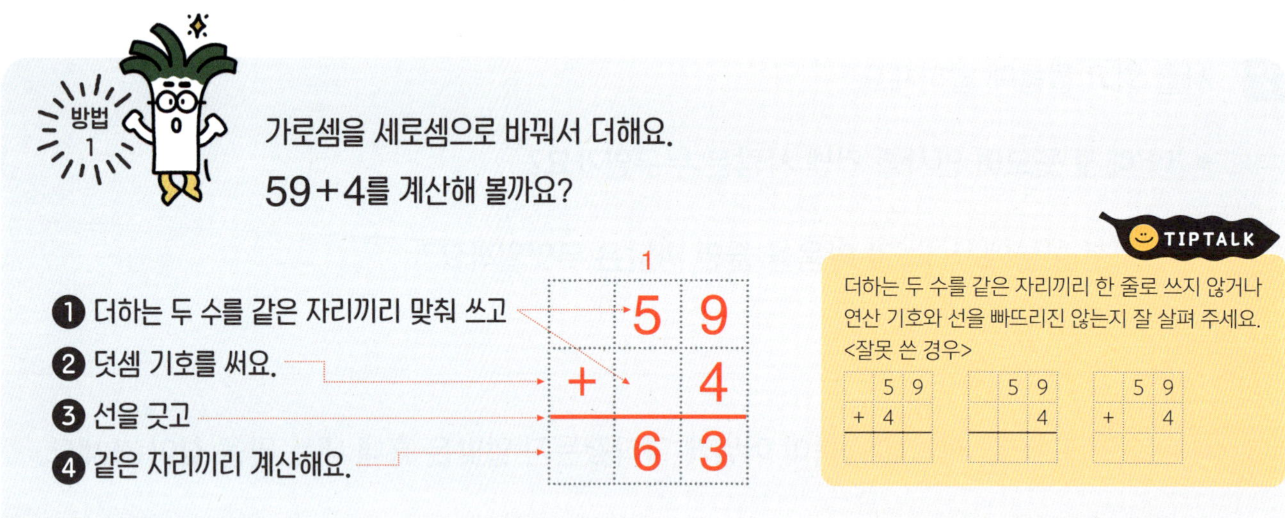

1 덧셈을 하세요.

26+6=

63+93=

47+24=

8+13=

54+53=

19+18=

7+95=

59+74=

82+38=

꼭공 능력     

TIPTALK

가로셈에서 같은 자리가 한눈에 보이지 않기 때문에 실수가 많이 생깁니다. 헷갈리지 않도록 먼저 두 수의 일의 자리 수에 표시하고 계산하도록 지도해 주세요.
예 8+47 38+7

같은 자리끼리 표시하면서 더해요.
38+47을 계산해 봅시다.

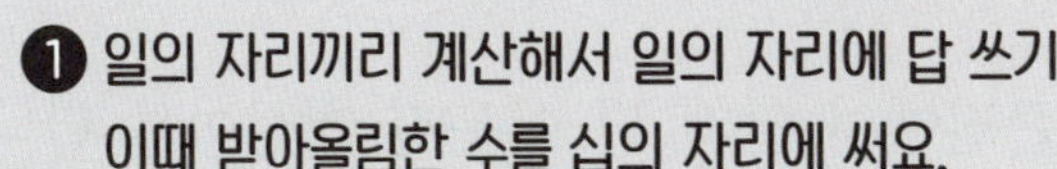

❶ 일의 자리끼리 계산해서 일의 자리에 답 쓰기
이때 받아올림한 수를 십의 자리에 써요.

❷ 십의 자리끼리 계산해서 십의 자리에 답 쓰기
이때 받아올림한 수도 꼭 더해요.

7 1
38+47= 8 5

2 덧셈을 하세요.

37+5= □□ 24+26= □□ 58+85= □□□

82+8= □□ 35+19= □□ 73+36= □□□

6+57= □□ 49+27= □□ 65+71= □□□

9+43= □□ 15+67= □□ 99+99= □□□

40
국어

신나는 여름 방학

1 인물의 마음을 짐작하며 글을 읽어 보세요.

"너희들 방학도 했는데, 주말에 큰집에 갈까?"

"와, 진짜요? 좋아요!"

아빠 말씀에 동생 건우는 함성부터 질렀어요. 큰집에서 알게 된 이웃집 태성이를 만나는 게 기대되는 모양이었어요. 나도 놀러 간다는 생각에 실없이 웃음이 났어요.

큰집은 차를 타고 세 시간이나 걸려요. 그래서 우리는 토요일 아침 일찍 서둘러 출발했어요. 차를 오래 탔더니 몸이 배배 꼬였어요. 휴게소에 들러 건우는 회오리감자를, 나는 소떡소떡을 먹었더니 다시 기운이 났어요.

점심 무렵, 우리는 큰집에 도착했어요. 맛있는 점심을 먹고 나자 큰어머니가 먹음직스러운 수박을 내오셨어요.

"수영아, 수박 좀 먹어 봐. 우리 밭에서 딴 수박이야."

"우아! 직접 기르신 거예요?"

내가 깜짝 놀라자 큰어머니는 얼굴 가득 함박웃음을 지으셨어요. 가게에서 사 먹는 수박처럼 크지는 않았지만, 농사지은 수박이라 생각하니 매우 신기했어요.

곧이어 건우는 태성이와 매미를 잡겠다며 콧노래를 부르며 뛰쳐나갔어요. 나는 큰아버지를 따라 밭에 구경을 갔어요. 수박이 줄기에 달려 있는 모습도 보고, 큰아버지와 옥수수도 잔뜩 땄지요.

갓 딴 옥수수를 큰어머니가 쪄 주셨는데, 알이 꽉 찬 옥수수를 보니 침이 절로 고였어요.

"옥수수 무지 맛있어요!"

나는 옥수수를 입안 가득 물고 외쳤어요.

내일은 다 같이 근처 저수지에 낚시를 하러 가기로 했어요. 큰집에 오면 매일매일 새로운 일들로 가득해요.

2 글을 읽고 물음에 답하세요.

- '나'의 가족은 토요일에 어디에 갔나요? (   )

- 글에 나온 등장인물이 아닌 사람은 누구인가요?

아빠 | 수영 | 건우 | 할머니 | 큰어머니

- 일이 일어난 차례대로 번호를 쓰세요.

휴게소에 들름.	큰아버지와 밭에 감.	점심을 먹고 수박을 먹음.	아빠가 큰집에 가자고 말함.

3 인물의 말과 행동을 보고 인물의 마음을 짐작하여 쓰세요.

인물	말과 행동	마음
건우	"와, 진짜요? 좋아요!"	예 기쁘고 기대되는 마음
나(수영)	차를 오래 탔더니 몸이 배배 꼬였어요.	
나(수영)	"우아! 직접 기르신 거예요?"	
큰어머니	얼굴 가득 함박웃음을 지으셨어요.	
건우	건우는 태성이와 매미를 잡겠다며 콧노래를 부르며 뛰쳐나갔어요.	

41 수학

덧셈 연습

어느 자리에서 받아올림이 있는지 주의해서 풀어 보자!

1 덧셈을 하세요.

	3	9
+		8

	7	1
+	1	9

	6	8
+	6	0

	4	5
+	9	9

		5
+	1	5

	4	8
+	2	5

	9	2
+	3	3

	7	6
+	7	6

	8	6
+		7

	2	9
+	3	7

	1	4
+	9	5

	8	7
+	2	8

		7
+	6	4

	3	8
+	4	4

	7	3
+	9	1

	2	5
+	7	8

물음에서 모두 구하라고 하면 덧셈식을 세워 해결!

2 문제를 잘 읽은 다음 식을 세우고 답을 구하세요.

선재는 붙임딱지를 43장 가지고 있고, 동생은 7장 가지고 있습니다. 두 사람이 가지고 있는 붙임딱지는 모두 몇 장일까요?

식 ______________

답 ______________ 장

송이는 어제 동화책을 56쪽 읽었고, 오늘은 어제보다 15쪽 더 많이 읽었습니다. 송이는 오늘 동화책을 몇 쪽 읽었을까요?

식 ______________

답 ______________ 쪽

바둑판 위에 검은색 바둑돌이 71개 있고, 흰색 바둑돌이 68개 있습니다. 바둑판 위에 있는 바둑돌은 모두 몇 개일까요?

식 ______________

답 ______________ 개

자동차 83대가 주차장에 있었는데 잠시 후 자동차 39대가 더 들어왔습니다. 주차장에 있는 자동차는 모두 몇 대일까요?

식 ______________

답 ______________ 대

42
국어

마음을 나타내요

1 민아가 쓴 글을 읽고 마음을 나타내는 말을 찾아 밑줄을 그으세요.

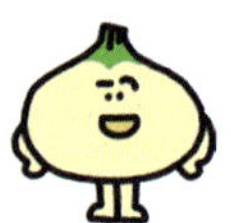

쪽지를 받는 사람에게 어떤 마음을 전하고 있는지 생각해 봐.

혜주에게 쓴 쪽지

혜주야,
어제 준비물을 빌려줘서 참 고마웠어. 깜박 잊어버려서 당황했는데, 네가 있어서 다행이야.

엄마께 쓴 쪽지

엄마,
아까는 진아가 내 등을 밀어서 소리를 지른 거예요. 넘어질 뻔해서 놀라서 그런 건데… 맨날 이유도 묻지 않으시고 내가 언니니까 참으라고만 하시는 게 너무 섭섭해요. 제 마음도 좀 알아주셨으면 좋겠어요.

마음을 글로 표현하는 여러 가지 방법이 있음을 알려 주세요. 아이와 함께 겪은 일에 대해서 서로의 마음을 전해 봐도 좋겠습니다.

일기의 일부분

20○○년 ○월 ○일 월요일　　날씨: 맑음

혜주랑 소율이랑 또 같은 반이 되었다! 너무 신기하다!
모르는 친구들만 있으면 어떡하지 걱정했는데, 제일 친한 친구들과 같은 반이 되어 정말 기쁘다. 앞으로도 셋이서 쭉 친하게 지냈으면 좋겠다.

2 민아의 쪽지에서 상대방에게 느낀 마음으로 알맞은 것에 ○ 하세요.

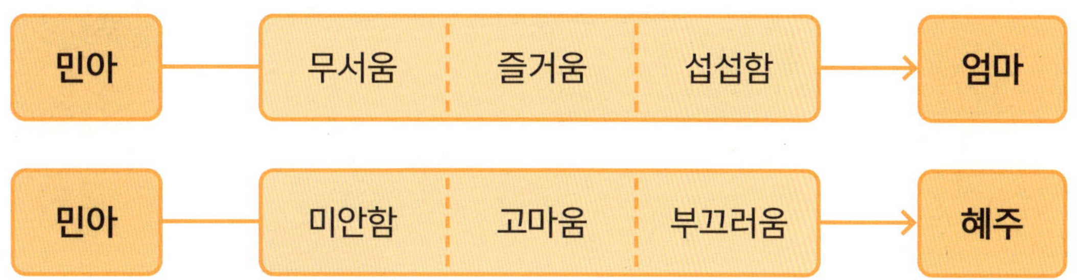

3 민아의 일기에서 민아가 기뻤던 까닭은 무엇인지 다음 문장을 완성하세요.

➡ 친한 친구들과 ______________________ 되었기 때문입니다.

4 마음을 나타내는 말이 아닌 것을 세 가지 찾아 × 하세요.

밀다	슬프다	신나다	화나다	무섭다	즐겁다
빌리다	걱정하다	달려가다	행복하다	섭섭하다	속상하다

5 다음 문장에 알맞은 낱말을 골라 ○ 하세요.

- 길에서 넘어졌는데 주변에 사람이 많아서 [안타까웠다 | 부끄러웠다].
- 인쇄 박물관에서 책 만들기 과정을 보니 참 [신기했다 | 조마조마했다].
- 기대도 하지 않았는데 생일을 챙겨 주다니 정말 [미안해 | 고마워].

컵 쌓기

아이들이 컵 쌓기 놀이를 하고 있어요.
위에 있는 컵에는 아래 두 컵에 쓰여 있는 수를 더하여 나온 수를 쓰면 됩니다.
컵의 빈 곳에 알맞은 수를 채워 보세요.

꼭공 능력
개념
연산
문장제
문제 해결
추론
8
8
8
69
14
5
9
21
18

44 종합

꼭공 복습

★ 글을 읽고 물음에 답하세요. [1-3]

아빠와 동생과 불광천을 ㉠걸었다. 날씨가 맑아서 산책하는 사람들이 많았다. 벤치에 앉아 이야기를 나누는 사람도 ㉡있고, 우리처럼 걷는 사람도 있었다.

"누나, 저기 봐! 오리가 ㉢많아!"

동생이 신나서 소리쳤다. 신기해서 수를 세어 보았더니 모두 여덟 마리였다. 오리 가족도 나들이를 ㉣나왔나 보다.

1 맞춤법 ㉠~㉣ 중 쌍받침이 들어간 낱말이 아닌 것은 무엇인가요?

(　　　　　　　　)

2 맞춤법 이 글에 나온 낱말을 따라 쓰고, 낱말에 들어간 겹받침이 무엇인지 각각 쓰세요.

앉	아		☐
많	아		☐
여	덟		☐
맑	아	서	☐

3 어휘 이 글에서 인물의 마음을 나타낸 말을 모두 찾아 ◯ 하세요.

걷는	신나서
나누는	신기해서

★ 글을 읽고 물음에 답하세요. [4-5]

세상에서 제일 무서운 개,
우르릉 쾅쾅 천둥 번개래.

세상에서 제일 안전한 곳,
엄마 이불 속에 냉큼 숨었네.

4 독해 밑줄 친 말에서 짐작할 수 있는 인물의 마음을 쓰세요.

5 독해 이 글을 읽고 말한 내용으로 알맞지 않은 것에 × 하세요.

- 나도 천둥 번개 칠 때 겁이 났어.
- 엄마에게 달려가는 장면이 떠올라.
- 용감하고 당당한 분위기가 느껴져.

6 개념 덧셈에서 □ 안의 수 1이 실제로 나타내는 수는 얼마일까요?

(1)

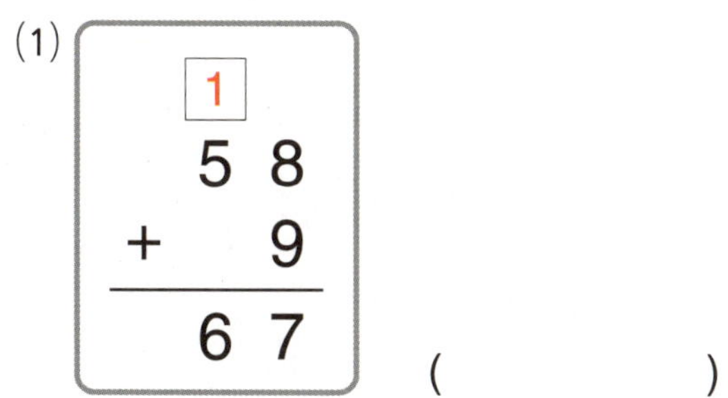

$$\begin{array}{r} \boxed{1} \\ 5\,8 \\ +\ \ 9 \\ \hline 6\,7 \end{array}$$

(　　　　　)

(2)

$$\begin{array}{r} \boxed{1} \\ 4\,3 \\ +\ 7\,2 \\ \hline 1\,1\,5 \end{array}$$

(　　　　　)

7 연산 덧셈을 하세요.

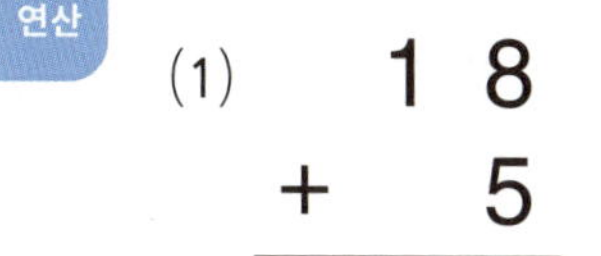

(1) $\begin{array}{r} 1\,8 \\ +\ \ 5 \\ \hline \end{array}$　(2) $\begin{array}{r} 3\,1 \\ +\ 7\,4 \\ \hline \end{array}$

(3) $\begin{array}{r} 7 \\ +\ 6\,7 \\ \hline \end{array}$　(4) $\begin{array}{r} 4\,9 \\ +\ 8\,3 \\ \hline \end{array}$

8 연산 덧셈을 하세요.

(1) $37+3=$

(2) $9+86=$

(3) $53+74=$

(4) $49+69=$

9 문장제 기차를 만드는 데 정하는 블록을 66개, 시우는 70개 사용했습니다. 두 사람이 기차를 만드는 데 사용한 블록은 모두 몇 개일까요?

식 ______________

답 ______________ 개

10 추론 빈칸에 알맞은 수를 써넣으세요.

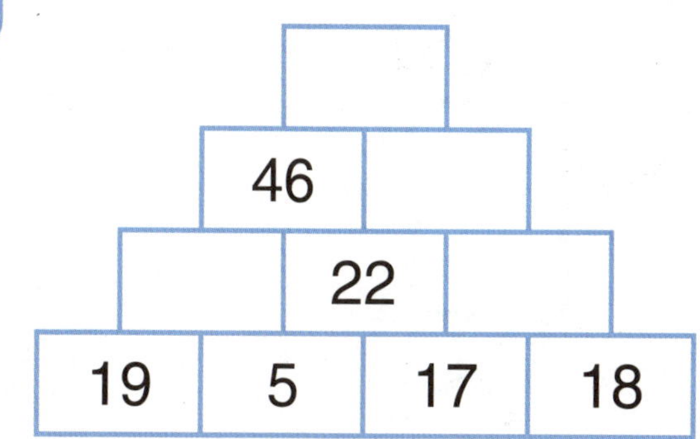

꼭공 국어 수학

45~55

학교를 '마치다', '맞히다'!
헷갈리기 쉬운 낱말을 알아볼까?

받아내림은 뭘까?
뺄셈을 재미있게 풀어 봐!

· 학습 계획표 ·

	꼭공 내용	꼭공 능력					공부한 날
45	닫히는 문에 손가락을 다쳤어	어휘	맞춤법	문장	독해	글쓰기	/
46	받아내림은 뭘까?	개념	연산	문장제	문제해결	추론	/
47	우표는 붙이고 편지는 부치고	어휘	맞춤법	문장	독해	글쓰기	/
48	받아내림이 있는 뺄셈	개념	연산	문장제	문제해결	추론	/
49	자연스럽게 띄어 읽기	어휘	맞춤법	문장	독해	글쓰기	/
50	가로 뺄셈을 계산하자!	개념	연산	문장제	문제해결	추론	/
51	씩씩하고 명랑한 사람이야	어휘	맞춤법	문장	독해	글쓰기	/
52	뺄셈 연습	개념	연산	문장제	문제해결	추론	/
53	반려견과 함께 산다면	어휘	맞춤법	문장	독해	글쓰기	/
54	벽돌 공사	개념	연산	문장제	문제해결	추론	/
55	꼭공 복습		국어		수학		/

45
국어

닫히는 문에 손가락을 다쳤어

1 그림에 어울리는 낱말을 따라 쓰세요.

문이

.

팔을

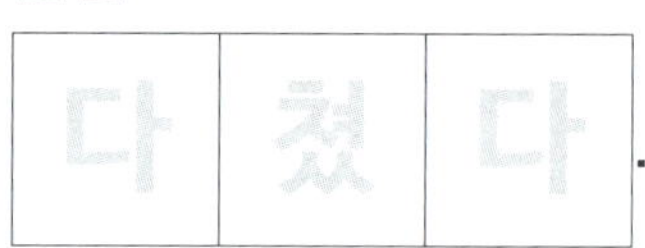

.

수업을

.

과녁을

.

몸을

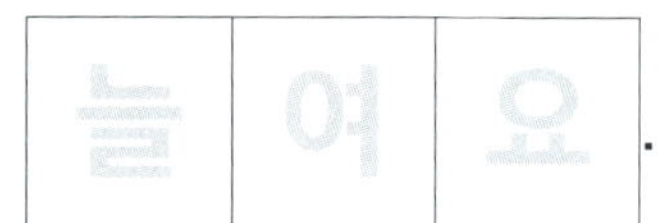

.

달팽이는

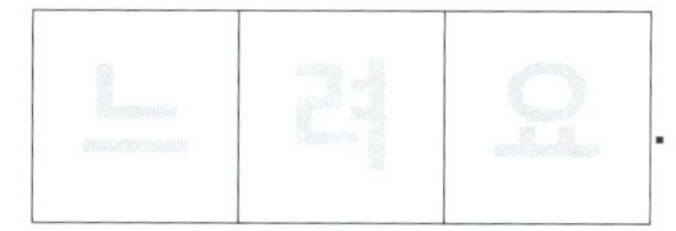

.

걸 음 이 무척 빨라.

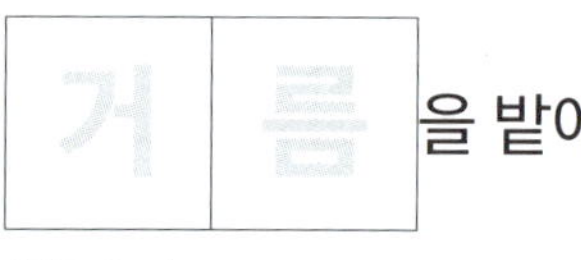

을 밭에 뿌렸어.

2 밑줄 친 부분을 바르게 고쳐서 문장을 다시 쓰세요.

나무늘보는 움직임이 많이 늘여요.

____

문제의 답을 정확히 마쳤어요.

____

거름을 멈추고 가게를 구경했다.

____

옷 정리를 모두 맞혔다.

____

닫힌 곳에 약을 발랐다.

____

받아내림은 뭘까?

뺄셈을 할 때는
같은 자리 수끼리 빼면 돼요.

6 9
− 1 3
5 6

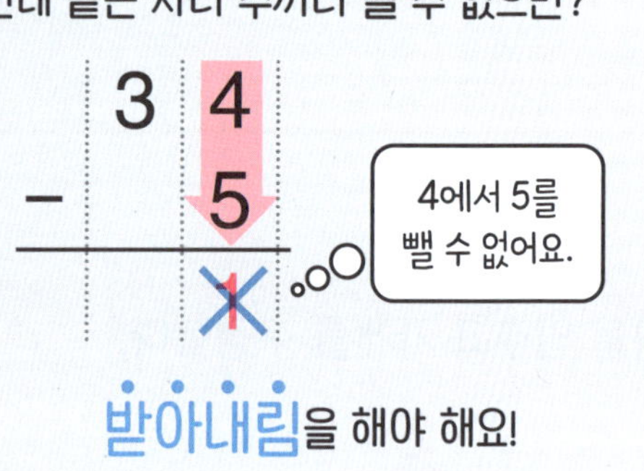

그런데 같은 자리 수끼리 뺄 수 없으면?
3 4
− 5
4에서 5를 뺄 수 없어요.
받아내림을 해야 해요!

받아내림이란?

같은 자리 수끼리 뺄 수 없을 때 윗자리에서 10만큼 빌려 오는 거예요.

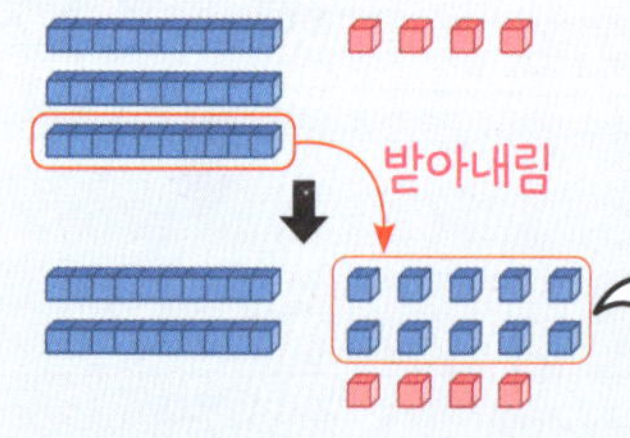

십 모형 1개를 일 모형 10개로 바꿔서 내려요.

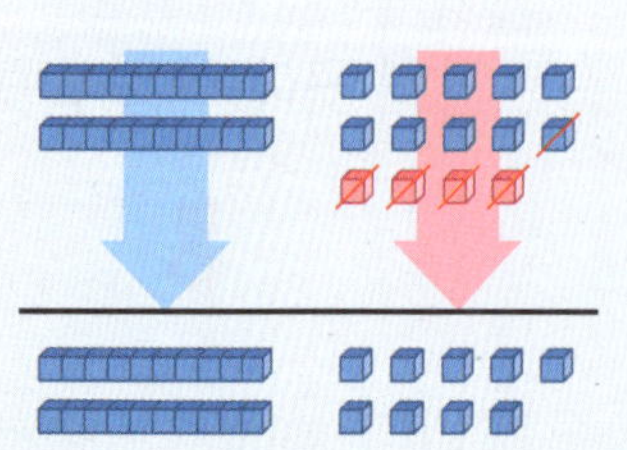

1 뺄셈을 할 때 받아내림이 있으면 ○를, 없으면 ×를 하세요.

□

7 1
− 6

□

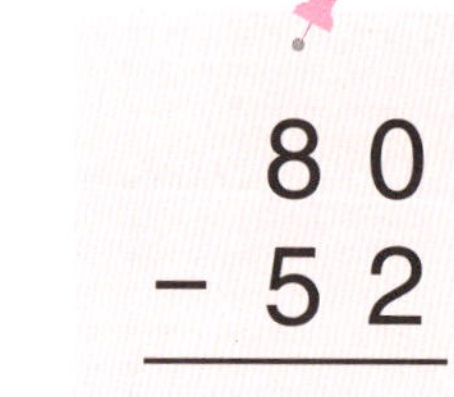

□

9 4
− 3 4

□

2 보기 와 같이 받아내림을 표시하면서 □ 안에 알맞은 수를 써넣으세요.

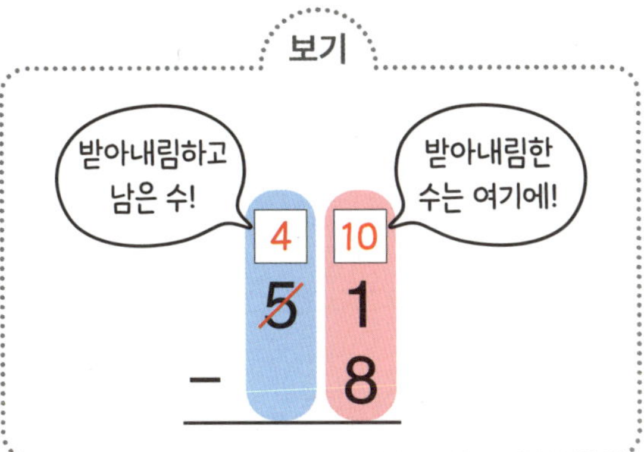

5 □		6 □
6 0		7 4
− 1		− 1 9

□ 10		□ 10
4 2		9 0
− 2 4		− 3 8

지우는 표시 ⁄도 잊지 말고 하자!

□ □		□ □
3 6		8 5
− 7		− 3 6

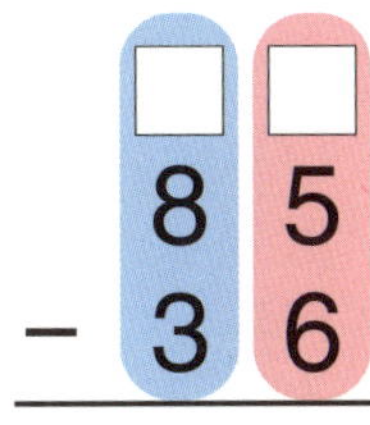

3 받아내림이 있는 뺄셈을 보고 알맞은 수에 ○를 하세요.

일의 자리를 계산할 때 십의 자리에서 받아내림한 수는 (1, 10, 100)이에요.

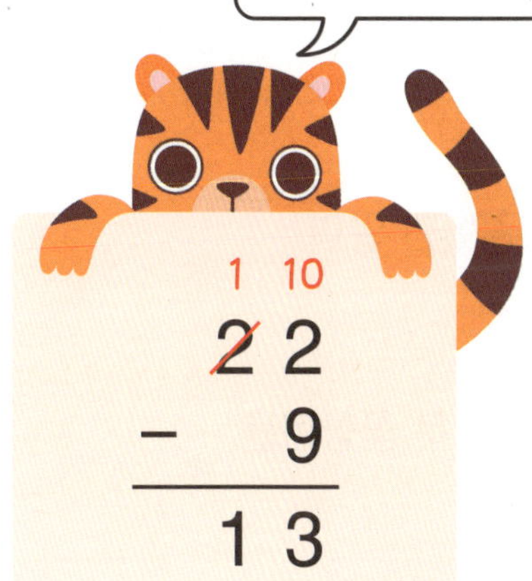

□ 안의 수 6은 일의 자리로 받아내림하고 남은 수이므로 실제로 나타내는 수는 (6, 60, 600)이에요.

47
국어

우표는 붙이고 편지는 부치고

1 문장의 빈칸에 알맞은 낱말을 찾아 선으로 잇고, 따라 쓰세요.

소 □ 가 풀을 뜯고 있다.	때
옷에 □ 가 묻어서 빨아야 해.	떼
진우가 한 말이 □.	맞다
향기로운 꽃향기를 □.	맡다
닭이 알을 하나 □.	나았다
아픈 건 이제 다 □.	낳았다
별 모양 스티커를 □.	붙였다
우체국에서 삼촌께 소포를 □.	부쳤다
의자에 □ 앉았다.	반듯이
오늘 경기는 □ 이겨야 해.	반드시

2 밑줄 친 부분을 바르게 고쳐서 문장을 다시 쓰세요.

엄마와 한 약속을 <u>반듯이</u> 지킬 거야.

___

뚜껑을 열고 냄새를 <u>맞습</u>니다.

___

다이어리에 사진을 <u>부쳐</u> 꾸몄다.

___

감기가 아직 <u>낳지</u> 않았다.

___

공원에서 비둘기 <u>때</u>가 모이를 먹어요.

___

받아내림이 있는 뺄셈

뺄셈 방법

❶ 같은 자리끼리!

	십	일
	7	2
−	1	8

❷ 일의 자리부터 계산

	십	일
	6	10
	~~7~~	2
−	1	8

2에서 8을 뺄 수 없으므로
십의 자리에서 받아내림해요.

	십	일
	6	10
	~~7~~	2 (12)
−	1	8
		4

12-8=4

❸ 십의 자리 계산

	십	일
	6	10
	~~7~~	2
−	1	8
	5	4

6-1 =5

받아내림하고
남은 수에서 빼요.

1 받아내림을 표시하면서 뺄셈을 하세요.

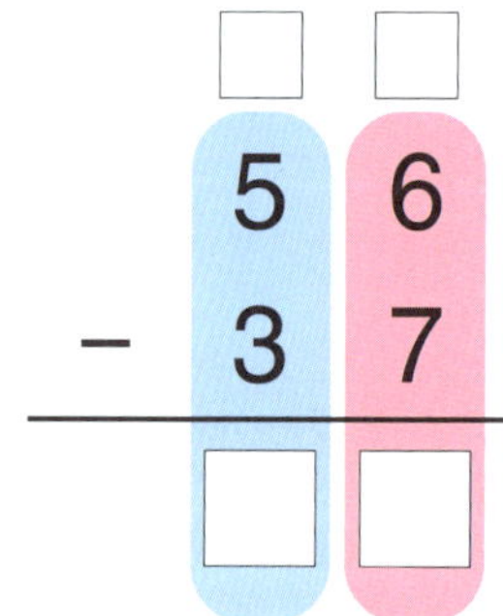

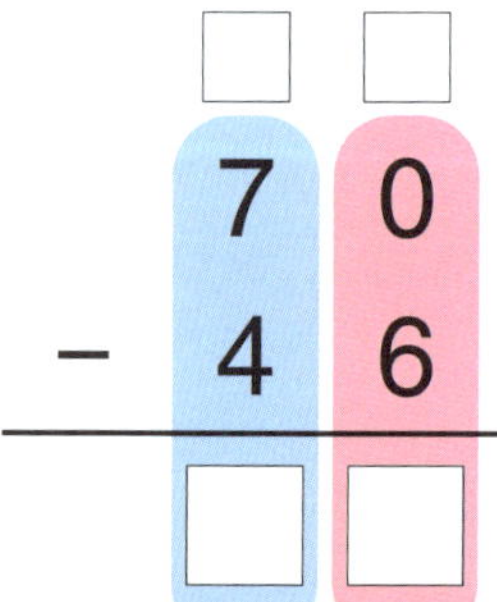

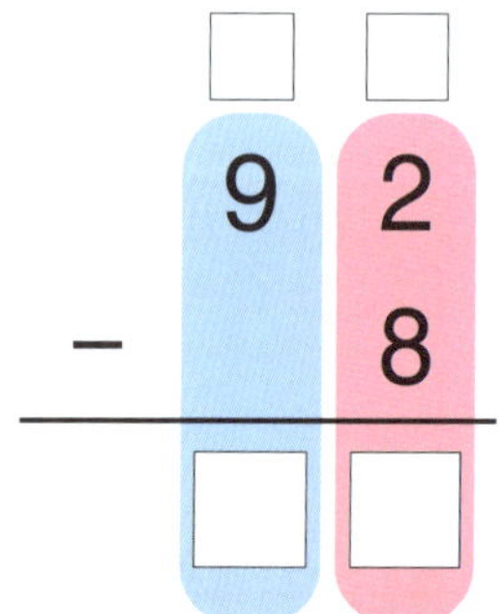

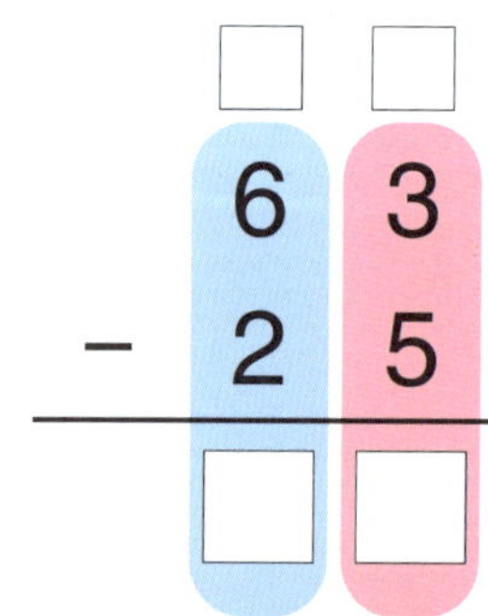

	□	□
	5	0
−		9
	□	□

받아내림이 없는 뺄셈도 있어. 주의해서 풀어 보자!

2 뺄셈을 하세요.

33 − 9 =

70 − 12 =

46 − 5 =

85 − 49 =

60 − 21 =

28 − 5 =

81 − 63 =

74 − 5 =

54 − 8 =

67 − 53 =

93 − 4 =

40 − 10 =

95 − 32 =

80 − 8 =

36 − 29 =

62 − 7 =

49
국어

자연스럽게 띄어 읽기

띄어 읽을 때 사용하는 문장 부호

∨ 쐐기표는 조금 쉬어 읽는 것을 나타내요.

≫ 겹쐐기표는 ∨ 보다 조금 더 쉬어 읽는 것을 나타내요.

자연스럽게 띄어 읽으려면?

- '누가(무엇이)' 다음에 조금 쉬어(∨) 읽어요.
- 문장이 너무 길면 문장의 뜻을 생각하며 한 번 더 쉬어(∨) 읽어요. 예를 들어 '누구를(무엇을)' 뒤에서 조금 쉬어 읽을 수 있어요.
- 문장과 문장 사이에는 조금 더 쉬어(≫) 읽어요.

1 글을 소리 내어 읽어 보고, 띄어 읽을 곳에 ∨와 ≫를 넣어 보세요.

오늘은 막내 이모의 결혼식 날입니다.

"유리야, 서둘러! 우리는 일찍 가야 해."

엄마는 머리를 다듬고, 반짝이는 원피스도 입었습니다. 유리도 덩달아 바빴습니다.

엄마와 유리는 결혼식장에 가서 이모를 만났습니다. 드레스를 입은 모습에 유리의 눈이 휘둥그레졌습니다. 이모는 말 없이 배시시 웃었습니다.

문장을 빠른 속도로 급하게 읽지 않도록 이끌어 주세요.
긴 문장은 중요한 부분마다 나누어 읽는 것이 좋습니다.

2 글에서 인물의 말과 행동을 보고 마음을 짐작하여 쓰세요.

인물	말과 행동	마음
엄마	"유리야, 서둘러! 우리는 일찍 가야 해."	예 초조한 마음
유리	유리의 눈이 휘둥그레졌습니다.	
이모	이모는 말 없이 배시시 웃었습니다.	

3 자연스럽게 띄어 읽는 방법에 대해 <u>잘못</u> 말한 친구에게 × 하세요.

문장의 뜻이 잘 드러나게 띄어 읽어야 해.

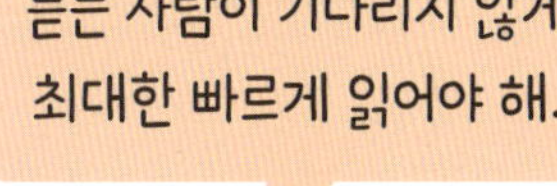

듣는 사람이 기다리지 않게 최대한 빠르게 읽어야 해.

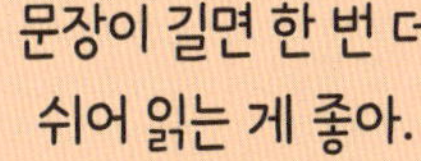

문장이 길면 한 번 더 쉬어 읽는 게 좋아.

4 문장 부호에 유의하며 ∨와 ⩔를 넣고 자연스럽게 읽어 보세요.

쉼표 뒤에서 조금 쉬고, 마침표, 물음표, 느낌표 뒤에서는 조금 더 쉬어 읽어.

"이모, 결혼 축하해!"
"어머, 유리 왔구나? 고마워."

"엄마, 기쁜 날인데 외할머니는 왜 우시지?"
"딸이 시집을 가니, 기쁘고도 아쉬우실 거야."

50 수학

가로 뺄셈을 계산하자!

가로셈을 세로셈으로 바꿔서 빼요.
43−6을 계산해 볼까요?

❶ 두 수를 같은 자리끼리 맞춰 쓰고
❷ 뺄셈 기호를 써요.
❸ 선을 긋고
❹ 같은 자리끼리 계산해요.

	3	10
	~~4~~	3
−		6
	3	7

TIPTALK

두 수를 같은 자리끼리 한 줄로 쓰지 않거나
작은 수를 위에, 큰 수를 아래에 쓰진 않는지 잘 살펴 주세요.
<잘못 쓴 경우>

	4	3
−	6	

		6
−	4	3

1 뺄셈을 하세요.

63−4=

30−27=

71−23=

55−9=

80−16=

43−18=

72−7=

40−12=

96−59=

같은 자리끼리 표시하면서 빼요.

52−37을 계산해 봅시다.

❶ 일의 자리끼리 계산해서 일의 자리에 답 쓰기
이때 십의 자리에서 받아내림한 수와 같이 계산!

❷ 십의 자리끼리 계산해서 십의 자리에 답 쓰기
이때 받아내림하고 남은 수에서 빼요.

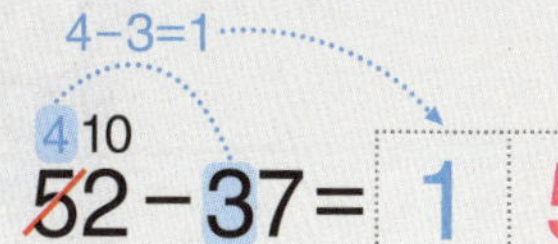

2 뺄셈을 하세요.

34−6= ☐☐ 60−39= ☐☐ 95−27= ☐☐

93−8= ☐☐ 86−48= ☐☐ 40−13= ☐☐

61−9= ☐☐ 90−16= ☐☐ 82−35= ☐☐

70−7= ☐☐ 41−24= ☐☐ 58−19= ☐☐

씩씩하고 명랑한 사람이야

1 그림 속 인물의 성격을 나타내는 말을 알아보고 따라 쓰세요.

거짓이나 숨김이 없이
바르고 곧다.

솔	직	하	다

남의 사정을 잘 이해하고
마음 씀씀이가 넓다.

너	그	럽	다

침착하지 못하고 들떠서
서두르거나 함부로 덤비다.

덤	벙	대	다

쉽게 흥분하지 않고
행동이 조심스럽고 차분하다.

침	착	하	다

《소가 된 게으름뱅이》라는 전래 동화의 일부야.

2 글을 읽고 인물의 성격을 나타내는 말을 따라 쓰세요.

옛날에 몹시 게으른 사람이 살았어요. 매일 방에 누워 있기만 하고, 밥을 먹는 것조차 귀찮아할 정도였지요.

게	으	르	다

소가 된 그는 온종일 힘들게 밭을 갈았어요. 게으르게 지낸 것을 후회하면서 이제 부지런하게 살겠다고 다짐했지요.

부	지	런	하	다

3 보기 의 낱말을 참고하여 자신이 읽은 책 속 인물의 성격을 쓰세요.

보기

착하다 솔직하다 심술궂다 명랑하다 쾌활하다 게으르다 부지런하다
용감하다 씩씩하다 어리석다 영리하다 지혜롭다 다정하다 친절하다
무뚝뚝하다 꼼꼼하다 신중하다 덤벙대다 얌전하다 너그럽다 음흉하다

예 《흥부와 놀부》에서 제비 다리를 고쳐 준 흥부는 착하지만, 욕심을 내서 제비 다리를 일부러 부러뜨린 놀부는 정말 심술궂어.

나

<보기>는 아이가 성격을 나타내는 말을 떠올릴 수 있게 돕기 위함입니다.
<보기>에 없는 성격을 나타내는 말도 자유롭게 쓸 수 있도록 격려해 주세요.

뺄셈 연습

받아내림한 수와 받아내림
하고 남은 수를 쓰면서 계산
하면 실수하지 않을 거야.

1 뺄셈을 하세요.

$$\begin{array}{r} 72 \\ -\ \ 3 \\ \hline \end{array} \quad \begin{array}{r} 23 \\ -18 \\ \hline \end{array} \quad \begin{array}{r} 44 \\ -\ \ 5 \\ \hline \end{array} \quad \begin{array}{r} 90 \\ -49 \\ \hline \end{array}$$

$$\begin{array}{r} 83 \\ -57 \\ \hline \end{array} \quad \begin{array}{r} 51 \\ -\ \ 4 \\ \hline \end{array} \quad \begin{array}{r} 32 \\ -19 \\ \hline \end{array} \quad \begin{array}{r} 64 \\ -\ \ 6 \\ \hline \end{array}$$

$$\begin{array}{r} 46 \\ -\ \ 9 \\ \hline \end{array} \quad \begin{array}{r} 92 \\ -26 \\ \hline \end{array} \quad \begin{array}{r} 80 \\ -\ \ 5 \\ \hline \end{array} \quad \begin{array}{r} 71 \\ -69 \\ \hline \end{array}$$

$$\begin{array}{r} 63 \\ -39 \\ \hline \end{array} \quad \begin{array}{r} 81 \\ -\ \ 2 \\ \hline \end{array} \quad \begin{array}{r} 75 \\ -47 \\ \hline \end{array} \quad \begin{array}{r} 57 \\ -\ \ 8 \\ \hline \end{array}$$

2 문제를 잘 읽은 다음 식을 세우고 답을 구하세요.

물음에서 남아 있는
무엇을 구하라고 하면
뺄셈식을 세워 해결!

바구니에 방울토마토가 47개 있었는데 9개를 먹었습니다. 바구니에 남아 있는 방울토마토는 몇 개일까요?

식 ______

답 ______ 개

서하는 공책을 31권, 지오는 25권 가지고 있습니다. 서하는 지오보다 공책을 몇 권 더 가지고 있을까요?

식 ______

답 ______ 권

꽃밭에 빨간색 장미가 80송이 피었고, 분홍색 장미는 빨간색 장미보다 3송이 더 적게 피었습니다. 분홍색 장미는 몇 송이 피었을까요?

식 ______

답 ______ 송이

채소 가게에 배추 92포기가 있었는데 그중에서 오늘 78포기를 팔았습니다. 배추가 몇 포기 남았을까요?

식 ______

답 ______ 포기

53
국어

반려견과 함께 산다면

1 어떤 내용인지 생각하며 광고의 글과 사진을 살펴보세요.

요즘은 '애완견'이란 말 대신,
가족처럼 더불어 산다는 뜻으로
이 낱말을 널리 쓰고 있어.

2 광고를 보고 물음에 답하세요.

- 다음 뜻을 가진 세 글자 낱말을 광고에서 찾아 쓰세요.

가족처럼 여기며 키우는 개. ( )

- 광고에서 반려견은 무엇이 아니라고 했나요?

즐겨 입는 옷	오랫동안 입는 옷	한 철 입고 버리는 옷

- 이 광고가 전하려는 중심 생각은 무엇일까요?

반려견을 사지 말고 입양하자.	반려견 품종의 성격과 특징을 따져 보자.	반려견의 생명을 아끼는 책임감 있는 주인이 되자.

- 광고를 바르게 이해한 친구를 찾아 ◯ 하세요.

예쁜 강아지를 키우려면 비싼 품종인지 확인해야 해.

반려견은 평생 책임져야 하는 가족과 같아.

반려견을 키우는 건 힘든 일이니까 부모님께 맡겨야 해.

3 반려동물과 관련된 경험이나 자신의 생각을 쓰세요.

54
수학

벽돌 공사

동물들이 벽돌을 이어 붙여 놓았어요.
옆과 아래로 길게 있는 식이 모두 맞아야 합니다.
벽돌의 빈 곳에 빠진 수를 채워 보세요.

42	−	28	=	
−		−		−
25	−	12	=	
=		=		=
	−		=	1

꼭공 능력

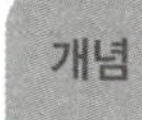

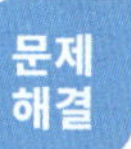

추론

90	−	72	=			62	−	7	=	
		−								−
		45	−	9	=					47
		=								=
81	−		=			73	−	65	=	
				−		−				
				16		54	−	34	=	
				=		=		−		−
					−		=	19		4
								=		=
						31	−		=	

55 종합

꼭공 복습

★ 글을 읽고 물음에 답하세요. [1-4]

> 요즘 내 취미는 다이어리 꾸미기이다. 오늘 학교를 [㉠] 그동안 갖고 싶던 스티커를 사러 갔다. 동생도 같이 갔는데, 동생의 ㉡거름이 느려서 답답했다.
>
> 동생과 함께 맘에 드는 스티커를 사서 집에 돌아왔다. 예쁜 사진과 스티커를 ㉢부쳐서 다이어리를 꾸미고, ㉣엄마와 동생에게도 보여 주었다.

1 맞춤법 ㉠에 들어갈 알맞은 말에 ○ 하세요.

마치고	맞히고
맛치고	맞치고

2 맞춤법 ㉡, ㉢을 바르게 고쳐 쓰세요.

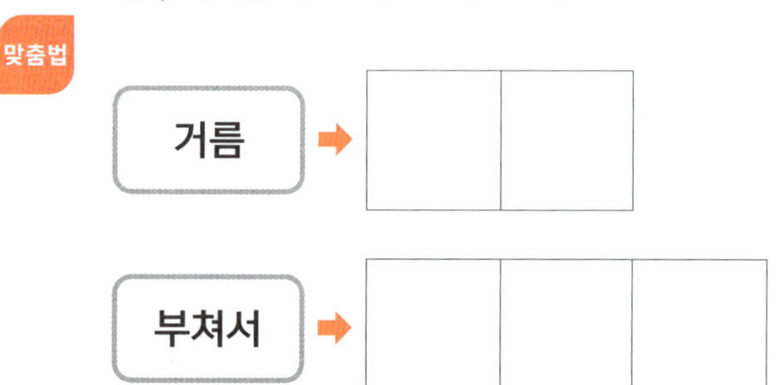

3 독해 ㉣에서 짐작할 수 있는 인물의 마음을 모두 고르세요. (　　　　　)

① 슬픔　② 뿌듯함
③ 부끄러움　④ 걱정스러움
⑤ 자랑스러움

4 문장 띄어 읽을 곳에 쐐기표를 넣고, 문장을 자연스럽게 읽어 보세요.

> 동생과 함께 맘에 드는 스티커를 사고, 집에 돌아왔다.

5 맞춤법 빈칸에 알맞은 말을 보기에서 찾아 문장을 완성하세요.

> 보기
> 반듯이　반드시　늘이다　느리다

(1) 규칙을 ____________ 지키자.

(2) 인터넷 속도가 ____________.

6 개념

뺄셈에서 □ 안의 수가 실제로 나타내는 수는 얼마일까요?

(1)

( )

(2)

8 10
9 5
− 4 7
4 8

( )

7 연산

뺄셈을 하세요.

(1) $77 - 8$

(2) $52 - 46$

(3) $41 - 9$

(4) $80 - 23$

(5) $30 - 7$

(6) $93 - 15$

8 연산

뺄셈을 하세요.

(1) $46-8=$

(2) $50-26=$

(3) $83-34=$

9 문장제

슈크림 붕어빵을 51개 만들고, 팥 붕어빵을 39개 만들었습니다. 슈크림 붕어빵은 팥 붕어빵보다 몇 개 더 많이 만들었을까요?

식 ____________

답 ____________ 개

10 추론

빈칸에 알맞은 수를 써넣으세요.

63	−	9	=	
−				−
17				46
=				=
	−	38	=	

꼭공 국어 수학

56~66

덧셈과 뺄셈을 한꺼번에!

충분히 잘할 수 있을 거야.

글에서 중요한 내용을 찾아봐!

내 의견도 말할 수 있겠지?

· 학습 계획표 ·

	꼭공 내용	꼭공 능력					공부한 날
56	보고 듣고 맡고 맛봐!	어휘	맞춤법	문장	**독해**	**글쓰기**	/
57	덧셈과 뺄셈 종합	개념	**연산**	문장제	문제해결	**추론**	/
58	일회용품 사용을 줄이자	어휘	맞춤법	문장	**독해**	**글쓰기**	/
59	세 수의 계산	개념	**연산**	**문장제**	문제해결	추론	/
60	장기자랑 뭐 하지?	어휘	맞춤법	문장	**독해**	글쓰기	/
61	덧셈과 뺄셈의 관계	개념	연산	문장제	**문제해결**	**추론**	/
62	최고의 음식 선발 대회	어휘	맞춤법	문장	**독해**	**글쓰기**	/
63	□가 있는 식	개념	연산	문장제	**문제해결**	**추론**	/
64	생활 속 토박이말	**어휘**	맞춤법	**문장**	독해	글쓰기	/
65	모르는 수 구하기	개념	연산	**문장제**	문제해결	**추론**	/
66	꼭공 복습		**국어**		**수학**		/

56
국어

보고 듣고 맡고 맛봐!

1 중요한 내용이 무엇인지 생각하며 글을 읽어 보세요.

안녕하세요! 저는 눈으로 세상을 보는 시각입니다. 저를 통해 색깔과 모양, 멀리 있는 것과 가까이 있는 것을 구분할 수 있지요. 제가 없으면 여러분은 세상을 제대로 볼 수 없을 거예요. 아름다운 풍경과 멋진 사물들을 모두 볼 수 있게 하니까요.

저는 코로 냄새를 맡는 후각입니다. 저를 통해 냄새의 종류와 *강도를 구분하고, 냄새가 어디서 나는지 알 수 있지요. 제가 없으면 여러분은 세상의 냄새를 맡을 수 없을 거예요. 맛있는 음식 냄새와 향긋한 꽃향기, 그리고 친구들의 *체취까지 맡을 수 있게 하니까요.

* 강도: 센 정도.
* 체취: 몸에서 나는 냄새.

저는 귀로 소리를 듣는 청각입니다. 저를 통해 소리의 크기와 높낮이를 구분하고, 소리가 어디서 나는지 알 수 있지요. 제가 없으면 여러분은 세상의 소리를 들을 수 없을 거예요. 아름다운 음악과 새소리, 그리고 친구들의 목소리까지 들을 수 있게 하니까요.

저는 혀로 맛을 느끼는 미각입니다. 저를 통해 맛의 종류와 강도를 구분하고, 맛이 어떻게 느껴지는지 알 수 있지요. 제가 없으면 여러분은 세상의 맛을 느낄 수 없을 거예요. 달콤한 초콜릿과 새콤한 레몬 등 여러 가지 음식의 맛을 느낄 수 있게 하니까요.

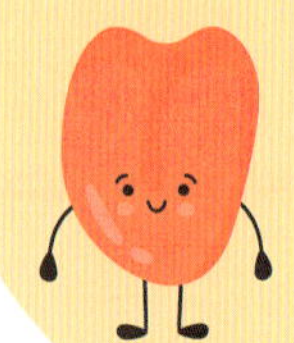

저는 피부로 무언가 닿았을 때의 감각을 느끼는 촉각입니다. 저를 통해 무언가를 만지거나 몸에 닿는 느낌의 종류와 강도를 구분할 수 있지요. 제가 없으면 여러분은 세상의 촉감을 느낄 수 없을 거예요. 부드러운 이불과 차가운 얼음, 그리고 친구들의 손길까지 모두 느낄 수 있게 하니까요.

2 글을 읽고 물음에 답하세요.

우리 몸에서 각 감각과 관련된 기관이 어디에 있는지 짚어 봐.

● 다음과 같은 것을 느끼는 감각은 무엇인가요?

짜다, 맵다, 달다

( )

● 다섯 가지 감각과 신체 부위를 알맞게 선으로 이으세요.

시각	후각	청각	미각	촉각
•	•	•	•	•
•	•	•	•	•
코	귀	혀	눈	피부

3 다섯 가지 감각의 이름과 하는 일을 정리해 보세요.

다섯 가지 감각

- 시각: 예 색깔과 모양, 멀리 있는 것과 가까이 있는 것을 구분한다.
- 후각:
- ( ): 소리의 크기와 높낮이를 구분하고, 소리가 어디서 나는지 안다.
- 미각:
- ( ): 무언가를 만지거나 몸에 닿는 느낌의 종류와 강도를 구분한다.

덧셈과 뺄셈 종합

먼저 +, - 기호를
확인하고 계산하자.

1 계산하세요.

$\begin{array}{r} 83 \\ +\ 57 \\ \hline \end{array}$	$\begin{array}{r} 92 \\ -\ \ 4 \\ \hline \end{array}$	$\begin{array}{r} 8 \\ +\ 65 \\ \hline \end{array}$	$\begin{array}{r} 74 \\ -\ 29 \\ \hline \end{array}$
$\begin{array}{r} 21 \\ -\ \ 2 \\ \hline \end{array}$	$\begin{array}{r} 36 \\ +\ \ 5 \\ \hline \end{array}$	$\begin{array}{r} 54 \\ -\ 18 \\ \hline \end{array}$	$\begin{array}{r} 49 \\ +\ 43 \\ \hline \end{array}$
$\begin{array}{r} 6 \\ +\ 59 \\ \hline \end{array}$	$\begin{array}{r} 40 \\ -\ 28 \\ \hline \end{array}$	$\begin{array}{r} 72 \\ +\ 76 \\ \hline \end{array}$	$\begin{array}{r} 34 \\ -\ \ 7 \\ \hline \end{array}$
$\begin{array}{r} 70 \\ -\ 64 \\ \hline \end{array}$	$\begin{array}{r} 38 \\ +\ 89 \\ \hline \end{array}$	$\begin{array}{r} 61 \\ -\ \ 7 \\ \hline \end{array}$	$\begin{array}{r} 25 \\ +\ \ 5 \\ \hline \end{array}$

2 주어진 수 카드를 한 번씩 사용하여 덧셈식 또는 뺄셈식을 완성하세요.

$$\begin{array}{r} \boxed{4}\;7 \\ +\quad \boxed{8} \\ \hline 5\;\boxed{5} \end{array}$$

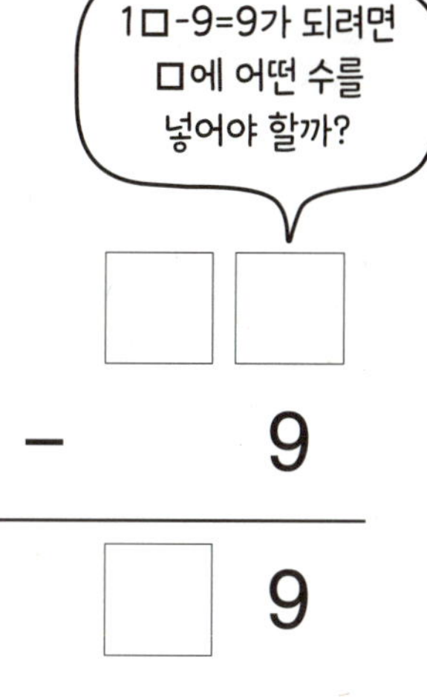

$$\begin{array}{r} \square\;\square \\ -\quad 9 \\ \hline \square\;9 \end{array}$$

$$\begin{array}{r} \square\;\square \\ +\;3\;2 \\ \hline 7\;\square \end{array}$$

$$\begin{array}{r} 4\;\square \\ -\;\square\;\square \\ \hline 2 \end{array}$$

$$\begin{array}{r} 2\;8 \\ +\;\square\;\square \\ \hline 1\;\square\;4 \end{array}$$

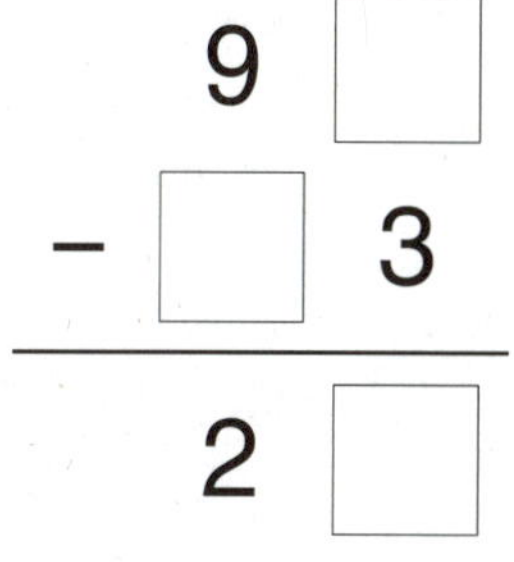

$$\begin{array}{r} 9\;\square \\ -\;\square\;3 \\ \hline 2\;\square \end{array}$$

58
국어

일회용품 사용을 줄이자

1 중요한 내용이 무엇인지 생각하며 글을 읽어 보세요.

일회용품은 한 번만 쓰고 버리는 물건입니다. 빨대, 일회용 컵, 일회용 수저, 비닐봉지 등 우리 주변에서도 수많은 일회용품을 쉽게 발견할 수 있습니다. 이러한 일회용품을 많이 쓰면 어떤 문제점이 있을까요?

우선, 일회용품은 짧게 쓰고 금방 버려지므로 자원을 낭비하게 됩니다. 즉, 일회용품을 만들기 위해 사용한 종이, 플라스틱, 나무와 같은 자원들이 잠깐 쓰이고 버려지는 것입니다.

또한, 일회용품은 엄청난 양의 쓰레기를 남깁니다. 이 쓰레기들을 처리하는 데 많은 비용이 들고, 남은 쓰레기는 환경 오염의 원인이 됩니다. 쓰레기를 땅에 묻으면 분해 과정에서 *토양이 오염되고, 불에 태웠을 때에도 해로운 물질이 나와 공기가 오염됩니다. 플라스틱으로 만든 일회용품은 분해되는 데 수백 년의 시간이 걸립니다.

그리고 함부로 버려진 일회용품들은 바다로 흘러가 바다를 오염시키고 바다 생물들을 위험에 빠뜨립니다. 바다 생물들은 쓰레기를 먹이로 오해하고 삼켰다가 죽음에 이르기도 합니다. 비닐봉지를 삼켜 위가 막히거나, 주둥이에 *어구가 끼여 굶어 죽는 일이 전 세계 바다에서 일어나고 있습니다.

지구의 환경과 다양한 생물들을 위해 지금부터라도 일회용품 사용을 줄여 나가야 합니다.

* 토양: 흙.
* 어구: 고기잡이에 쓰이는 도구.

2 글을 읽고 물음에 답하세요.

- '일회용품'의 뜻은 무엇인가요?

____

- 주변에서 볼 수 있는 일회용품을 모두 찾아 색칠하세요.

빨대	보온병	장바구니	비닐봉지	일회용 컵

- 글을 바르게 이해한 친구를 모두 찾아 ◯ 하세요.

일회용품을 적게 쓰고 쓰레기를 줄여야겠어.

일회용품은 편리하지만 환경을 오염시키고 있어.

일회용품은 바다 생물들에게 좋은 먹이가 되고 있어.

3 글의 내용을 떠올리며 일회용품 사용의 문제점을 정리해 보세요.

일회용품 사용의 문제점

예 종이, 플라스틱, 나무와 같은 자원을 낭비하게 된다.		

➡ **일회용품 사용을 줄여 나가자.**

세 수의 계산

세 수의 계산은
앞에서부터 순서대로!

1 계산하세요.

$17+16+19=\square$

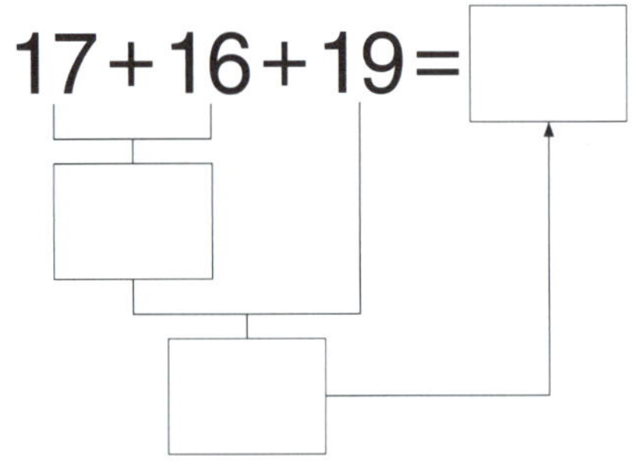

$40-15-18=\square$

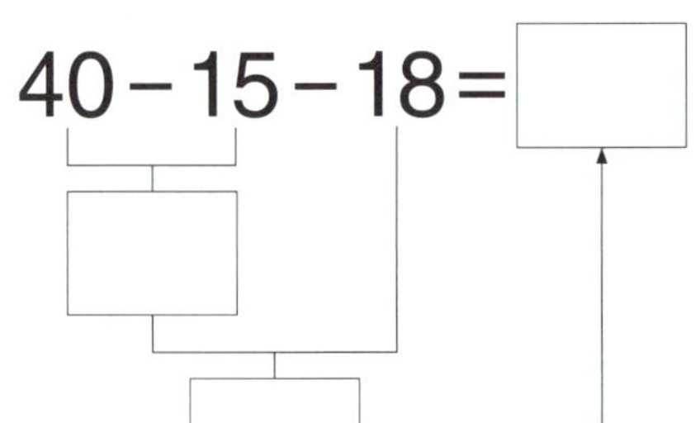

$12+19-13=\square$

$33-14+11=\square$

$28+17+18=$

$52-16-27=$

$15+16-26=$

$21-12+14=$

$36+14-29=$

$45-27+16=$

문장에서 앞에 나온
수부터 차례대로 세 수의
계산식을 세우자!

2 문제를 잘 읽은 다음 식을 세우고 답을 구하세요.

농장에서 은우는 고구마를 18개, 서하는 29개, 지유는 24개 캤습니다. 세 사람이 캔 고구마는 모두 몇 개일까요?

식 ______________

답 ______________ 개

준호는 색종이를 70장 가지고 있었습니다. 종이별을 만드는 데 13장, 종이꽃을 만드는 데 38장 사용했습니다. 남은 색종이는 몇 장일까요?

식 ______________

답 ______________ 장

새 48마리가 나무 위에 앉아 있었는데 14마리가 더 날아왔습니다. 그 뒤 17마리가 날아갔습니다. 남아 있는 새는 몇 마리일까요?

식 ______________

답 ______________ 마리

버스에 사람이 21명 타고 있었습니다. 이번 정류장에서 16명이 내리고, 15명이 탔습니다. 버스에 사람이 몇 명 타고 있을까요?

식 ______________

답 ______________ 명

60

국어

장기자랑 뭐 하지?

1 누가 무슨 말을 했는지 살피면서 글을 읽어 보세요.

다음 달에 학교 수련회에서 장기자랑을 하기로 했습니다. 3반 아이들은 장기자랑에서 무엇을 할지 이야기하고 있어요.

영진: 다 함께 노래를 부르면 어떨까? 따로 준비물이 필요 없으니까 모두 쉽게 참여할 수 있을 거야. 음악 시간에 배운 노래를 부르면 다 아는 노래라서 더 쉽게 할 수 있을 테고.

호찬: 노래를 부르는 것도 좋지만 학교에서 배운 노래는 지겨울 것 같아. 지난번에 톡톡 챌린지로 유행했던 노래는 어때? 그 노래를 같이 부르면 재미도 있고 기억에도 남을 거야.

한별: 그보다 아이돌 ○○○의 춤을 추면 멋지지 않을까? 우리 반에도 팬이 많거든! 동작도 그다지 어렵지 않고, 내가 잘 아니까 가르쳐 줄 수도 있어.

주연: 춤이나 노래는 다른 반에서도 많이 할 테니까 좀 특별한 걸 하면 좋겠어. 악기 연주 같은 거 말이야. 난 피아노를 칠 수 있고 민주는 바이올린을 잘 켠대. 악기를 못 다루는 사람들도 캐스터네츠나 탬버린처럼 간단한 악기를 맡으면 되잖아.

은수: 아, 귀찮아. 이러다 언제 정할지 모르겠네. 의논하기도 힘든데 그냥 가위바위보를 해서 이긴 사람 마음대로 하는 게 어때?

2 글을 읽고 물음에 답하세요.

● 무엇에 대해 의논하고 있나요? (　　　　　　　　　　)

● 다음 의견을 말한 친구는 누구인지 이름을 쓰세요.

다섯 명의 친구가 각각 어떤 이야기를 했는지 다시 읽어 봐.

노래를 부르자고 말한 친구는?

춤을 추자고 말한 친구는?

악기 연주를 하자고 말한 친구는?

의견과 그 까닭을 제대로 말하지 못한 친구는?

● 친구들의 의견과 그 까닭을 알맞게 짝 지어 선으로 이으세요.

의견	음악 시간에 배운 노래를 부르자.	챌린지 노래를 부르자.	아이돌 댄스를 추자.	악기 연주를 하자.
까닭	다른 반에서 안 하는 특별한 걸 하고 싶다.	준비물이 필요 없고 아는 노래라서 쉽다.	재미도 있고 기억에도 남을 것이다.	우리 반에 팬이 많고 동작이 어렵지 않다.

덧셈과 뺄셈의 관계

덧셈식을 뺄셈식으로 나타내기

6	3
9	

$6+3=9$ → $9-6=3$, $9-3=6$

뺄셈식을 덧셈식으로 나타내기

5	
3	2

$5-3=2$ → $3+2=5$, $2+3=5$

1 그림을 보고 덧셈식을 뺄셈식으로, 뺄셈식을 덧셈식으로 나타내세요.

13	8
21	

$13+8=21$

□ − □ = □

□ − □ = □

12	
5	7

$12-5=7$

□ + □ = □

□ + □ = □

9	15
24	

$9+15=24$

□ − □ = □

□ − □ = □

25	
19	6

$25-19=6$

□ + □ = □

□ + □ = □

2 그림에 알맞은 덧셈식과 뺄셈식을 각각 2개씩 만드세요.

23	7
30	

덧셈식 ______________

____

뺄셈식 ______________

____

26	
8	18

덧셈식 ______________

____

뺄셈식 ______________

____

3 세 수를 이용하여 덧셈식과 뺄셈식을 각각 2개씩 만드세요.

3　19　22

덧셈식 ______________

____

뺄셈식 ______________

____

14　20　6

덧셈식 ______________

____

뺄셈식 ______________

____

62
국어

최고의 음식 선발 대회

1 누가 무슨 말을 했는지 살피면서 글을 읽어 보세요.

최고의 음식을 뽑는 대회가 열렸습니다. 여러 가지 음식들이 모여 누가 더 대단하고 훌륭한지 자신을 뽐냈습니다.

먼저 돈가스가 나섰습니다.

"두툼한 고기에 바삭바삭 튀김옷! 맛있고 든든한 나를 모르는 사람 있어? 어린이 정식에도 늘 들어가는 내가 맛으로도 인기로도 최고지."

햄버그스테이크가 고개를 끄덕였습니다.

그러자 김밥이 벌떡 일어났습니다.

"잠깐! 인기로 따지면 나 김밥이 최고지. 소풍이나 운동회 같은 특별한 날에 내가 빠지는 거 봤어? 게다가 한입에 쏙, 먹기도 편하고 다양한 재료로 영양까지 챙겼잖아."

구석에 있던 오므라이스도 손을 들었습니다.

"저기, 얘들아… 내 계란옷 좀 봐 줄래? 내 옷은 예쁘기도 하지만, 부들부들해서 먹기도 편하고 술술 넘어간다고."

저쪽에서 피자가 데굴데굴 굴러왔습니다.

"특별한 음식 하면 나를 빼놓으면 안 되지. 쫀득쫀득 치즈 가득! 원하는 대로 요것조것 토핑도 고를 수 있지."

떡볶이가 통통 튀어 오르며 끼어들었습니다.

"너네들 나를 잊은 거야? 내 쫄깃한 떡과 매콤달콤 소스가 얼마나 특별한데. 나야말로 학교 앞 분식집의 최고 인기 메뉴라고!"

떡볶이의 단짝 친구 튀김이 열심히 박수를 쳤습니다.

과연 누가 최고의 음식이 되어야 할까요?

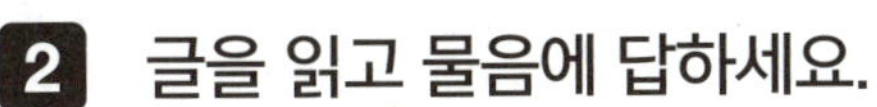

2 글을 읽고 물음에 답하세요.

- 무슨 대회가 열렸나요? (　　　　　　　　　　　　)

- 자신의 매력을 자랑한 음식이 아닌 것에 모두 × 하세요.

김밥	튀김	돈가스	떡볶이	햄버그스테이크

- 두툼한 고기와 바삭바삭한 튀김옷이 특징인 음식은 무엇인가요?

(　　　　　　　　)

3 다음 음식이 자신이 최고라고 말한 까닭은 무엇인지 쓰세요.

김밥 ______________________________

떡볶이 ______________________________

4 자신이 최고라고 생각하는 음식은 무엇인가요? 까닭과 함께 자신의 생각을 쓰세요.

예 나는 비빔밥이 최고라고 생각해. 재료가 다양해서 건강에도 좋고, 우리 나라를 대표하는 음식이기도 하잖아.

63 수학

□가 있는 식

전체와 부분을 나타내는 막대 그림을 보면서 □를 사용하여 덧셈식 또는 뺄셈식을 만들고 □의 값을 구하는 문제입니다. 식은 잘 세우는데 □의 값을 잘 구하지 못한다면 바둑돌을 놓거나 그림을 그려 해결할 수 있게 해 보세요.

1 □를 사용하여 그림에 알맞은 식을 만들고, □의 값을 구하세요.

6	□
13	

덧셈식 6+□=13

□의 값 7

6에 7을 더해야 등호(=)의 양쪽이 똑같아져.

11	
□	3

뺄셈식 ______

□의 값 ______

□	7
10	

덧셈식 ______

□의 값 ______

□	
5	9

뺄셈식 ______

□의 값 ______

8	□
17	

덧셈식 ______

□의 값 ______

20	
□	15

뺄셈식 ______

□의 값 ______

2 □ 안에 알맞은 수를 써넣으세요.

$7+\square=12$

7부터 12까지 뛰어 세어 봐.
7 8 9 10 11 12

$13-\square=4$

$\square+9=13$

$\square-3=7$

$6+\square=15$

$12-\square=8$

$\square+8=16$

$\square-6=5$

$4+\square=11$

$14-\square=6$

$\square+5=14$

$\square-8=9$

64
국어

생활 속 토박이말

우리말에 원래 있던 낱말이나 그것을 활용해 새로 만든 낱말을 **토박이말**이라고 해요. '**순우리말**', '**고유어**'라고도 하지요.

예 **벗**: 비슷한 또래로서 서로 친하게 사귀는 사람.

1 토박이말의 뜻을 알아보고, 한데 묶인 토박이말에 공통으로 들어가는 글자를 쓰세요.

토박이말	뜻	공통 글자
볼가심	물 따위를 머금어 볼의 안을 깨끗이 씻음.	
볼우물	볼에 팬 우물이라는 뜻으로, '보조개'를 이르는 말.	

토박이말	뜻	공통 글자
감투밥	그릇 위까지 수북하게 담은 밥.	
까치밥	까치 따위의 날짐승이 먹으라고 따지 않고 남겨 두는 감.	

토박이말	뜻	공통 글자
여우비	햇볕이 있는 날 잠깐 오다가 그치는 비.	
가랑비	가늘게 내리는 비.	

토박이말	뜻	공통 글자
건널목	강, 길, 내 따위에서 건너다니게 된 일정한 곳.	
나들목	도로나 철도가 엇갈리거나 마주치는 곳에 신호 없이 다닐 수 있도록 만든 시설.	

토박이말	뜻	공통 글자
해돋이	해가 막 솟아오르는 때. 해가 솟아오르는 일.	
해거름	해가 서쪽으로 넘어가는 일. 또는 그런 때.	

2 밑줄 친 낱말과 바꾸어 쓸 수 있는 토박이말을 보기 에서 찾아 문장을 완성하세요.

보기

벗　　마루　　볼우물　　해거름　　건널목

너와 <u>친구</u>가 되어 기뻐.

너와 ______________이/가 되어 기뻐.

<u>일몰</u>이 찾아와 바다가 붉게 물들었다.

______________이/가 찾아와 바다가 붉게 물들었다.

내 동생은 웃을 때 <u>보조개</u>가 생긴다.

내 동생은 웃을 때 ______________이/가 생긴다.

초록불을 확인하고 <u>횡단보도</u>를 건너야 해.

초록불을 확인하고 ______________을/를 건너야 해.

산의 <u>정상</u>에 구름이 걸려 있다.

산의 ______________에 구름이 걸려 있다.

65
수학

모르는 수 구하기

★ 물음에 답하세요.

빵이 6개 있었는데 몇 개를 더 만들어서 10개가 되었습니다. 더 만든 빵의 수를 □로 하여 덧셈식을 만들고, □의 값을 구하세요.

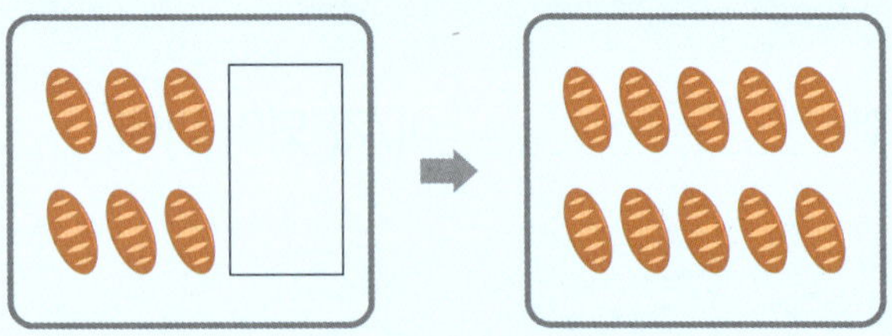

그림으로 나타내 볼까?

6	□
10	

덧셈식 ______________________

□의 값 ______________________

운동장에 학생 8명이 있었는데 몇 명이 더 나와서 11명이 되었습니다. 더 나온 학생의 수를 □로 하여 덧셈식을 만들고, □의 값을 구하세요.

덧셈식 ______________________

□의 값 ______________________

주머니에 구슬 5개를 더 담았더니 모두 12개가 되었습니다. 처음 주머니에 들어 있었던 구슬의 수를 □로 하여 덧셈식을 만들고, □의 값을 구하세요.

덧셈식 ______________________

□의 값 ______________________

모르는 수를 □로 놓고 덧셈식 또는 뺄셈식을 세워 □의 값을 구하는 문장제입니다. 문제에서 □가 더하는 수, 더해지는 수, 빼는 수, 빼어지는 수 중에 어느 것인지 잘 보고 식을 세울 수 있게 지도해 주세요.

연필이 14자루 있었는데 동생에게 몇 자루를 주었더니 8자루가 남았습니다. 동생에게 준 연필의 수를 □로 하여 뺄셈식을 만들고, □의 값을 구하세요.

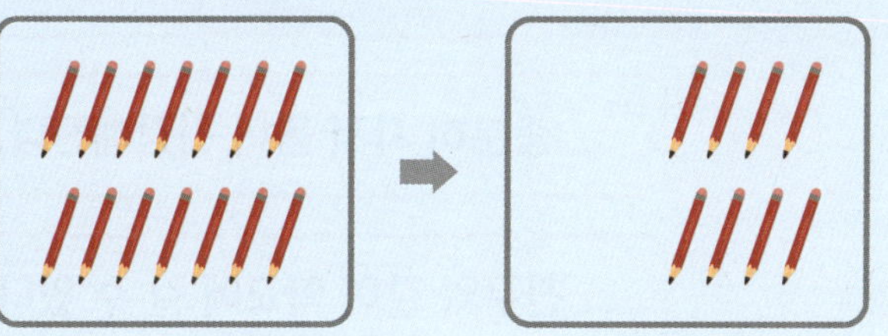

그림으로 나타내 보자.

14

□ 8

뺄셈식 ______________________

□의 값 ______________________

나비가 15마리 있었는데 몇 마리가 날아가서 6마리가 남았습니다. 날아간 나비의 수를 □로 하여 뺄셈식을 만들고, □의 값을 구하세요.

뺄셈식 ______________________

□의 값 ______________________

구해야 하는 건 처음에 있던 사과의 수야. 식에서 □를 맨 처음에 써야 해.

사과 한 상자가 있었는데 그중에서 6개를 먹었더니 7개가 남았습니다. 한 상자에 들어 있었던 사과의 수를 □로 하여 뺄셈식을 만들고, □의 값을 구하세요.

뺄셈식 ______________________

□의 값 ______________________

66 종합

꼭공 복습

★ 글을 읽고 물음에 답하세요. [1-4]

> 나는 새해부터 새로운 습관을 길렀습니다. 그 습관은 일찍 자고 일찍 일어나는 것입니다.
>
> 일찍 자고 일찍 일어나면 충분한 잠을 잘 수 있어서 몸이 건강해집니다. 또, 아침에 씻고 준비할 시간이 늘어나므로 바쁘게 허둥거리지 않고 등교 시간이 여유로워집니다. 그리고 부모님이 걱정하시거나 잔소리를 하시는 일도 줄어듭니다.

1 독해 '나'의 새로운 습관은 언제부터 시작되었는지 쓰세요.

2 독해 등교 시간이 여유로워지는 까닭은 무엇인가요? (   )

① 바쁘게 움직여서
② 충분히 잠을 자서
③ 준비할 시간이 늘어나서
④ 부모님이 걱정을 하지 않아서
⑤ 부모님의 잔소리가 줄어들어서

3 독해 이 글에서 말한 일찍 자고 일찍 일어날 때의 좋은 점을 모두 찾아 ◯ 하세요.

- 부모님의 걱정이 줄어든다.
- 등교 시간이 여유로워진다.
- 저녁에 씻고 준비할 수 있다.
- 충분히 자서 몸이 건강해진다.
- 친구와 같이 학교에 갈 수 있다.

4 글쓰기 이 글의 중요한 내용을 떠올려 알맞은 제목을 지어 보세요.

____

5 어휘 다음 뜻을 가진 토박이말을 따라 쓰세요.

비슷한 또래로서 서로 친하게 사귀는 사람.

볼에 팬 우물이라는 뜻으로 '보조개'를 이르는 말.

6 연산

계산하세요.

(1) $30-17+28=$

(2) $24+19-16=$

7 문장제

윤서는 초콜릿 42개를 가지고 있었습니다. 그중에서 5개를 먹고, 친구에게 17개를 받았습니다. 윤서가 가지고 있는 초콜릿은 몇 개일까요?

식 ______

답 ______ 개

8 추론

□를 사용하여 그림에 알맞은 덧셈식을 만들고, □의 값을 구하세요.

□	9
25	

덧셈식 ______

□의 값 ______

9 문제해결

세 수를 이용하여 덧셈식과 뺄셈식을 각각 2개씩 만드세요.

27 9 18

덧셈식 ______

______

뺄셈식 ______

______

10 
추론

놀이터에 어린이가 12명 있었는데 몇 명이 집으로 돌아가서 5명이 남았습니다. 집으로 돌아간 어린이의 수를 □로 하여 뺄셈식을 만들고, □의 값을 구하세요.

뺄셈식 ______

□의 값 ______

꼭공 국어 수학

67~77

우아, 벌써 마지막이야!

끝까지 힘내자!

계산도 빠르게!

글을 읽으며 정리까지,

실력이 쑥쑥 자라고 있어.

· 학습 계획표 ·

	꼭공 내용	꼭공 능력					공부한 날
67	오늘의 일기	어휘	맞춤법	문장	독해	글쓰기	/
68	같은 수로 묶어 세기	개념	연산	문장제	문제해결	추론	/
69	고운 말로 마음 전하기	어휘	맞춤법	문장	독해	글쓰기	/
70	묶음과 배는 같아!	개념	연산	문장제	문제해결	추론	/
71	그림을 보고 상상해요	어휘	맞춤법	문장	독해	글쓰기	/
72	곱셈으로 나타내기	개념	연산	문장제	문제해결	추론	/
73	생각이나 느낌을 표현해요	어휘	맞춤법	문장	독해	글쓰기	/
74	곱 구하기	개념	연산	문장제	문제해결	추론	/
75	포근포근 일요일 오후	어휘	맞춤법	문장	독해	글쓰기	/
76	여러 가지 곱셈식	개념	연산	문장제	문제해결	추론	/
77	꼭공 복습		국어		수학		/

67 국어

오늘의 일기

1 어떤 일에 대해 썼는지 생각하며 일기를 읽어 보세요.

20○○년 5월 11일 토요일　　날씨: 맑음

뮤지컬 본 날

엄마, 아빠, 동생과 함께 문화 회관에 뮤지컬을 보러 갔다. 내가 좋아하는 판타지 동화가 원작이라고 해서 무척 기대가 되었다.

뮤지컬의 주인공은 은색 머리 마법사였는데, 책에서 상상했던 것보다 훨씬 더 멋있었다. 주인공 마법사와 동물 친구들은 힘을 합쳐 나쁜 마녀를 물리쳤다. 마녀가 항아리에 갇히는 장면이 참 통쾌했다. 마지막에 주인공이 신나는 주제곡을 부르며 하늘을 나는 장면이 가장 인상 깊었다. 공연이 끝난 뒤, 마법사와 사진도 찍었다. 기뻐서 심장이 쿵쿵 뛰었다!

집에 오는 길에는 맛있는 피자도 먹었다. 집에 와서 동생이 우리 집 강아지 초코를 로로라고 불러서 웃겼다. 로로는 뮤지컬에서 주인공의 친구로 나온 고양이인데, 동생은 로로가 기억에 남았나 보다.

재미있는 뮤지컬도 보고, 맛있는 피자까지 먹고 오늘은 참 행복한 날이었다.

일기를 쓸 때는 하루 동안 겪은
일 중 가장 인상 깊은 일을 고르고,
내 생각을 담아 써야 해.

2 글을 읽고 물음에 답하세요.

- 일기에 드러난 중요한 사건은 무엇인가요?

가족과 함께 (   )을/를 본 일

- 글쓴이가 뮤지컬에서 가장 인상 깊게 본 장면은 무엇인가요?

마녀가 항아리에 갇히는 장면	주인공과 동물 친구들이 춤을 추는 장면	주인공이 주제곡을 부르며 하늘을 나는 장면

- 일이 일어난 차례대로 번호를 쓰세요.

가족과 함께 뮤지컬을 봄.	집에 오다가 피자를 먹음.	주인공 마법사와 사진을 찍음.	동생이 우리 집 강아지를 로로라고 부름.
( )	( )	( )	( )

3 글쓴이와 비슷한 경험을 떠올려 짧은 글을 쓰세요.

68 수학

같은 수로 묶어 세기

1 모두 몇 개인지 묶어 세어 보세요.

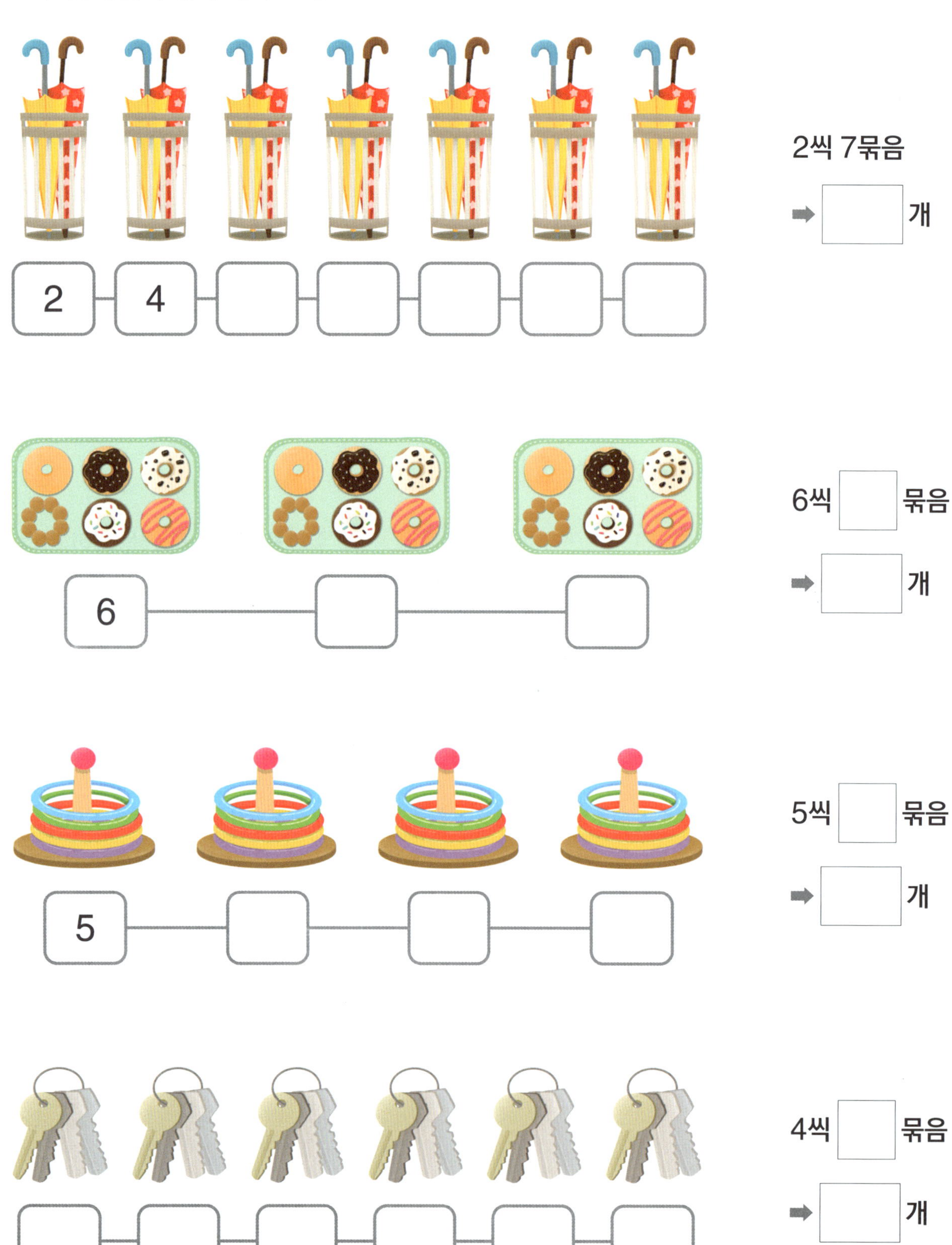

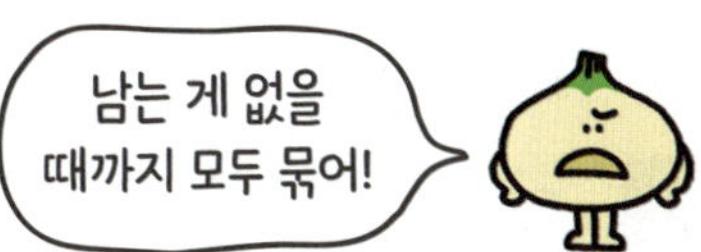

2 모두 몇 개인지 같은 수만큼 묶어 세어 보세요.

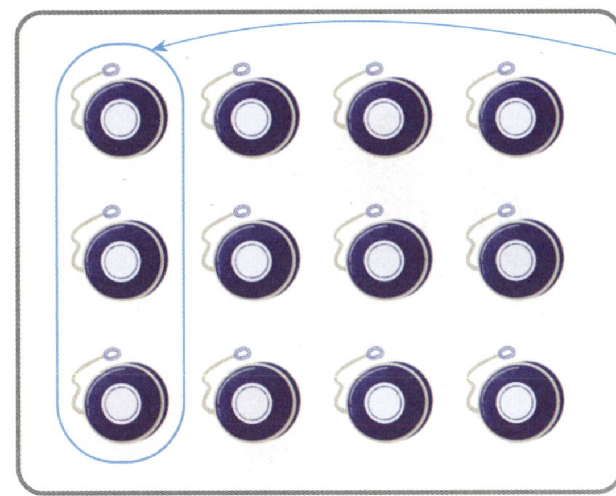

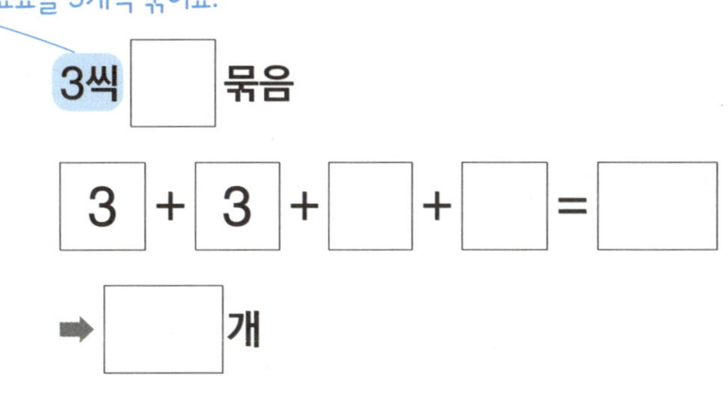

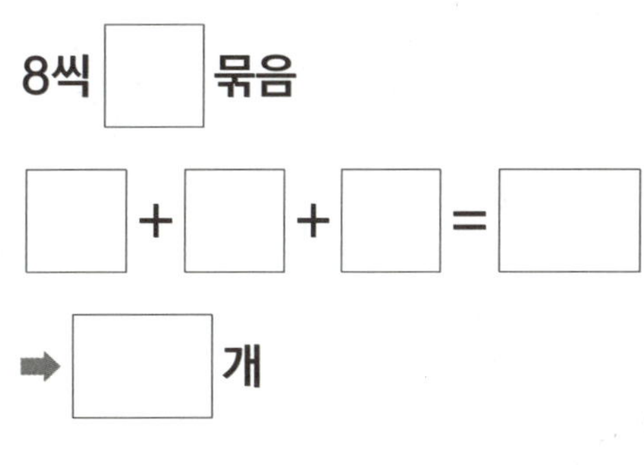

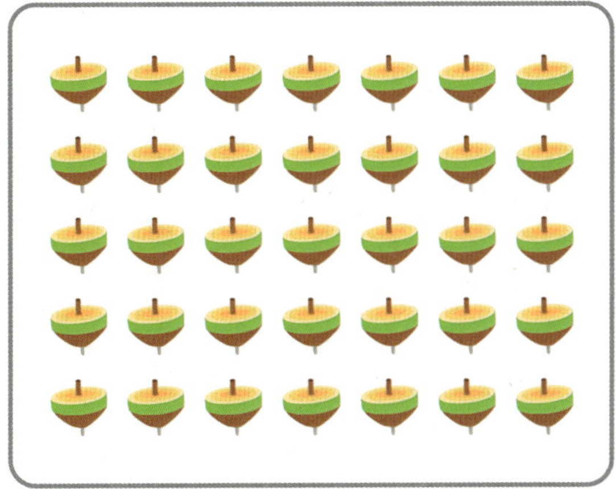

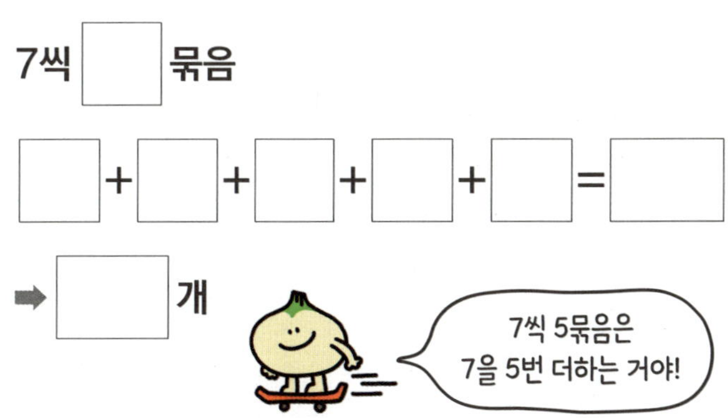

69
국어

고운 말로 마음 전하기

1 글을 소리 내어 읽으면서 어떤 고운 말이 있는지 찾아보고, 따라 쓰세요.

반가운 사람에게 웃으며 인사해.
안녕? 반가워! 안녕하세요?
고마운 사람에게 마음을 전해 봐.
고마워, 감사해요, 고맙습니다!
힘겨운 사람에게 어깨를 빌려줘.
힘내, 응원해요, 옆에 있을게.

잘못했을 땐 솔직하게 미안하다고
좋은 일은 함께하며 축하한다고
우리 곁의 소중한 사람에겐
잊지 말고 말해 줘, 사랑한다고!

소중한 사람들에게
마음을 표현해 봐.
꼭파, 사랑합니다!

'안녕, 안녕하세요', '고마워, 고맙습니다, 감사해요'처럼 같은 뜻이라도 상대에 따라 표현을 달리하게 됩니다. 어른과 친구에게 하는 말이 어떻게 다른지 알려 주세요.

힘내

미안해

응원합니다

사랑합니다

2 친구의 말을 읽고 상황에 알맞은 고운 말로 대답해 보세요.

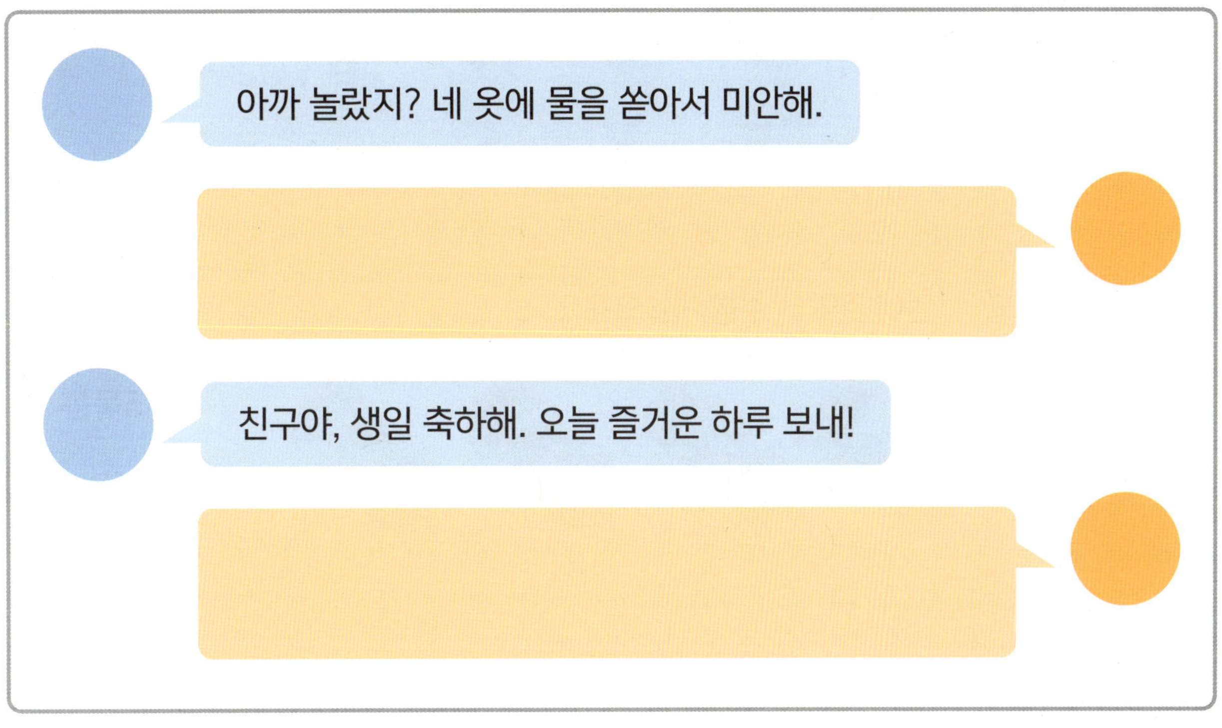

아까 놀랐지? 네 옷에 물을 쏟아서 미안해.
친구야, 생일 축하해. 오늘 즐거운 하루 보내!

3 주변 사람에게 마음을 전하는 쪽지를 쓰세요.

누구에게 쓸지,
어떤 마음을 담을지,
왜 그런 마음이 들었는지
생각해서 정리해 봐.

묶음과 배는 같아!

꼭
5씩 4묶음 ➡ 5의 4배
'배'는 그 수만큼 반복된다는 말이에요.

1 그림을 보고 □ 안에 알맞은 수를 써넣으세요.

3씩 5묶음
➡ 3의 □ 배

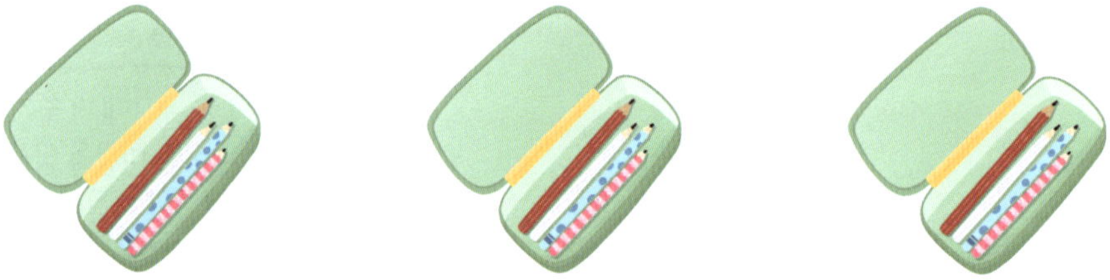

4씩 □ 묶음
➡ 4의 □ 배

7씩 □ 묶음
➡ 7의 □ 배

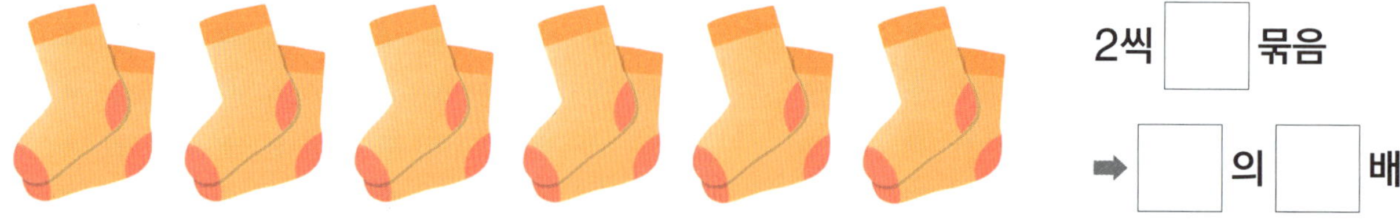

2씩 □ 묶음
➡ □ 의 □ 배

2 □ 안에 알맞은 수를 써넣으세요.

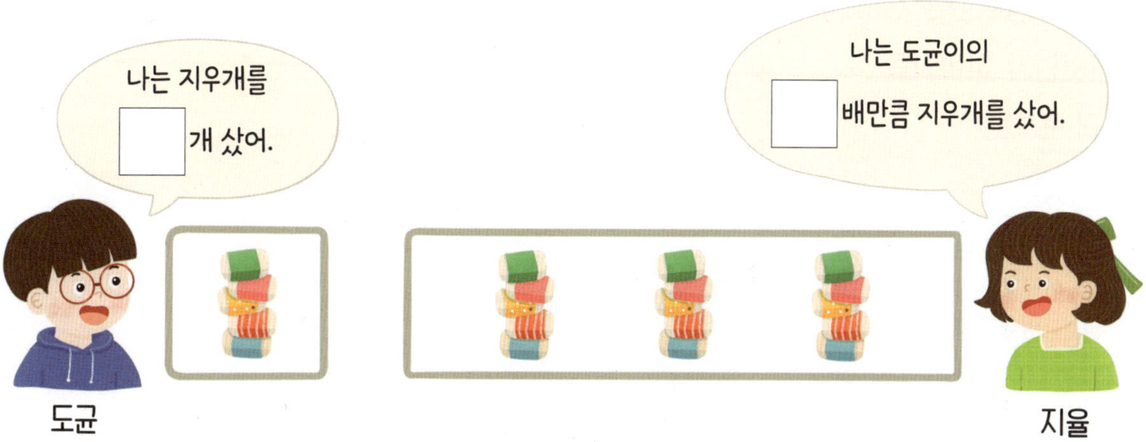

윤서: 나는 책을 3권 읽었어.

민하: 나는 윤서의 □ 배만큼 책을 읽었어.

현우: 나는 쿠키를 4개 가지고 있어.

예준: 나는 현우의 □ 배만큼 쿠키를 가지고 있어.

도균: 나는 지우개를 □ 개 샀어.

지율: 나는 도균이의 □ 배만큼 지우개를 샀어.

71
국어

그림을 보고 상상해요

• 그림을 자세히 살펴보면 그림에 담긴 정보를 알아낼 수 있어요. 어떤 장소인지, 누가 나오는지, 그 인물이 무엇을 하고 있는지 등 그림에 드러나 있는 **배경**이나 **등장인물**에 대해 알아보세요.

• 인물의 **표정**이나 **행동**, **모습**이나 **분위기** 등을 살펴 그 장면이 어떤 상황인지, 인물의 마음은 어떠할지 짐작해 보세요.

• 그림에서 특히 인상적이거나 눈에 띄는 것은 무엇인지 이야기를 나누어 보세요.

그림을 보고
어떤 이야기일지
상상해 봐!

1 그림을 자세히 살펴보고 물음에 답하세요.

그림에 나타난 장소는 어떤 곳인가요?

등장인물은 누구누구인가요?

어떤 일이 벌어졌나요?

등장인물의 마음은 어떨까요?

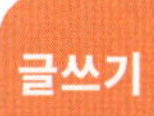

표정이나 행동, 모습을 살피면서 인물의 마음을 상상할 수 있도록 도와주세요.

2 이야기의 한 장면을 보고, 등장인물의 마음을 상상하여 그렇게 생각한 까닭과 함께 쓰세요.

흥부와 놀부

놀부의 마음은 어떨까요?

예 욕심나고 심술도 났을 것입니다. 왜냐하면 가난하던 흥부가 엄청난 보물을 얻은 것을 보았기 때문입니다.

콩쥐 팥쥐

콩쥐의 마음은 어떨까요?

피노키오

피노키오의 마음은 어떨까요?

피터팬

아이들의 마음은 어떨까요?

곱셈으로 나타내기

꼭

3씩 6묶음은 3의 6배입니다.
3의 6배는 곱셈식 3×6으로 씁니다.

쓰기 3 × 6
읽기 3 곱하기 6
뜻 3+3+3+3+3+3 (6번)

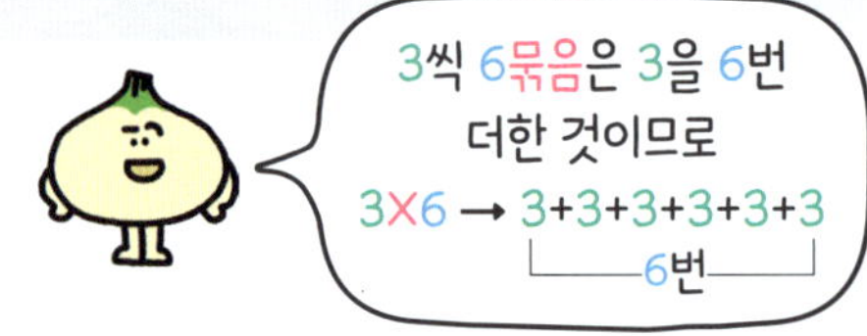
3씩 6묶음은 3을 6번
더한 것이므로
3×6 → 3+3+3+3+3+3
6번

1 그림을 보고 □ 안에 알맞은 수를 써넣으세요.

5의 3배

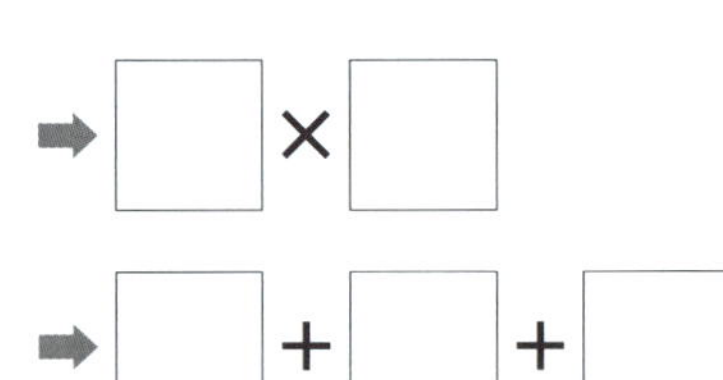

➡ □ × □

➡ □ + □ + □

2의 4배

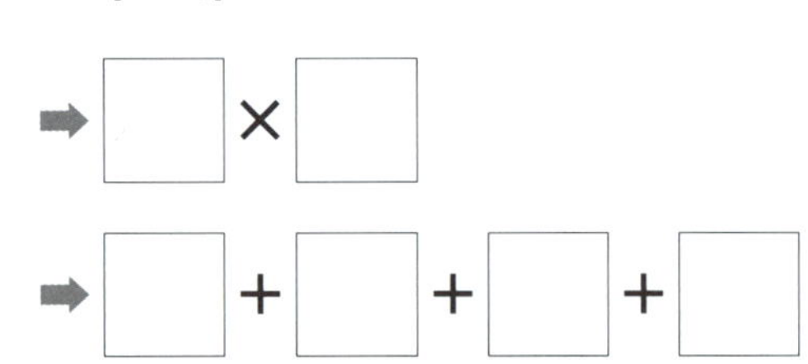

➡ □ × □

➡ □ + □ + □ + □

7의 □배

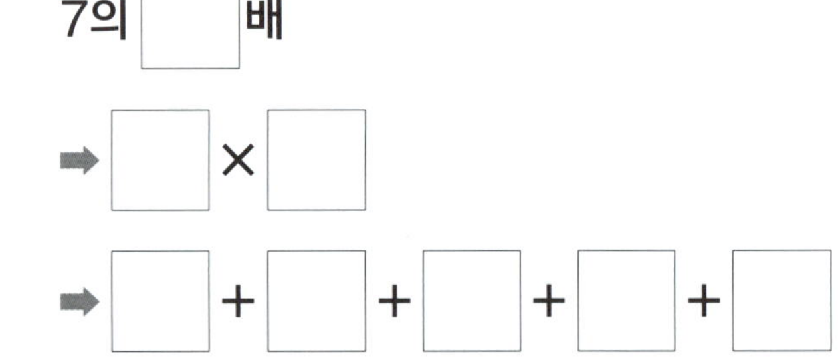

➡ □ × □

➡ □ + □ + □ + □ + □

TIPTALK

지금까지 학습한 내용을 종합하여 전체의 수를 여러 가지 방법으로 나타낼 수 있도록 합니다.

■씩 ▲묶음, ■의 ▲배, ■+■+···+■ (▲번), ■×▲

2 그림을 보고 여러 가지 방법으로 나타내세요.

의자 다리의 수

묶음 4씩 3묶음

배 4의 3배

덧셈식 4+4+4

곱셈식 4×3

자전거 바퀴의 수

묶음 ______

배 ______

덧셈식 ______

곱셈식 ______

개미는 곤충이야.
다리를 6개 가지고 있지.

개미 다리의 수

묶음 ______

배 ______

덧셈식 ______

곱셈식 ______

토끼풀 잎의 수

묶음 ______

배 ______

덧셈식 ______

곱셈식 ______

73 국어

생각이나 느낌을 표현해요

1 이야기 속 장면을 상상하며 글을 읽어 보세요.

《왕자와 거지》를 읽고

《왕자와 거지》는 왕자 에드워드와 거지 톰이 서로 바뀐 삶을 살게 되면서 일어나는 이야기이다. 어느 날 우연히 만난 에드워드와 톰은 서로 쌍둥이처럼 닮았다는 것을 발견하고 옷을 바꾸어 입게 된다. 그 후 에드워드는 거지로, 톰은 왕자로 지내며 많은 일을 겪는다.

마지막에 에드워드가 *대관식에 나타나 신분을 되찾고 왕이 되는 장면이 기억에 남는다. 아무도 모르던 *옥새의 위치를 에드워드가 밝히면서 진짜 왕자인 것을 증명할 수 있었다. 그동안 거지로 고생하며 살다가 드디어 자기 자리를 되찾게 된 것이 인상적이었다.

에드워드는 거지가 되어 그동안 몰랐던 경험을 하고, 국민들의 생활을 잘 알게 되었다. 그러므로 훗날 에드워드는 좋은 왕이 될 거라 생각한다. 그리고 톰도 궁전에서 벗어나 다시 어머니를 만나고 자유롭게 살 수 있을 것이다.

이 책을 읽고, 자신의 삶에 만족하면서 현재에 최선을 다하는 것이 중요하다는 생각이 들었다.

* 대관식: 서양에서, 새로운 임금이 백성들 앞에서 왕관을 쓰며 임금이 되었음을 알리는 의식.
* 옥새: 임금의 도장.

시나 이야기를 읽고 생각이나 느낌 표현하기

- 시의 장면을 상상해 보세요.
- 이야기에서 가장 기억에 남는 장면을 떠올려 보세요.
- 인물의 마음을 짐작하거나 자신의 경험을 떠올리면서 생각이나 느낌을 말해 보세요.

2 글을 읽고 물음에 답하세요.

- 책의 주인공은 누구와 누구인가요? (　　　　　　　　　　　　)

- 글쓴이가 가장 기억에 남는다고 한 장면은 무엇인가요?

왕자와 거지가 옷을 바꿔 입는 장면	에드워드가 거지로 고생하는 장면	에드워드가 신분을 되찾고 왕이 되는 장면

- 글쓴이가 생각하거나 느낀 점을 모두 고르세요.

다시 거지가 된 톰이 고생하게 되어 안타까워.	☐
에드워드는 국민들의 생활을 잘 아니까 좋은 왕이 될 거야.	☐
자신의 삶에 만족하며 현재에 최선을 다하는 것이 중요해.	☐

3 자신이 읽은 책 중 하나를 골라 기억에 남는 장면과 생각이나 느낌을 정리해 보세요.

책 제목	
기억에 남는 장면과 까닭	
생각이나 느낌	

곱 구하기

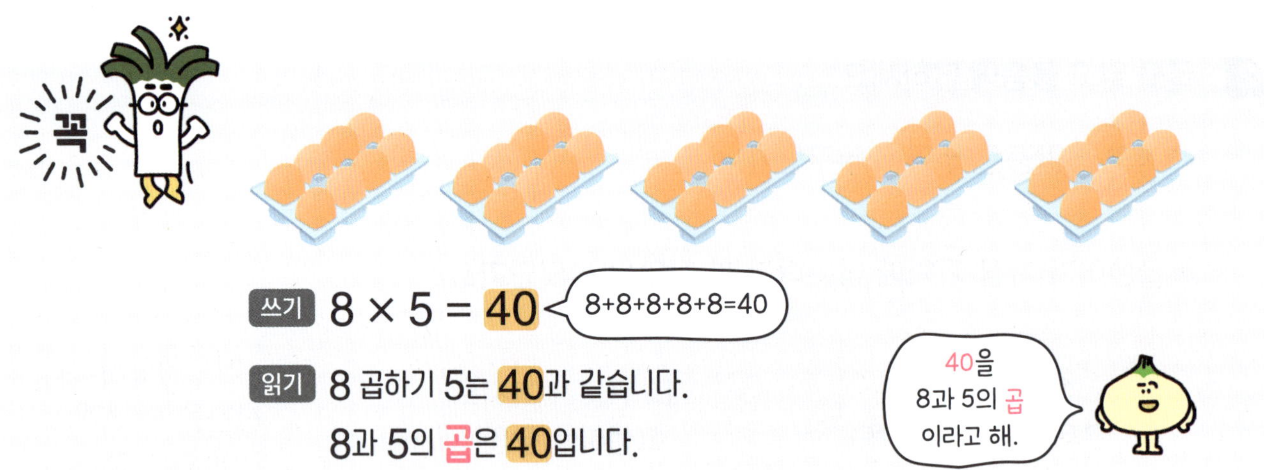

쓰기 $8 \times 5 = 40$ (8+8+8+8+8=40)

읽기 8 곱하기 5는 40과 같습니다.
8과 5의 곱은 40입니다.

1 모두 몇 개인지 덧셈식으로 구하고, 곱셈식으로 나타내세요.

덧셈식 $6+6+6+6=$ 24

6을 4번 더하기

곱셈식 $6\times$ 4 $=$ 24

덧셈식 $7+7+7=$ □

곱셈식 $7\times$ □ $=$ □

덧셈식 $4+4+4+4+4=$ □

곱셈식 $4\times$ □ $=$ □

TIPTALK

같은 수를 여러 번 더할 때 덧셈을 곱셈으로 나타내는 것이 간편함을 알게 됩니다.
■씩 ▲번 더한 것은 ■×▲로 나타낼 수 있습니다.
■+■+⋯+■ → ■×▲
(▲번)

2 모두 몇 개인지 곱셈식으로 나타내세요.

곱셈식 ______________________

곱셈식 ______________________

곱셈식 ______________________

곱셈식 ______________________

곱셈식 ______________________

75
국어

포근포근 일요일 오후

1 흉내 내는 말을 찾으면서 시를 소리 내어 읽어 보세요.

우리 가족 잠재우는
포근포근 햇살 가득 일요일 오후
할머니는 방에서 깜박깜박
아빠는 소파에서 꾸벅꾸벅
동생은 침대에서 새근새근

엄마는 뭐 하시나
슬금슬금 다가가니
홀로 책을 읽다
내 발걸음 눈치채고
빙긋 웃으시네.

쉿! 떠들면 안 돼.
소곤소곤 속삭일 테야.
슬며시 기대어 책장을 넘기는
포근포근 다정한 일요일 오후

흉내 내는 말에 유의하여 시를 실감 나게 읽도록 지도해 주세요. 등장인물들이 무엇을 하고 있는지, 우리 가족은 주말에 무엇을 하는지도 이야기를 나누어 보세요.

2 시를 읽고 물음에 답하세요.

- 언제 있었던 일을 나타냈나요? ( )

- 할머니, 아빠, 동생은 무엇을 하고 있나요? ( )

- 각각의 등장인물을 나타낸 흉내 내는 말을 찾아 선으로 이으세요.

- 시의 분위기를 바르게 이해한 친구에게 ○ 하세요.

3 시에 나온 흉내 내는 말을 넣어 짧은 글을 지어 보세요.

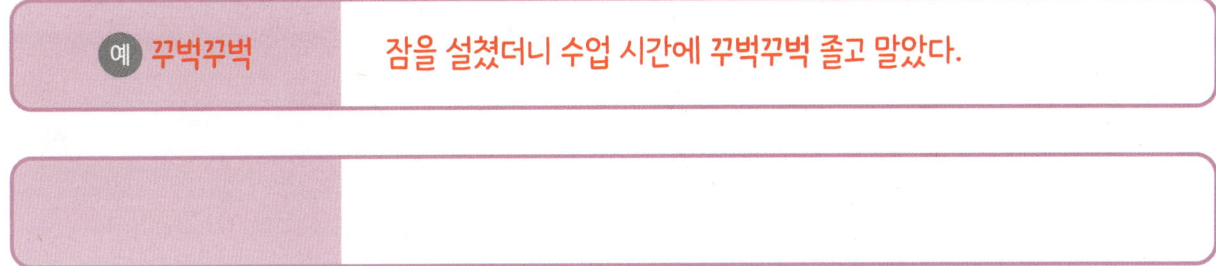

76
수학

여러 가지 곱셈식

1 사과는 모두 몇 개인지 여러 가지 곱셈식으로 나타내세요.

2개씩 묶기

2× 9 = 18

3개씩 묶기

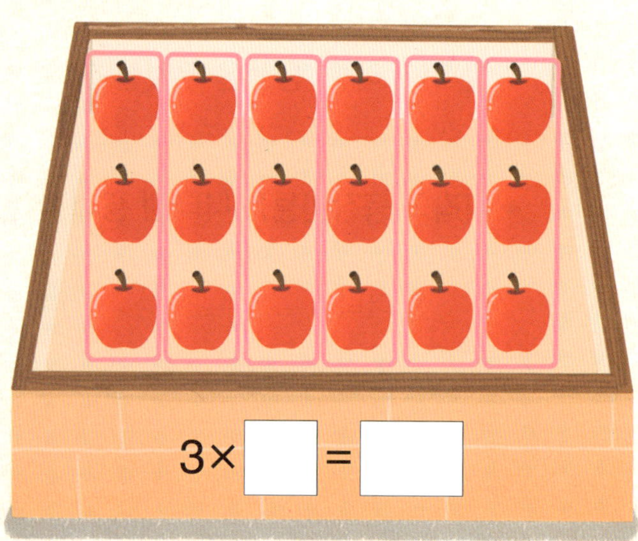

3× ☐ = ☐

몇 개씩 묶는지에 따라
여러 가지 곱셈식으로 나타낼 수 있어.
2개씩 묶으면 9묶음 → 2×9
3개씩 묶으면 6묶음 → 3×6

6개씩 묶기

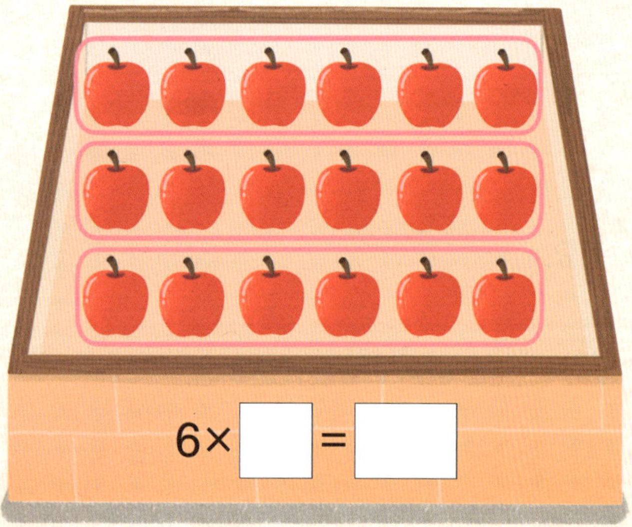

6× ☐ = ☐

9개씩 묶기

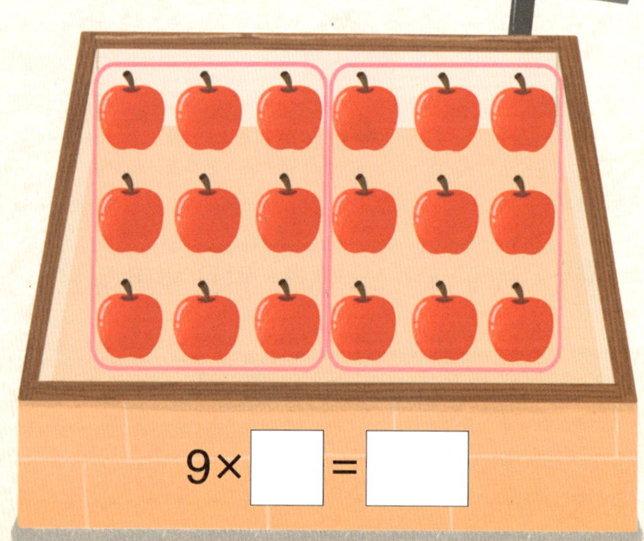

9× ☐ = ☐

2 과일의 수를 여러 가지 곱셈식으로 나타내세요.

3× ☐ = ☐

4× ☐ = ☐

6× ☐ = ☐

8× ☐ = ☐

4× ☐ = ☐

6× ☐ = ☐

9× ☐ = ☐

☐ × ☐ = ☐

☐ × ☐ = ☐

☐ × ☐ = ☐

☐ × ☐ = ☐

77 종합

꼭공 복습

★ 글을 읽고 물음에 답하세요. [1-4]

> 토요일 저녁에 엄마가 치킨을 시켜 주셨다. 거실에서 동생이랑 신나게 먹고 있다가 실수로 콜라를 동생 쪽으로 엎지르고 말았다. 동생이 놀라며 화를 냈다.
>
> "아, 이게 뭐야?"
>
> ㉠ "아니, 일부러 그런 것도 아니잖아!"
>
> 당황해서 나도 얼떨결에 짜증을 내고 말았다. 동생의 젖은 옷을 보니 너무 미안했다.

1 독해 언제, 어디에서 경험한 일인지 쓰세요.

언제	
어디에서	

2 독해 인물의 마음이 드러난 내용이 아닌 것에 × 하세요.

- 콜라를 엎지르고 말았다.
- 젖은 옷을 보니 미안했다.
- 동생이 놀라며 화를 냈다.
- 당황해서 얼떨결에 짜증을 냈다.

3 글쓰기 ㉠을 고운 말로 바꾸어 표현해 보세요.

____

____

4 독해 이 글을 읽고 난 생각이나 느낌으로 알맞지 않은 것은 무엇인가요? (　　　　)

① 실수하고 바로 사과하다니 훌륭해.
② 엄마가 치킨을 시켜 주셔서 좋았겠다.
③ 실수를 인정하고 사과하는 게 중요해.
④ 동생도 화를 내지 않았다면 더 좋았을 텐데.
⑤ '나'는 얼떨결에 짜증을 냈지만 미안해서 후회하는 듯해.

5 문장 빈칸에 알맞은 흉내 내는 말을 보기에서 찾아 문장을 완성하세요.

보기: 까딱　휘휘　빙긋　쿵쿵

(1) 고개를 ____________ 저었다.

(2) 눈이 마주치자 ____________ 웃었다.

6 개념

□ 안에 알맞은 수를 써넣으세요.

5씩 □ 묶음은 5의 □ 배입니다.

7 개념

'8의 5배'와 같지 않은 것을 모두 고르세요. (   )

① 8×5
② 8×8×8×8×8
③ 8+5
④ 8+8+8+8+8
⑤ 8씩 5묶음

8 추론

영우가 가진 모형의 수는 소이가 가진 모형 수의 몇 배일까요?

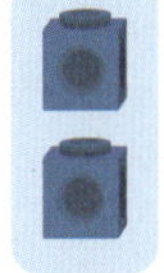
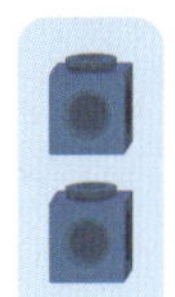
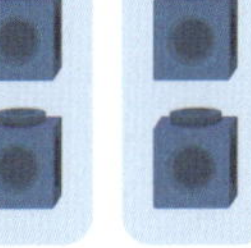
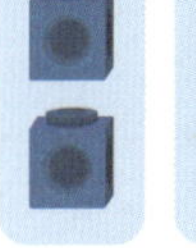

소이 영우

(   )배

9 문제해결

구슬의 수를 덧셈식과 곱셈식으로 나타내세요.

덧셈식 ______________________

곱셈식 ______________________

10 추론

딸기의 수를 여러 가지 곱셈식으로 나타내세요.

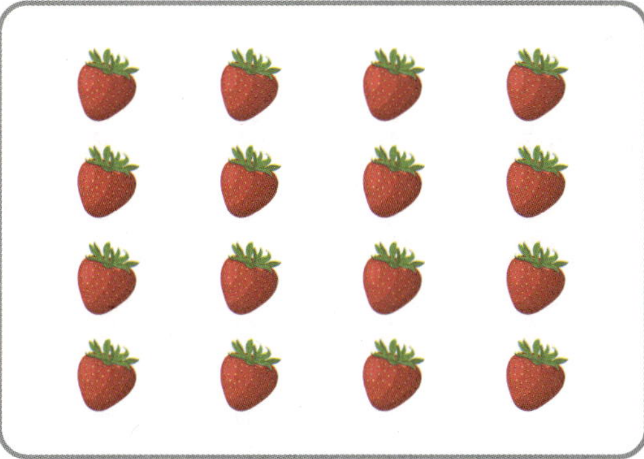

곱셈식 ______________________

____

____

지은이 기적학습연구소

"혼자서 작은 산을 넘는 아이가 나중에 큰 산도 넘습니다"

본 연구소는 아이들이 혼자서 큰 산까지 넘을 수 있는 힘을 키워 주고자 합니다.
아이들의 연령에 맞게 학습의 산을 작게 만들어 혼자서도 쉽게 넘을 수 있게 만듭니다.
때로는 작은 고난도 경험하게 하여 성취감도 맛보게 합니다.
그리고 아이들에게 실제로 적용해서 검증을 통해 차근차근 책을 만들어 갑니다.

2학년 1권

초판 발행 2025년 5월 30일

지은이 기적학습연구소
발행인 이종원
발행처 길벗스쿨
출판사 등록일 2006년 6월 16일
주소 서울시 마포구 월드컵로 10길 56(서교동 467-9)
대표 전화 02)332-0931 **팩스** 02)323-0586
홈페이지 www.gilbutschool.co.kr **이메일** gilbut@gilbut.co.kr

기획총괄 신경아(skalion@gilbut.co.kr), 김미숙(winnerms@gilbut.co.kr) **책임 편집 및 진행** 김정현, 이선진, 윤정일
제작 이준호, 손일순, 이진혁 **영업마케팅** 문세연, 박선경, 구혜지, 박다슬 **웹마케팅** 박달님, 이재윤, 이지수, 나혜연
영업관리 김명자, 정경화 **독자지원** 윤정아

디자인 퍼플페이퍼 정보라 **일러스트** 윤영선, 최이레 **캐릭터** 젠틀멜로우
전산 편집 린 기획 **인쇄** 상지사 **제본** 상지사
이미지 출처 한국방송광고진흥공사(122쪽, 〈반려견은 패션이 아닙니다〉)

▶ 이 책은 저작권법의 보호를 받는 저작물로 이 책에 실린 모든 내용, 디자인, 이미지, 편집 구성은
허락 없이 복제하거나 다른 매체에 옮겨 실을 수 없습니다
▶ 인공지능(AI) 기술 또는 시스템을 훈련하기 위해 이 책의 전체 내용은 물론 일부 문장도 사용하는 것을 금지합니다.
▶ 잘못된 책은 구입한 서점에서 바꿔 드립니다.

ISBN 979-11-6406-923-1 63700(길벗스쿨 도서번호 10997)
정가 16,800원

독자의 1초를 아껴주는 정성 **길벗출판사**

길벗스쿨 국어학습서, 수학학습서, 영어학습서, 유아동 단행본
길벗 IT실용서, IT/일반 수험서, IT전문서, 어학단행본, 어학수험서, 경제실용서, 취미실용서, 건강실용서, 자녀교육서
더퀘스트 인문교양서, 비즈니스서

• 칠교 조각을 오려서 사용하세요.

64쪽

65쪽

1권 끝!

2권으로 넘어갈까요?

앗!

본책의 정답과 풀이를 분실하셨나요?
길벗스쿨 홈페이지에 들어오시면 내려받으실 수 있습니다.
https://school.gilbut.co.kr/

꼭공

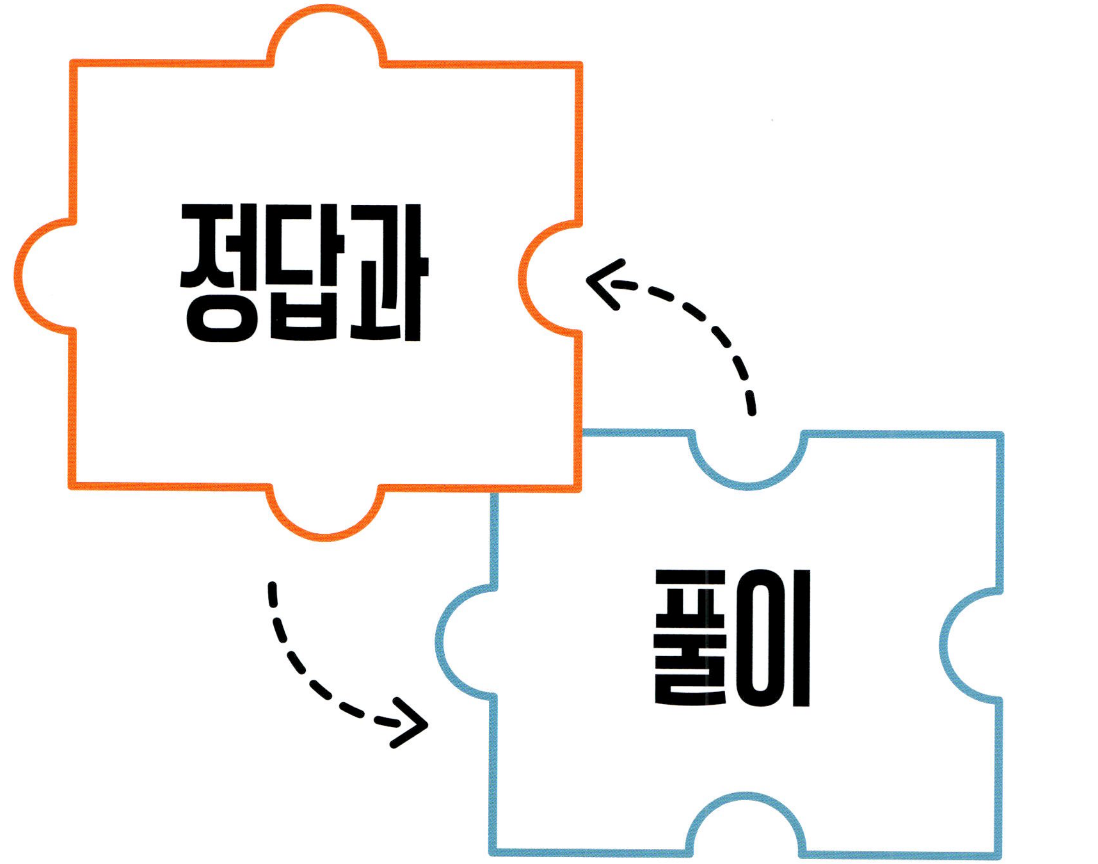

2학년 | 1권

정답지를 보고 스스로 채점해 봐도 좋아요
오~ 잘하는데!

꼭공 정답 01~11

10~11쪽

01 국어 어떻게 소개할까요?

소개하는 글을 쓸 때는 먼저 소개하는 대상이 무엇인지 쓰고, 대상의 이름, 생김새(색깔과 모양), 특징을 자세히 써요.
쓴 다음에는 소개하는 내용이 잘 드러났는지, 읽을 사람이 궁금해할 내용인지, 바르고 정확한 문장으로 썼는지 확인해요.

1 글을 읽고 물음에 답하세요.

나는 고양이를 키우고 있습니다. 고양이의 이름은 '단추'입니다. 단추처럼 동글동글한 얼굴이 귀여워서 붙인 이름입니다. 단추는 온몸에 까만 줄무늬가 있고, 발 부분만 하얀 털로 덮여 흰 양말을 신은 것처럼 보입니다. 잠을 많이 자고, 상자에 들어가서 노는 것을 가장 좋아합니다. 낯선 사람에게는 겁을 내지만, 내가 가만히 앉아 있을 때면 은근슬쩍 다가와 몸을 부비곤 합니다.

- 무엇을 소개하는 글인지 쓰세요. 내가 키우는 고양이
- 소개하는 대상의 이름은 단 추 입니다.
- 이름을 그렇게 붙인 까닭은 무엇인지 쓰세요. 단추처럼 동글동글한 얼굴이 귀여워서
- 소개한 내용으로 알맞지 않은 것에 × 하세요.

얼굴이 동글동글해요.	까만 줄무늬를 가지고 있어요.	상자에 들어가 놀기 좋아해요.	낯선 사람을 보면 반가워해요. ✕

2 수아가 소중하게 여기는 물건에 대해 정리한 카드입니다. 글을 참고하여 자신에게 소중한 물건을 소개할 내용을 쓰세요.

소중한 물건	제가 요즘 가장 소중하게 여기는 물건은 생일에 엄마가 선물해 주신 손가방입니다.
색깔과 모양	연두색 바탕에 진초록색 테두리가 있고, 노란 손잡이가 달려 있습니다. 가운데에 공룡이 그려져 있습니다.
쓰임새	친구를 만나거나 가족과 놀러 갈 때 간단한 물건을 넣기 편리합니다.
소중한 까닭	가방에 그려진 공룡 얼굴이 귀엽고 깜찍해서 마음에 듭니다.

예)
- 소중한 물건: 예) 제가 가장 소중하게 여기는 물건은 친구가 선물해 준 필통입니다.
- 색깔과 모양: 예) 네모난 모양에 분홍색이고, 토끼가 그려져 있습니다.
- 쓰임새: 예) 연필, 지우개 같은 필기구를 넣어 둡니다.
- 소중한 까닭: 예) 단짝 친구가 준 선물이기 때문입니다.

풀이 '고양이' 또는 '고양이 단추', '내가 키우는 고양이'와 같이 비슷한 답은 모두 맞는 답으로 확인해 주세요.

12~13쪽

풀이 60보다 40만큼 더 큰 수, 98보다 2만큼 더 큰 수, 95보다 5만큼 더 큰 수 등과 같이 100을 다양한 방법으로 나타낼 수 있습니다.

02 수학 백과 몇백

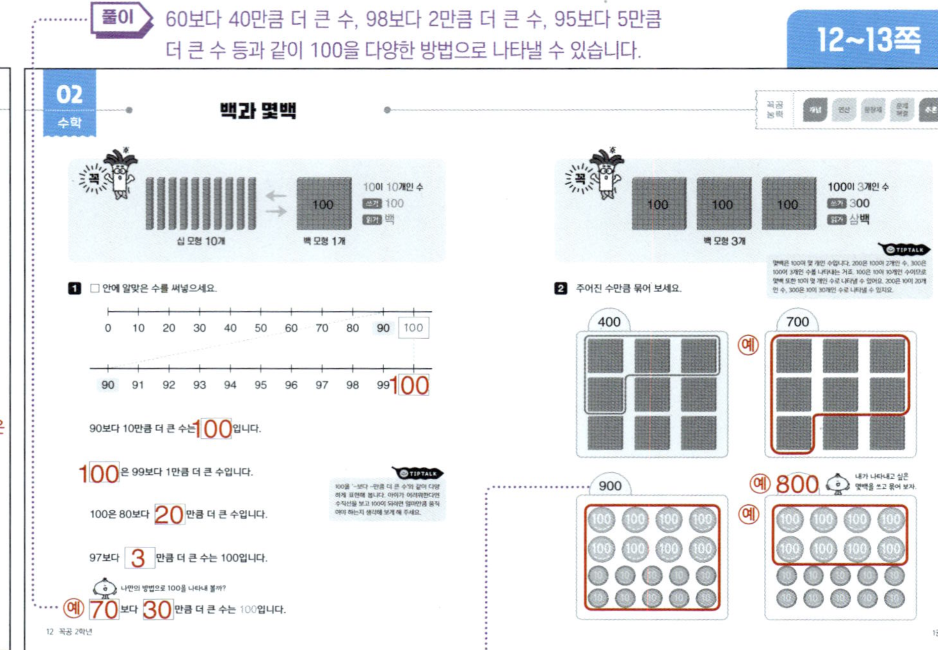

십 모형 10개 → 백 모형 1개: 10이 10개인 수 쓰기 100 읽기 백
백 모형 3개: 100이 3개인 수 쓰기 300 읽기 삼백

1 □ 안에 알맞은 수를 써넣으세요.

0 10 20 30 40 50 60 70 80 90 100
90 91 92 93 94 95 96 97 98 99 100

90보다 10만큼 더 큰 수는 100입니다.
100은 99보다 1만큼 더 큰 수입니다.
100은 80보다 20만큼 더 큰 수입니다.
97보다 3만큼 더 큰 수는 100입니다.
예) 70보다 30만큼 더 큰 수는 100입니다.

2 주어진 수만큼 묶어 보세요.

400 / 700 예) / 900 / 예) 800 / 예)

풀이 100이 10개이면 1000이므로 100을 8개, 10을 10개 묶어 900을 만듭니다.

14~15쪽

03 국어 자기소개를 해요

1 친구의 자기소개를 읽고 자신에 대해 소개하는 내용을 쓰세요.

저는 이지유입니다. / 저는 단발머리에, 노란색 옷을 좋아하고 치마를 자주 입습니다. / 저는 그림 그리기를 좋아합니다. / 제가 잘하는 것은 달리기입니다.

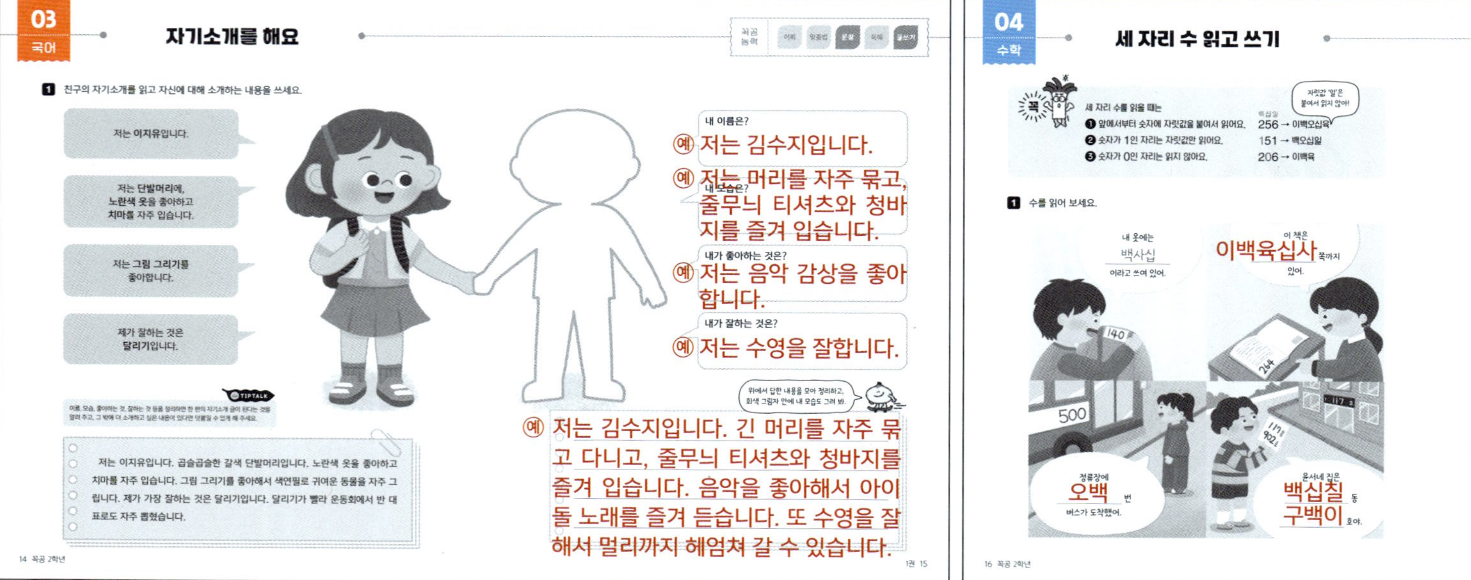

- 내 이름은? 예) 저는 김수지입니다.
- 내 모습은? 예) 저는 머리를 자주 묶고, 줄무늬 티셔츠와 청바지를 즐겨 입습니다.
- 내가 좋아하는 것은? 예) 저는 음악 감상을 좋아합니다.
- 내가 잘하는 것은? 예) 저는 수영을 잘합니다.

저는 이지유입니다. 곱슬곱슬한 갈색 단발머리입니다. 노란색 옷을 좋아하고 치마를 자주 입습니다. 그림 그리기를 좋아해서 색연필로 귀여운 동물을 자주 그립니다. 제가 가장 잘하는 것은 달리기입니다. 달리기가 빨라 운동회에서 반 대표로도 자주 뽑혔습니다.

예) 저는 김수지입니다. 긴 머리를 자주 묶고 다니고, 줄무늬 티셔츠와 청바지를 즐겨 입습니다. 음악을 좋아해서 아이돌 노래를 즐겨 듣습니다. 또 수영을 잘해서 멀리까지 헤엄쳐 갈 수 있습니다.

16~17쪽

04 수학 세 자리 수 읽고 쓰기

세 자리 수를 읽을 때는
1. 앞에서부터 숫자에 자릿값을 붙여서 읽어요.
2. 숫자가 1인 자리는 자릿값만 읽어요.
3. 숫자가 0인 자리는 읽지 않아요.

256 → 이백오십육 / 151 → 백오십일 / 206 → 이백육

세 자리 수로 나타낼 때는
1. 자릿값 앞에 있는 수를 차례로 써요. 삼백팔십칠 → 387
2. 자릿값만 읽은 자리에는 1을 써요. 삼백십삼 → 313
3. 읽지 않은 자리에는 0을 꼭 써요. 사백구 → 409

1 수를 읽어 보세요.

2 빈 곳에 수로 쓰세요.

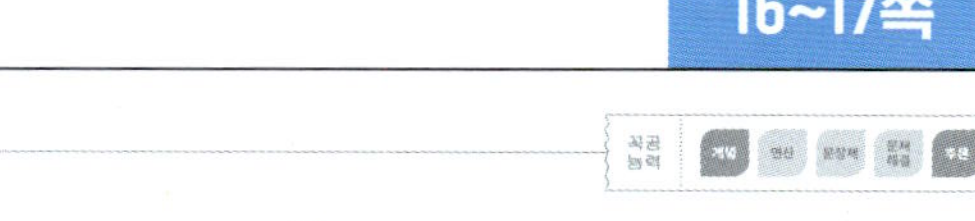

tip '삼백삼십'을 수로 나타낼 때 30030으로 잘못 쓰지 않도록 지도해 주세요.

18~19쪽

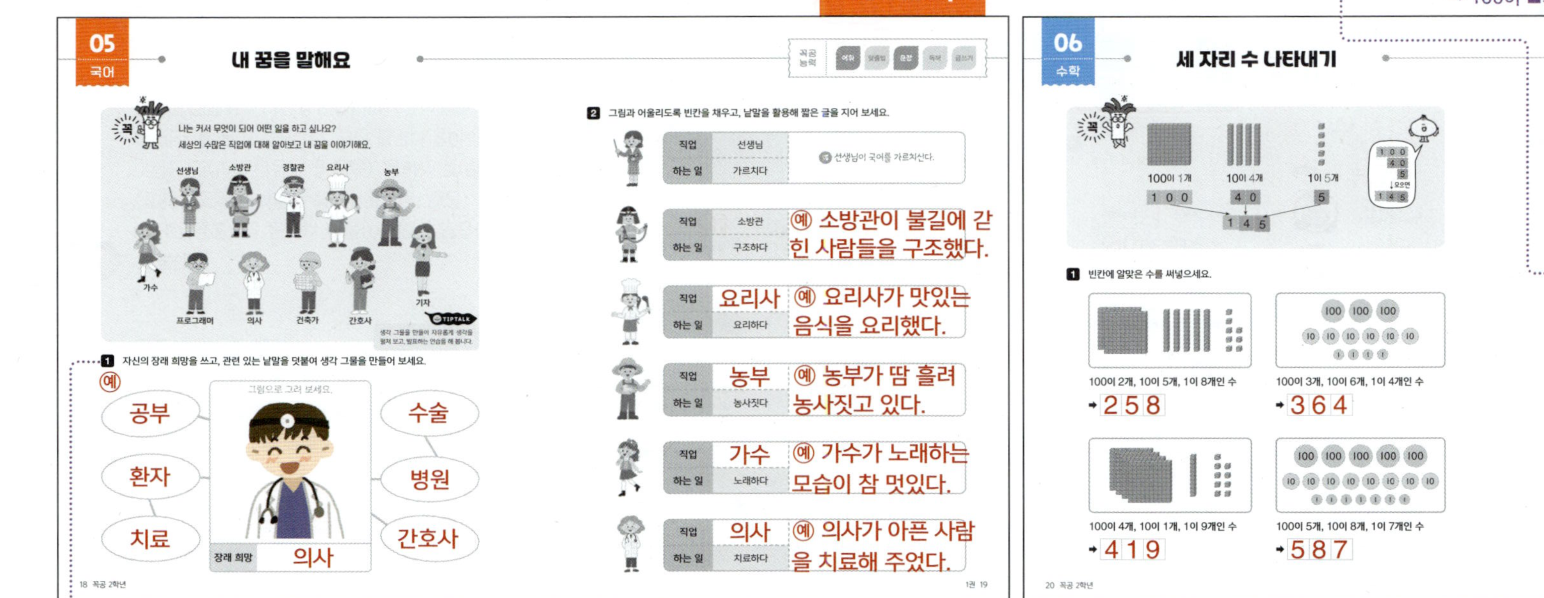

tip 제시된 직업들 외에도 자유롭게 장래 희망을 떠올려 보고, 연상되는 낱말로 생각 그물을 채울 수 있도록 도와주세요. 생각 그물의 형태를 변형해도 좋습니다.

20~21쪽

풀이 세 자리 수 ■▲●
→ 100이 ■개, 10이 ▲개, 1이 ●개인 수

06 수학 세 자리 수 나타내기

1 빈칸에 알맞은 수를 써넣으세요.

100이 2개, 10이 5개, 1이 8개인 수 → 258

100이 3개, 10이 6개, 1이 4개인 수 → 364

100이 4개, 10이 1개, 1이 9개인 수 → 419

100이 5개, 10이 8개, 1이 7개인 수 → 587

2 □ 안에 알맞은 수를 써넣고 수만큼 색칠하세요.

381 → 100이 3개, 10이 8개, 1이 1개인 수

654 → 100이 6개, 10이 5개, 1이 4개인 수

22~23쪽

07 국어 달과 딸, 불과 뿔

1 발음에 유의하며 낱말을 소리 내어 읽고, 따라 쓰세요.

불 [불] 불 불 / 자다 [자다] 자다 자다
뿔 [뿔] 뿔 뿔 / 짜다 [짜다] 짜다 짜다
굴 [굴] 굴 굴 / 부리 [부리] 부리 부리
꿀 [꿀] 꿀 꿀 / 뿌리 [뿌리] 뿌리 뿌리

2 다음 문장에 알맞은 낱말을 골라 ○ 하고, 읽어 보세요.

가을 들판에 노랗게 (벼), 뼈)가 익었어.
오늘 아침에는 우유랑 (방, (빵))을 먹으려고 해.
내일 출발해야 하니까 어서 ((짐), 찜)을 싸 두도록 해.
빨래를 (자서, (짜서)) 물기를 털어 내고 옥상에 널었다.

3 밑줄 친 낱말의 발음으로 알맞은 것에 색칠하세요.

차가 막혀서 좀 늦었어. [좀] [쫌]
간식으로 바나나 하나를 먹었어. [빠나나] [바나나]
미용실에서 머리를 단발로 자른다. [짜른다] [자른다]
거울에 비친 모양은 좌우가 거꾸로야. [거꾸로] [꺼꾸로]
보름달이 노란 동그라미 모양 같아. [동그라미] [똥그라미]

24~25쪽

tip 먼저 숫자 7이 일, 십, 백의 자리에 놓이면 얼마를 나타내는지 물어본 다음, 70을 나타내려면 어느 자리에 있어야 하는지 아이 스스로 생각해 보게 하세요.

08 수학 자리의 숫자와 나타내는 수

1 □ 안에 알맞은 수를 써넣으세요.

458: 백의 자리 숫자: 4 → 400을/를 나타냅니다. 십의 자리 숫자: 5 → 50을/를 나타냅니다. 일의 자리 숫자: 8 → 8을/를 나타냅니다.

516: 백의 자리 숫자: 5 → 500을/를 나타냅니다. 십의 자리 숫자: 1 → 10을/를 나타냅니다. 일의 자리 숫자: 6 → 6을/를 나타냅니다.

777: 백의 자리 숫자: 7 → 700을/를 나타냅니다. 십의 자리 숫자: 7 → 70을/를 나타냅니다. 일의 자리 숫자: 7 → 7을/를 나타냅니다.

2 알맞은 수를 찾아 ○를 하세요.

백의 자리 숫자가 5인 수: 250, 365, (532), 815

숫자 7이 70을 나타내는 수: 897, 750, 917, (674)

일의 자리 숫자가 2인 수: (452), 271, 829, 326

숫자 6이 600을 나타내는 수: 106, (638), 464, 396

풀이 백의 자리 숫자가 6인 수를 찾습니다.

26~27쪽

풀이 26쪽에서는 글자 수가 같은 낱말, 27쪽에서는 첫소리가 같은 낱말을 찾으며 어휘력을 키웁니다. 정해진 답은 없으므로 조건에 알맞은 낱말이면 모두 맞는 답으로 확인해 주세요.

28~29쪽

tip 가로줄이나 세로줄만 풀어서는 세 자리 수의 숫자 3개가 한 번에 나오지 않는 곳도 있습니다. 설명하는 수를 서로 잘 맞추어서 빈칸을 채울 수 있게 해 주세요.

30~31쪽

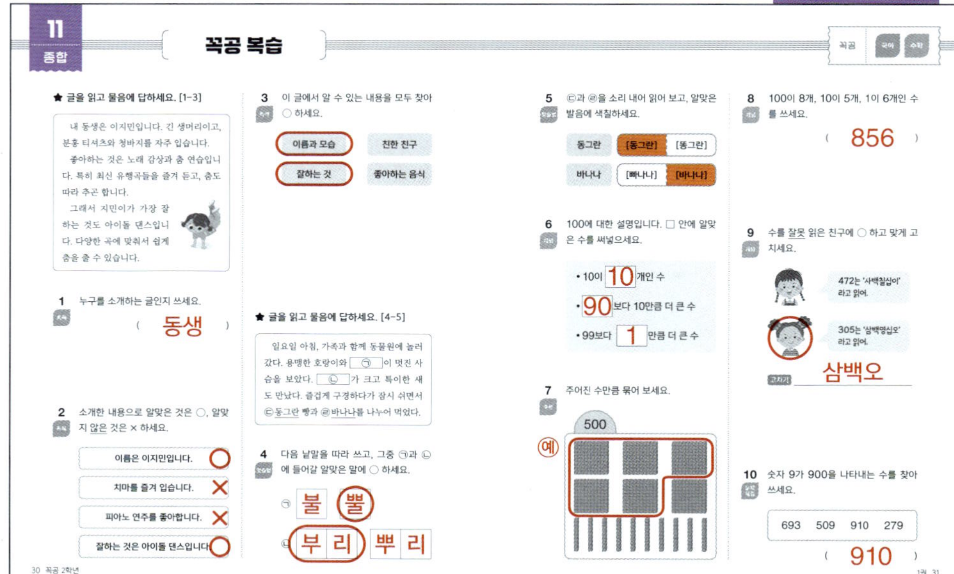

풀이 **1. 독해**
내 동생을 소개하는 글입니다. 동생 이름은 이지민이므로 '(내) 동생' 또는 '이지민' 모두 맞는 답으로 확인해 주세요.

풀이 **3. 독해**
이 소개글에서는 동생의 이름(이지민), 모습(긴 생머리, 분홍 티셔츠와 청바지를 자주 입음), 좋아하는 것(노래 감상과 춤 연습), 잘하는 것(아이돌 댄스)을 담고 있습니다. 친한 친구나 좋아하는 음식에 대해서는 나오지 않습니다.

풀이 **5. 맞춤법**
홑자음을 쌍자음처럼 발음하지 않도록 주의합니다.

풀이 **7. 추론**
100을 4개, 10을 10개 묶어 500을 만들 수도 있습니다.

풀이 **9. 개념**
수를 읽을 때 숫자가 0인 자리는 읽지 않으므로 '305'는 '삼백오'라고 읽어야 합니다.

풀이 **10. 문제해결**
693 → 90, 509 → 9, 910 → 900, 279 → 9

34~35쪽

12 국어 꼬리를 무는 끝말잇기

1 끝말잇기를 하며 출발 에서 도착 까지 길을 찾으세요.

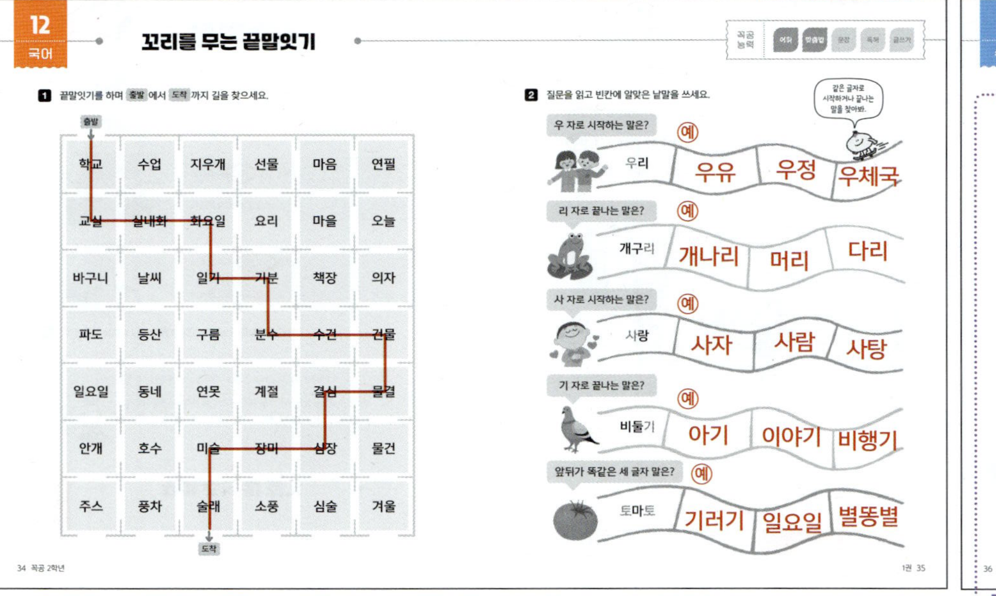

출발
학교 수업 지우개 선물 마음 연필
교실 실내화 화요일 요리 마을 오늘
바구니 날씨 일기 기분 책장 의자
파도 등산 구름 분수 수건 건물
일요일 동네 연못 계절 결심 물결
안개 호수 미술 장미 심장 물건
주스 풍차 술래 소풍 심술 겨울
도착

2 질문을 읽고 빈칸에 알맞은 낱말을 쓰세요.

같은 글자로 시작하거나 끝나는 말을 찾아봐.

- 우 자로 시작하는 말은? 우리 — 예 우유, 우정, 우체국
- 리 자로 끝나는 말은? 개구리 — 예 개나리, 머리, 다리
- 사 자로 시작하는 말은? 사랑 — 예 사자, 사람, 사탕
- 기 자로 끝나는 말은? 비둘기 — 예 아기, 이야기, 비행기
- 앞뒤가 똑같은 세 글자 말은? 토마토 — 예 기러기, 일요일, 별똥별

tip 각각의 장소에서 무엇을 볼 수 있는지 다양한 어휘를 나열하면서, 말을 덧붙일 수 있도록 연습합니다. 그리고 아이와 함께 말을 반복하여 주고받으며 본격적인 말 덧붙이기 놀이를 해 보세요.

36~37쪽

13 수학 뛰어 세기

1 100씩, 10씩, 1씩 뛰어 세어 보세요.

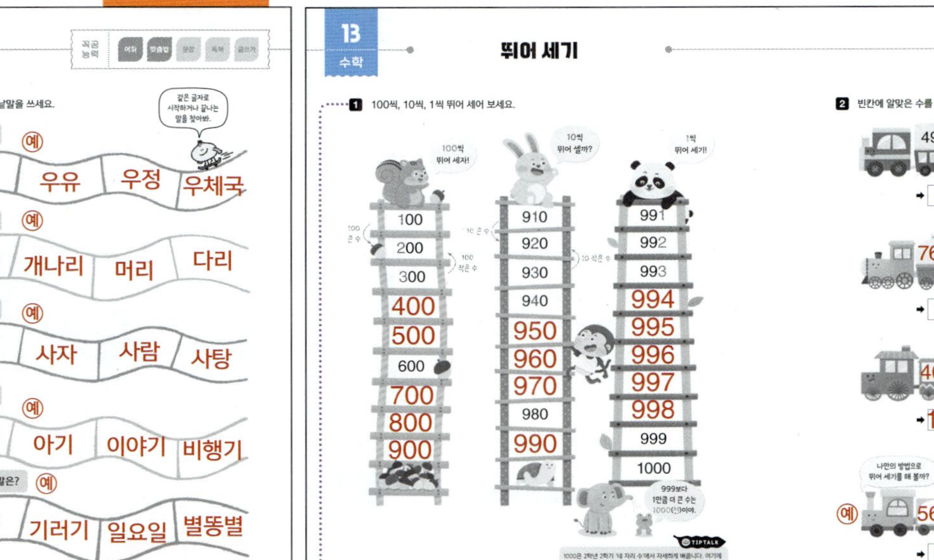

1000은 2학년 2학기 '네 자리 수'에서 자세하게 배웁니다. 여기에서는 1000을 999보다 1만큼 더 큰 수로 간단히 지도해 주세요.

2 빈칸에 알맞은 수를 써넣으세요.

- 496, 497, 498, 499, 500, 501 → 1 씩 뛰어 세었습니다.
- 766, 776, 786, 796, 806, 816 → 10 씩 뛰어 세었습니다.
- 403, 503, 603, 703, 803, 903 → 100 씩 뛰어 세었습니다.
- 나만의 방법으로 뛰어 세기를 해 볼까? 예 560, 570, 580, 590, 600, 610 → 10 씩 뛰어 세었습니다.

tip 빈칸을 채우면서 100씩 뛰어 세기는 백의 자리 수가 1씩, 10씩 뛰어 세기는 십의 자리 수가 1씩, 1씩 뛰어 세기는 일의 자리 수가 1씩 커진다는 것을 찾을 수 있도록 해 주세요.

38~39쪽

14 국어 꼬리따기 & 말 덧붙이기

꼬리따기 말놀이는 비슷한 것을 떠올려서 말을 이어 가는 놀이예요. '원숭이 엉덩이는 빨개, 빨간 것은 사과…'처럼 비슷한 것을 꼬리와 말해 보세요.

1 꼬리따기 말놀이를 해 볼까요? 왼쪽 글을 소리 내어 읽고 빈칸에 알맞은 말을 넣어 보세요. 그리고 오른쪽처럼 새로운 꼬리따기 말놀이를 만들어 보세요.

하늘은 높아 / 높은 것은 그네 / 그네는 신나 / 신나는 것 달리기 / 달리기는 빨라 / 빠른 것은 예 비행기

하늘은 높아. / 높은 것은 산. / 산은 푸르러. / 푸른 것은 예 바다

지구는 둥글어 / 둥근 것은 수박 / 수박은 맛있어 / 맛있는 건 떡볶이 / 떡볶이는 빨개 / 빨간 것은 장미 / 장미는 예 예뻐

지구는 둥글어. / 예 둥근 것은 도넛. / 예 도넛은 달콤해. / 예 달콤한 것은 주스.

말 덧붙이기 놀이는 상대방이 한 말을 반복한 다음 새로운 말을 덧붙여 이어 나가는 놀이예요. 놀이를 시작하는 친구가 '시장에 가면' 뒤에 '고기도 있고'처럼 말을 덧붙이면, 그다음 친구는 앞 친구의 말을 반복한 뒤에 다른 말을 덧붙여요. 새로운 말을 덧붙이지 못하거나 다르게 반복하면 지게 되지요.

2 다음 장소에서 볼 수 있는 것들을 쓰면서 말 덧붙이기 연습을 해 보세요.

- 편의점에 가면: 예 과자도 있고, 사탕 도 있고, 초콜릿 도 있고, 아이스크림 도 있고, 도시락 도 있고…
- 과일 가게에 가면: 예 사과도 있고, 바나나 도 있고, 복숭아 도 있고, 귤 도 있고, 포도 도 있고…
- 놀이터에 가면: 예 미끄럼틀도 있고, 그네 도 있고, 시소 도 있고, 철봉 도 있고, 정글짐 도 있고…

40~41쪽

15 수학 두 수의 크기 비교

세 자리 수의 크기를 비교할 때는
1. 백의 자리 수부터 비교해요. 269 < 354
2. 백의 자리 수가 같으면 십의 자리 수를 비교하고 483 > 417
3. 백의 자리와 십의 자리 수가 같으면 일의 자리 수를 비교합니다. 520 < 526

1 두 수의 크기를 비교하여 ○ 안에 > 또는 <를 알맞게 써넣으세요.

200 < 350 (2<3)	549 > 542 (9>2)
681 > 605 (8>0)	117 < 493
728 > 722	906 < 986
859 > 594	378 > 324
192 > 129	215 < 219
463 < 468	730 < 888

2 □ 안에 들어갈 수 있는 수를 모두 찾아 ○를 하세요.

부등호를 보고 □ 안에 비교하는 수보다 큰 수가 들어가야 하는지, 작은 수가 들어가야 하는지 판단할 수 있도록 지도해 주세요.

- □ > 484 (484보다 큰 수야.): 480, 567, 638, 168, 494 → 567, 638, 494
- 516 > □ (516보다 클까? 작을까?): 506, 574, 421, 659, 330 → 506, 421, 330
- □ < 702: 700, 720, 849, 577, 931 → 700, 577
- 327 < □: 389, 345, 171, 827, 492 → 389, 345, 827, 492
- □ > 658: 628, 522, 660, 919, 705 → 660, 919, 705
- 839 > □: 817, 938, 203, 737, 854 → 817, 203, 737

tip 수의 범위에 있는 수를 모두 찾아야 하는 문제입니다. 답을 하나만 찾지 않도록 주의시켜 주세요.

42~43쪽

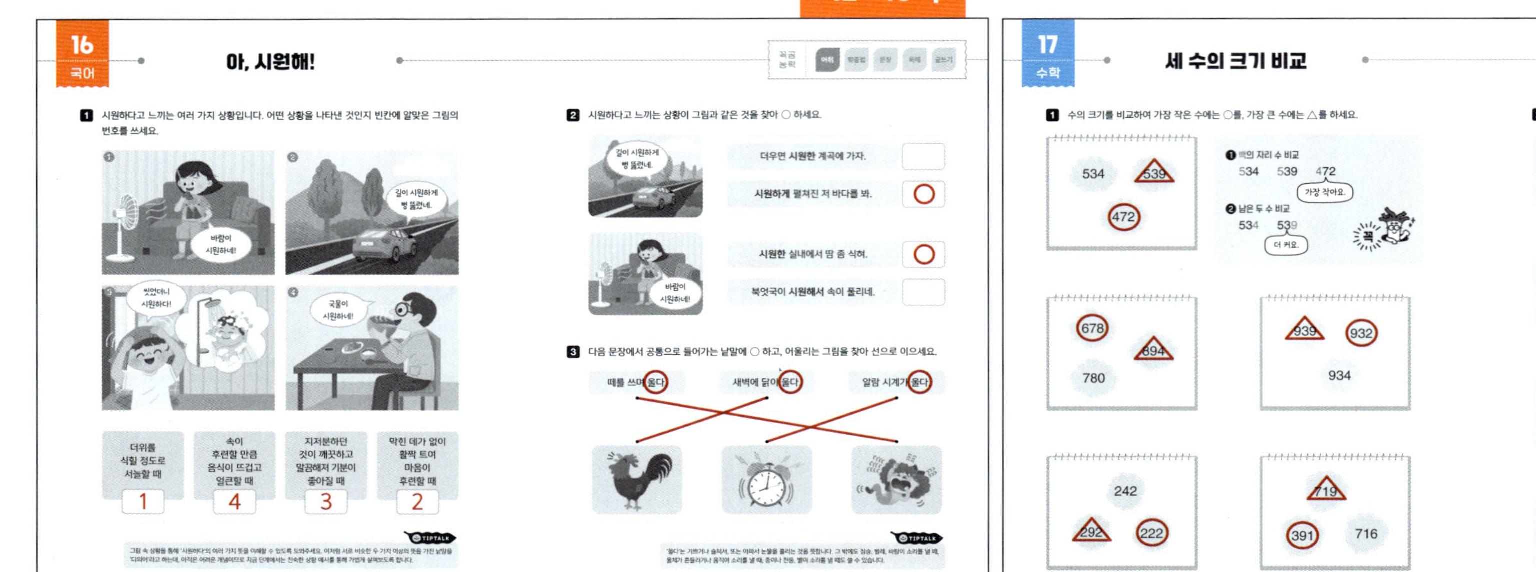

16 국어
아, 시원해!
1 시원하다고 느끼는 여러 가지 상황입니다. 어떤 상황을 나타낸 것인지 빈칸에 알맞은 그림의 번호를 쓰세요.
더위를 식힐 정도로 서늘할 때 1
속이 후련할 만큼 음식이 뜨겁고 얼큰할 때 4
지저분하던 것이 깨끗하고 말끔해져 기분이 좋아질 때 3
막힌 데가 없이 활짝 트여 마음이 후련할 때 2
2 시원하다고 느끼는 상황이 그림과 같은 것을 찾아 ○ 하세요.
더우면 시원한 계곡에 가자.
시원하게 펼쳐진 저 바다를 봐. ○
시원한 실내에서 땀 좀 식혀. ○
북엇국이 시원해서 속이 풀리네.
3 다음 문장에서 공통으로 들어가는 낱말에 ○ 하고, 어울리는 그림을 찾아 선으로 이으세요.
때를 쓰며 울다
새벽에 닭이 울다
알람 시계가 울다

44~45쪽

17 수학
세 수의 크기 비교

1 수의 크기를 비교하여 가장 작은 수에는 ○를, 가장 큰 수에는 △를 하세요.

- 534, △539, ○472
- ○678, 780, △894
- △939, ○932, 934
- 242, △292, ○222
- △719, ○391, 716

2 문제를 잘 읽고 답을 구하세요.

농장에서 귤을 어제는 190개, 오늘은 210개 땄습니다. 어제와 오늘 중에서 언제 귤을 더 많이 땄을까요?

풀이 190 < 210

답 오늘

이번 주에 윤재가 줄넘기를 428번 했고, 해수가 451번 했습니다. 줄넘기를 더 적게 한 사람은 누구일까요?

428 < 451

답 윤재

장미가 366송이, 해바라기가 126송이, 카네이션이 384송이 있습니다. 가장 많이 있는 꽃은 무엇일까요?

126 < 366 < 384

답 카네이션

서점에서 동화책 595권, 위인전 555권, 만화책 559권을 팔았습니다. 서점에서 어떤 책을 가장 적게 팔았을까요?

555 < 559 < 595

답 위인전

tip 위아래 문장을 차례로 읽어 보면서 두 문장의 다른 점을 찾아봅니다. 아래 문장에 추가된 내용을 보면 꾸며 주는 말을 발견할 수 있습니다.

46~47쪽

18 국어
꾸며 주는 말 찾기

꾸며 주는 말은 뒤에 오는 말을 꾸며 그 뜻을 자세하게 해 주는 말이에요. 꾸며 주는 말을 사용하면 생각이나 느낌을 좀 더 생생하게 표현할 수 있어요.

예 강아지가 달립니다. ➡ 하얀 강아지가 신나게 달립니다.

1 두 문장이 어떻게 다른지 살펴보고, 꾸며 주는 말에 ○ 하세요.

- 비누로 손을 씻었다. / 비누로 손을 (뽀득뽀득) 씻었다.
- 어젯밤에 꿈을 꾸었다. / 어젯밤에 (무서운) 꿈을 꾸었다.
- 민수는 놀라서 눈물이 났다. / 민수는 놀라서 눈물이 (찔끔) 났다.
- 재우가 물을 마신다. / 재우가 (시원한) 물을 (벌컥벌컥) 마신다.

2 다음 그림을 나타낸 문장을 읽고 알맞은 꾸며 주는 말을 골라 ○ 하세요.

예 ((귀여운), 새까만) 강아지가 있습니다.
((커다란), 망가진) 텐트를 펼쳤습니다.
((푸르른), 울긋불긋한) 나무가 있습니다.

예 아빠가 고기를 ((맛있게), 새까맣게) 굽습니다.
민수가 (엉금엉금, (폴짝폴짝)) 뛰어다닙니다.
엄마가 야채를 ((말끔히), 곰곰이) 손질합니다.
민지가 엄마에게 (팔랑팔랑, (재잘재잘)) 이야기합니다.

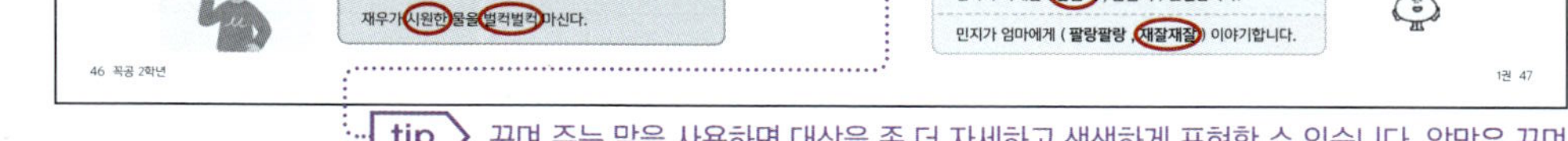
tip 꾸며 주는 말을 사용하면 대상을 좀 더 자세하고 생생하게 표현할 수 있습니다. 알맞은 꾸며 주는 말을 찾고, 꾸며 주는 말이 없는 문장과 어떻게 다른지도 느낄 수 있게 지도해 주세요.

48~49쪽

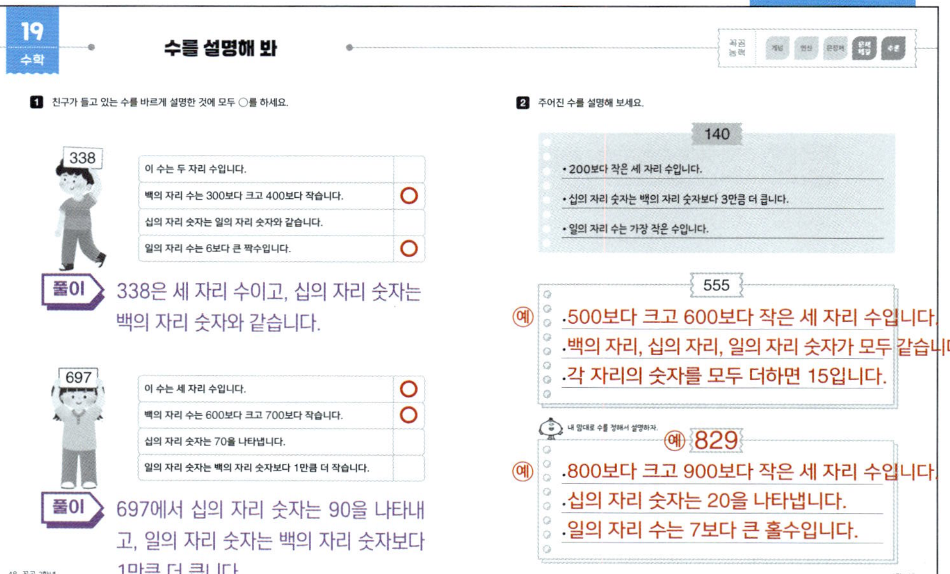

19 수학
수를 설명해 봐
1 친구가 들고 있는 수를 바르게 설명한 것에 모두 ○를 하세요.
338
이 수는 두 자리 수입니다.
백의 자리 수는 300보다 크고 400보다 작습니다. ○
십의 자리 숫자는 일의 자리 숫자와 같습니다.
일의 자리 수는 6보다 큰 짝수입니다. ○
697
이 수는 세 자리 수입니다. ○
백의 자리 수는 600보다 크고 700보다 작습니다. ○
십의 자리 숫자는 70을 나타냅니다.
일의 자리 숫자는 백의 자리 숫자보다 1만큼 더 작습니다.

풀이 338은 세 자리 수이고, 십의 자리 숫자는 백의 자리 숫자와 같습니다.

풀이 697에서 십의 자리 숫자는 90을 나타내고, 일의 자리 숫자는 백의 자리 숫자보다 1만큼 더 큽니다.

2 주어진 수를 설명해 보세요.

140
- 200보다 작은 세 자리 수입니다.
- 십의 자리 숫자는 백의 자리 숫자보다 3만큼 더 큽니다.
- 일의 자리 수는 가장 작은 수입니다.

555
예
- 500보다 크고 600보다 작은 세 자리 수입니다.
- 백의 자리, 십의 자리, 일의 자리 숫자가 모두 같습니다.
- 각 자리의 숫자를 모두 더하면 15입니다.

내 맘대로 수를 정해서 설명해 봐. 예 829
예
- 800보다 크고 900보다 작은 세 자리 수입니다.
- 십의 자리 숫자는 20을 나타냅니다.
- 일의 자리 수는 7보다 큰 홀수입니다.

50~51쪽

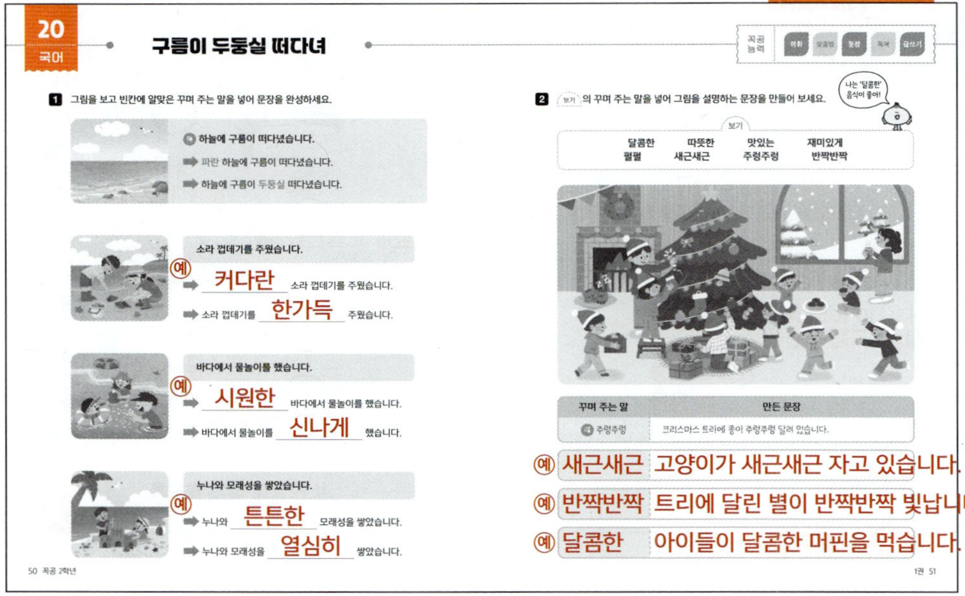

20 국어

구름이 두둥실 떠다녀

1 그림을 보고 빈칸에 알맞은 꾸며 주는 말을 넣어 문장을 완성하세요.

하늘에 구름이 떠다녔습니다.
➡ 파란 하늘에 구름이 떠다녔습니다.
➡ 하늘에 구름이 두둥실 떠다녔습니다.

소라 껍데기를 주웠습니다.
예 ➡ 커다란 소라 껍데기를 주웠습니다.
➡ 소라 껍데기를 한가득 주웠습니다.

바다에서 물놀이를 했습니다.
예 ➡ 시원한 바다에서 물놀이를 했습니다.
➡ 바다에서 물놀이를 신나게 했습니다.

누나와 모래성을 쌓았습니다.
예 ➡ 누나와 튼튼한 모래성을 쌓았습니다.
➡ 누나와 모래성을 열심히 쌓았습니다.

2 보기 의 꾸며 주는 말을 넣어 그림을 설명하는 문장을 만들어 보세요.

보기: 달콤한 / 따뜻한 / 맛있는 / 재미있게 / 펄펄 / 새근새근 / 주렁주렁 / 반짝반짝

꾸며 주는 말	만든 문장
주렁주렁	크리스마스 트리에 종이 주렁주렁 달려 있습니다.
예 새근새근	고양이가 새근새근 자고 있습니다.
예 반짝반짝	트리에 달린 별이 반짝반짝 빛납니다.
예 달콤한	아이들이 달콤한 머핀을 먹습니다.

50 꼭꼭 2학년 / 1권 51

52~53쪽

tip 수 카드를 사용하여 조건에 맞는 수를 만드는 문제입니다. 세 자리 수의 크기 비교를 이해하여 조건에 맞는 수를 만들 수 있게 지도해 주세요.

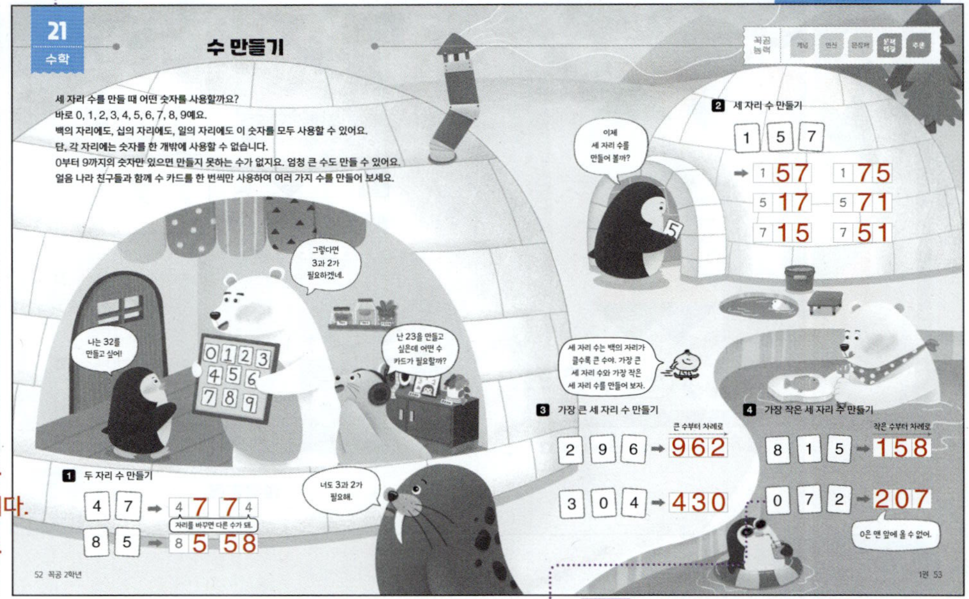

21 수학

수 만들기

세 자리 수를 만들 때 어떤 숫자를 사용할까요?
바로 0, 1, 2, 3, 4, 5, 6, 7, 8, 9예요.
백의 자리에도, 십의 자리에도, 일의 자리에도 이 숫자를 모두 사용할 수 있어요.
단, 각 자리에는 숫자를 한 개밖에 사용할 수 없습니다.
0부터 9까지의 숫자만 있으면 만들지 못하는 수가 없지요. 엄청 큰 수도 만들 수 있어요.
얼음 나라 친구들과 함께 수 카드를 한 번씩만 사용하여 여러 가지 수를 만들어 보세요.

1 두 자리 수 만들기
4 7 ➡ 47 74 (자리를 바꾸면 다른 수가 돼.)
8 5 ➡ 85 58

2 세 자리 수 만들기
1 5 7 ➡ 157, 175, 517, 571, 715, 751

3 가장 큰 세 자리 수 만들기 (큰 수부터 차례로)
2 9 6 ➡ 962
3 0 4 ➡ 430

4 가장 작은 세 자리 수 만들기 (작은 수부터 차례로)
8 1 5 ➡ 158
0 7 2 ➡ 207

52 꼭꼭 2학년 / 1권 53

풀이 0은 맨 앞에 올 수 없으므로 0 다음으로 작은 수 2를 백의 자리에, 0을 십의 자리에 놓으면 가장 작은 세 자리 수는 207이 됩니다.

54~55쪽

22 종합

꼭꼭 복습

★ 글을 읽고 물음에 답하세요. [1-2]

생선 가게에 가면,
고등어도 있고, 갈치도 있고,
가자미도 있고, ㉠도 있고,
명태도 있고, 굴비도 있고….

1 ㉠에 들어갈 수 있는 말을 모두 고르세요. (①, ③)
① 꽁치 ② 배추 ③ 장어 ④ 초밥

2 생선 이름을 하나 고르고, 그 낱말로 시작하는 끝말잇기를 만들어 보세요.
예 참치 ➡ 치약 ➡ 약국 ➡ 국물

★ 글을 읽고 물음에 답하세요. [3-4]

아침부터 ㉠비가 주룩주룩 내렸다. 그래서 ㉡ 우산을 쓰고 학교에 갔다. 학교에 도착하니 어느새 바지 끝자락이 ㉢ 젖어 있었다. 하지만 짝꿍도 나처럼 물에 빠진 생쥐 꼴이어서 ㉣ 웃고 말았다.

3 ㉠에서 꾸며 주는 말을 찾아 쓰세요.
주룩주룩

4 ㉡~㉣에 알맞은 꾸며 주는 말을 찾아 선으로 이으세요.
㉡ — 예쁜, ㉢ — 흠뻑, ㉣ — 깔깔

5 보기 의 꾸며 주는 말 중 하나를 골라 그림을 설명하는 문장을 쓰세요.
보기: 씽씽 빠르게 신나게 시원한
예 자전거를 타고 씽씽 달린다.

6 275부터 10씩 뛰어 셀 때 빈칸에 알맞은 수를 써넣으세요.
275 — 285 — 295 — 305 — 315 — 325

7 두 수의 크기를 비교하여 ○ 안에 > 또는 <를 알맞게 써넣으세요.
(1) 743 > 696
(2) 420 < 458
(3) 911 < 917

8 검은 돌은 129개, 노란 돌은 286개, 흰 돌은 236개 있습니다. 어느 돌이 가장 많을까요? (노란 돌)

9 957을 바르게 설명한 것에 ○ 하세요.
800보다 크고 900보다 작은 세 자리 수입니다. ( )
십의 자리 숫자는 백의 자리 숫자보다 4만큼 더 작습니다. (○)
일의 자리 숫자는 백의 자리 숫자보다 2만큼 더 큽니다. ( )

10 수 카드를 한 번씩만 사용하여 세 자리 수를 만들려고 합니다.
3 6 4
(1) 가장 큰 세 자리 수를 만드세요. (643)
(2) 가장 작은 세 자리 수를 만드세요. (346)

54 꼭꼭 2학년 / 1권 55

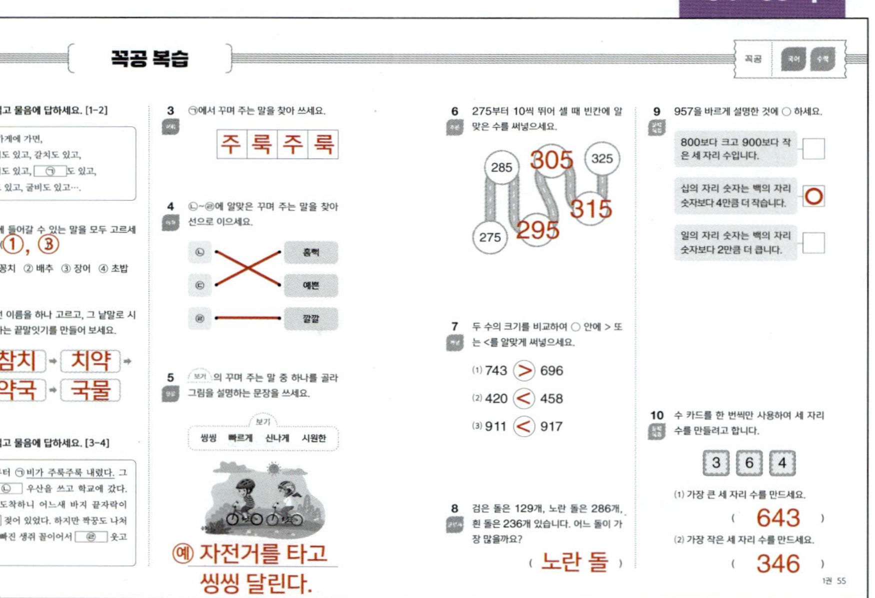

풀이 1. 어휘
생선 가게에서 볼 수 있는 것을 묻는 문제이므로 생선은 모두 답이 됩니다. 제시된 것 외에도 어떤 생선이 있는지 이야기를 나누면서, '생선 가게에 가면'으로 시작하는 말 덧붙이기 놀이를 해 보세요.

풀이 3. 어휘
'비가 내렸다.'라는 문장에 '주룩주룩'이라는 꾸며 주는 말을 넣으면 좀 더 생생한 표현이 된다는 것을 짚어 주세요.

풀이 5. 문장
두 아이가 자전거를 타는 그림입니다. 예시 답 외에도, '자전거를 빠르게 타고 있다.', '자전거를 신나게 탔다.', '시원한 바람을 맞으며 자전거를 탄다.' 등의 다양한 문장을 만들 수 있습니다. <보기>의 꾸며 주는 말을 써서 자전거를 타는 내용의 문장을 만들었다면 모두 맞는 답으로 확인하고 격려해 주세요.

풀이 8. 문장제
$129 < 236 < 286$ ($1 < 2$, $3 < 8$)

풀이 9. 문제해결
957은 900보다 큰 세 자리 수이고, 일의 자리 숫자는 백의 자리 숫자보다 2만큼 더 작습니다.

풀이 10. 문제해결
$6 > 4 > 3$이므로 가장 큰 세 자리 수는 643이고, 가장 작은 세 자리 수는 346입니다.

58~59쪽

23 국어 채린이의 하루

1 다음은 채린이가 하루 동안 겪은 일입니다. 시간 순서대로 ( )에 번호를 쓰고, 언제 있었던 일인지 쓰세요.

번호	있었던 일	언제
1	학교에 가기 전에 새 옷을 차려입었다.	아침
4	발레 학원에서 새로운 동작을 배웠다.	저녁
2	밥을 먹다가 새 옷에 음식을 흘렸다.	점심
3	수업 시간에 발표를 잘해서 선생님께 칭찬을 받았다.	오후

2 채린이는 하루 동안 어떤 생각이나 느낌이 들었을까요? 보기 의 낱말을 참고하여 표의 빈칸을 채워 보세요.

보기
슬프다 화나다 신나다 즐겁다 기쁘다 웃기다
속상하다 부끄럽다 답답하다 안타깝다 흐뭇하다 뿌듯하다
행복하다 무섭다 지루하다 궁금하다 걱정되다 조마조마하다

언제	어디서	있었던 일	생각이나 느낌
아침	집	학교에 가기 전에 새 옷을 차려입었다.	예 예쁜 새 옷을 입어서 신났다.
점심	학교(급식실)	밥을 먹다가 새 옷에 음식을 흘렸다.	새 옷이 더러워져서 속상했다.
오후	학교(교실)	수업 시간에 발표를 잘해서 선생님께 칭찬을 받았다.	선생님께 칭찬을 받아서 기뻤다.
저녁	발레 학원	발레 학원에서 새로운 동작을 배웠다.	새로운 동작을 배워서 즐거웠다.

풀이 <보기>의 낱말 외에도 상황에 알맞은 생각이나 느낌을 나타내는 말을 쓴다면 맞는 답으로 확인해 주세요. 생각이나 느낌만 써도 맞지만, 예시 답과 같이 그 까닭까지 함께 써도 좋습니다.

60~61쪽

tip 원은 곧은 선이 없는 완전히 둥근 모양이어야 합니다. 길쭉하거나 조금이라도 찌그러진 곳이 있는 모양을 찾지 않도록 지도해 주세요.

24 수학 삼각형, 사각형, 원

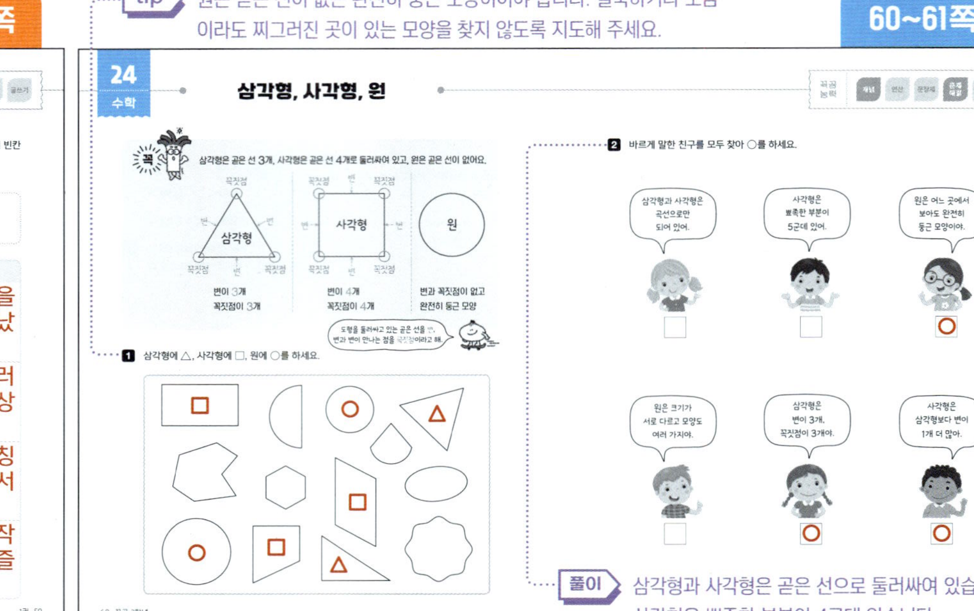

1 삼각형에 △, 사각형에 □, 원에 ○를 하세요.

2 바르게 말한 친구를 모두 찾아 ○를 하세요.

풀이 삼각형과 사각형은 곧은 선으로 둘러싸여 있습니다. 사각형은 뾰족한 부분이 4군데 있습니다. 원은 크기가 서로 다르지만 모양은 모두 같습니다.

62~63쪽

25 국어 생각을 담은 일기 쓰기

1 길을 따라가면서 자신이 하루 동안 겪은 일을 시간 순서대로 쓰세요.

- 아침: 예 친구를 만나서 함께 등교했다.
- 점심: 예 친구들과 운동장에서 축구를 했다.
- 오후: 예 받아쓰기 시험을 보았다.
- 저녁: 예 태권도 학원에 갔다.
- 밤: 예 새 이불을 덮고 잠들었다.

2 하루 동안 겪은 일 중 인상 깊은 일을 하나 골라 정리하고, 생각과 느낌을 담아 일기를 쓰세요.

예
언제	점심 때
어디서	학교 운동장
있었던 일	반 친구들과 축구를 했는데 내가 골을 넣어서 우리 팀이 이겼다.
생각이나 느낌	골을 넣어서 기쁘고 뿌듯했다.

예 20○○년 4월 15일 월요일 날씨: 맑음

제목: 신나는 축구 시합

점심을 먹고 반 친구들과 학교 운동장에서 축구 시합을 했다. 처음에는 우리 팀이 지고 있었는데, 내가 연속으로 두 골을 넣어서 결국 우리 팀이 이겼다. 너무 기쁘고 뿌듯했다. 친구들과 하는 축구는 늘 즐겁다. 다음에 또 시합해야지.

64~65쪽

26 수학 칠교놀이

칠교놀이는 7조각 도형을 이리저리 돌려 맞춰 모양을 만드는 놀이입니다. 칠교판에 어떤 도형이 있는지 알아보고, 조각으로 여러 가지 모양을 만들어 볼까요?

1 삼각형과 사각형을 찾아 번호를 쓰세요.

삼각형: ①, ②, ③, ⑤, ⑦
사각형: ④, ⑥

2 왼쪽의 칠교 조각으로 삼각형과 사각형을 만들어 붙여 보세요.

3 칠교 조각으로 여러 가지 모양을 만들어 붙여 보세요.

tip 칠교 조각으로 도형을 만들 때 꼭짓점이 아닌 변의 길이가 같은 조각끼리 서로 떨어지지 않게 붙일 수 있도록 지도해 주세요.

66~67쪽

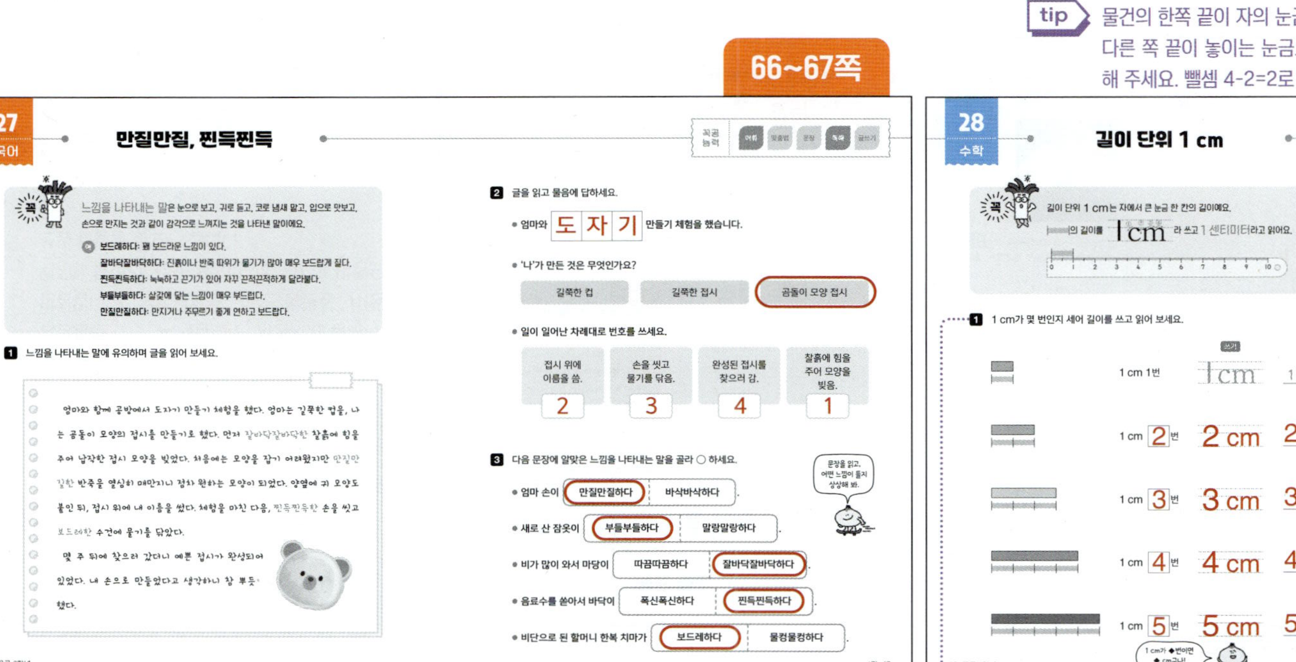

27 국어
만질만질, 찐득찐득
느낌을 나타내는 말은 눈으로 보고, 귀로 듣고, 코로 냄새 맡고, 입으로 맛보고, 손으로 만지는 것과 같이 감각으로 느끼지는 것을 나타낸 말이에요.
보드레하다: 꽤 보드라운 느낌이 있다.
잘바닥잘바닥하다: 진흙이나 반죽 따위가 물기가 많아 매우 보드랍게 질다.
찐득찐득하다: 눅눅하고 끈기가 있어 자꾸 끈적끈적하게 달라붙다.
부들부들하다: 살갗에 닿는 느낌이 매우 부드럽다.
만질만질하다: 만지거나 주무르기 좋게 연하고 보드랍다.
1 느낌을 나타내는 말에 유의하며 글을 읽어 보세요.
2 글을 읽고 물음에 답하세요.
엄마와 도 자 기 만들기 체험을 했습니다.
'나'가 만든 것은 무엇인가요?
길쭉한 컵
길쭉한 접시
곰돌이 모양 접시
일이 일어난 차례대로 번호를 쓰세요.
접시 위에 이름을 씀. 2
손을 씻고 물기를 닦음. 3
완성된 접시를 찾으러 감. 4
찰흙에 힘을 주어 모양을 빚음. 1
3 다음 문장에 알맞은 느낌을 나타내는 말을 골라 ○ 하세요.
엄마 손이 만질만질하다 바삭바삭하다
새로 산 잠옷이 부들부들하다 말랑말랑하다
비가 많이 와서 마당이 따끔따끔하다 잘바닥잘바닥하다
음료수를 쏟아서 바닥이 폭신폭신하다 찐득찐득하다
비단으로 된 할머니 한복 치마가 보드레하다 물컹물컹하다

풀이 꼬불꼬불한 길이 있는 숲속을 걸어 물이 흐르는 계곡으로 향하고 있습니다. 계곡, 숲속 모두 맞는 답으로 확인해 주세요.

68~69쪽

tip 물건의 한쪽 끝이 자의 눈금 0에 놓여 있지 않을 때 물건의 다른 쪽 끝이 놓이는 눈금으로 길이를 구하지 않도록 지도해 주세요. 뺄셈 4-2=2로 길이를 구할 수도 있습니다.

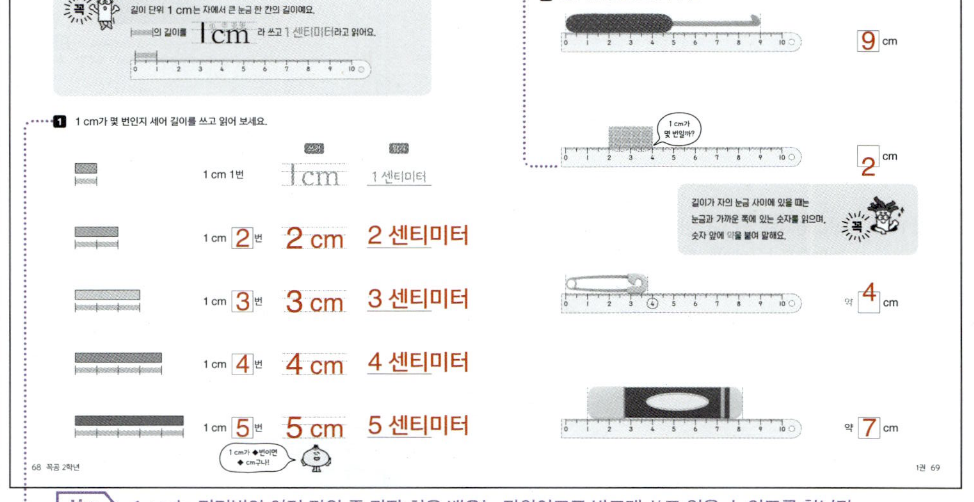

tip 1 cm는 미터법의 여러 단위 중 가장 처음 배우는 단위이므로 바르게 쓰고 읽을 수 있도록 합니다. 또한 1 cm를 이어 붙여 만든 길이에서 1 cm가 몇 번인지 세어 보는 과정은 자로 길이를 재는 방법과 이어지므로 중요한 사전 학습입니다. 잘 이해할 수 있도록 지도해 주세요.

70~71쪽

29 국어

오늘은 좋은 날

1 소리 내어 읽으면서 흉내 내는 말을 찾아 ○ 하세요.

햇볕이 쨍쨍 내리쬐어도
숲속엔 솔솔 바람이 부네.
꼬불꼬불 길 따라 손잡고 걷자.
오늘은 날씨 좋은 날,
우리 가족 소풍 가는 날.

콸콸 물 흐르는 계곡에 가서
동글동글 수박은 물에 띄우고
첨벙첨벙 신나게 물장구치자.
오늘은 기분 좋은 날,
우리 가족 소풍 가는 날.

2 시를 읽고 물음에 답하세요.

- 오늘은 우리 가 족 이 소 풍 가는 날입니다.
- 우리 가족이 가는 곳은 어디인가요? (숲속 계곡)
- 햇볕, 바람을 나타낸 흉내 내는 말을 각각 쓰세요. 햇볕: (쨍쨍) 바람: (솔솔)
- 시의 내용으로 알맞지 않은 것을 모두 찾아 × 하세요.
  손잡고 걸음. / 다람쥐를 봄. (×) / 물장구를 침. / 도시락을 먹음. (×)

3 시에 나온 흉내 내는 말을 말풍선의 빈칸에 알맞게 넣어 보세요.

- 우리는 꼬불꼬불 구부러진 길을 걸었다.
- 수영장에서 첨벙첨벙 신나게 헤엄쳤다.
- 폭포가 콸콸 시원하게 흘러내렸다.

4 시에 나온 흉내 내는 말을 넣어 짧은 글을 지어 보세요.

예 바람이 솔솔 불어서 시원했다.

풀이 '쨍쨍, 솔솔, 꼬불꼬불, 콸콸, 동글동글, 첨벙첨벙' 가운데 어느 낱말을 쓰든 틀리지 않으므로 자유롭게 한 문장 글쓰기를 할 수 있게 지도해 주시고, 흉내 내는 대상과 어울리는지 살펴보세요.

72~73쪽

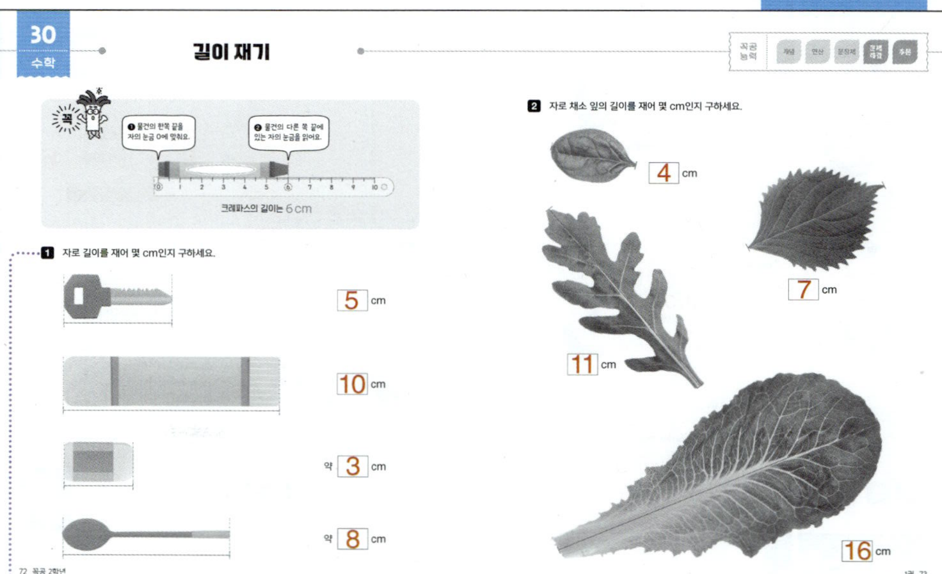

tip 자에 있는 숫자는 1 cm가 몇 번인지 나타내는 수로, 이 수가 곧 길이를 뜻합니다. 자를 사용하여 길이를 재고 어떻게 재었는지 설명하도록 해 보세요.

74~75쪽

31 국어 쌍받침과 겹받침

쌍받침은 'ㄲ', 'ㅆ'처럼 같은 자음자가 겹쳐서 된 받침이에요. 닦다 있다

겹받침은 'ㄳ', 'ㄵ', 'ㄶ', 'ㄺ'처럼 다른 자음자가 겹쳐서 된 받침이에요. 읽다 젊다

1 빈칸에 들어갈 알맞은 쌍받침을 쓰세요.

나무가 있다 [읻따] / 창문을 닦다 [닥따] / 재미가 있다 [읻따] / 채소를 볶다 [복따]

2 쌍받침이 있는 낱말을 바르게 소리 내어 읽고, 따라 쓰세요.

낚시 [낙씨] / 깎다 [깍따] / 밖 [박] / 떡볶이 [떡뽀끼]

3 빈칸에 들어갈 알맞은 겹받침을 쓰세요.

책을 읽다 [익따] / 물이 끓다 [끌타] / 의자에 앉다 [안따] / 마당이 넓다 [널따] / 끈을 끊다 [끈타] / 감자를 삶다 [삼따]

4 겹받침이 있는 낱말을 바르게 소리 내어 읽고, 따라 쓰세요.

값 [갑] / 닭 [닥] / 밟다 [밥따] / 젊다 [점따] / 싫다 [실타]

76~77쪽

32 수학 길이 어림하기

1 연필의 길이를 어림하고 자로 재어 확인하세요.

어림하기란 자를 사용하지 않고 길이가 얼마쯤 되는지 눈으로 짐작해 보는 거예요. 어림한 길이를 말할 때는 '약 □ cm'라고 합니다.

	어림한 길이	자로 잰 길이
예	약 8 cm	8 cm
예	약 5 cm	5 cm
예	약 12 cm	12 cm

2 알맞은 길이를 골라 문장을 완성하세요.

1 cm 5 cm 15 cm 27 cm 800 cm

아빠의 발 길이는 약 27 cm입니다.

내 머리핀 길이는 약 5 cm입니다.

학교의 소나무 키는 약 800 cm입니다.

텔레비전 리모컨 길이는 약 15 cm입니다.

tip 일상생활에서 자가 없는데 길이를 재야 할 때가 있습니다. 1 cm(엄지손톱), 5 cm(손가락), 10 cm(뼘) 등의 길이를 알고 있으면 쉽게 어림할 수 있지요. 예를 들어 3뼘은 약 30 cm, 2걸음은 약 100 cm와 같이 어림할 수 있어요.

78~79쪽

33 종합 꼭공 복습

1 이 일기에서 빠진 내용은 무엇인가요? (②)

2 (1) 오늘 오후에 겪은 일이다. (2) 목련꽃이/가 핀 것을 보았다.

3 (④, ⑤)

4 밖

5 (1) 나팔꽃이 활짝 폈다. (2) 은행잎이 우수수 떨어졌다.

6 (①, ④)

7 삼각형 (5)개, 사각형 (2)개

8 (1) 3 cm는 1 cm가 3번입니다. (2) 1 cm로 8번은 8 cm입니다.

9 약 (4) cm

10 예 어림한 길이 약 7 cm, 자로 잰 길이 7 cm

풀이 2. 독해

(2) (하얀) 꽃들 또는 목련꽃 모두 정답으로 확인해 주세요.

풀이 4. 맞춤법

쌍받침은 'ㄲ', 'ㅆ'처럼 같은 자음자가 겹쳐서 된 받침입니다. ㉠에 알맞은 낱말은 쌍받침 'ㄲ(쌍기역)'이 들어간 글자 '밖'이므로, 'ㄲ'이 받침으로 쓰인 낱말을 찾으면 됩니다.

풀이 5. 어휘

'활짝'은 '꽃잎 따위가 한껏 핀 모양'을 뜻하고, '우수수'는 '바람에 나뭇잎 따위가 많이 떨어지는 소리나 모양'을 뜻하는 흉내 내는 말입니다.

풀이 6. 개념

② 꼭짓점이 3개입니다.

③ 곧은 선으로 둘러싸여 있습니다.

⑤ 곧은 선끼리 만나는 부분이 3군데 있습니다.

풀이 9. 문제해결

반창고의 길이는 1 cm가 3번과 4번 사이에 있고 1 cm가 4번에 더 가깝기 때문에 약 4 cm입니다.

꼭공 정답 34~44

82~83쪽

34 국어 많다, 없다, 넓다

tip 먼저 강아지 그림 옆에 제시된 겹받침 낱말들을 소리 내어 읽어 보고, 아래의 글을 따라 쓰면서 '짧, 많, 없, 덟, 않'의 글자가 완성되도록 겹받침을 넣어 봅니다.

84~85쪽

풀이 같은 자리 수끼리의 합이 10이거나 10보다 크면 받아올림을 해야 합니다. 받아올림이 있는 자리를 표시하면 아래와 같습니다.

35 수학 받아올림이 뭐야?

1 덧셈을 할 때 받아올림이 있으면 ○를, 없으면 ×를 하세요.

24 + 34: ×　　90 + 10: ○

86 + 7: ○　　63 + 26: ×

2 덧셈에 받아올림이 몇 번 있을까요?

75 + 86: 2번

44 + 91: 1번

3 보기 와 같이 받아올림한 수를 표시하면서 □ 안에 알맞은 수를 써넣으세요.

35 + 8 → 13 → 1, 3 (받아올림한 수는 여기에!)

49 + 3 → 12 → 52

54 + 26 → 10 → 80

73 + 73 → 14 → 146

4 받아올림한 수 1이 나타내는 수는 얼마일까요? 알맞은 수에 ○를 하세요.

86 + 6 = 92: 일의 자리 계산에서 십의 자리로 받아올림한 수이므로 1이 나타내는 수는 (1, **10**, 100)입니다.

92 + 87 = 179: 십의 자리 계산에서 백의 자리로 받아올림한 수이므로 1이 나타내는 수는 (1, 10, **100**)입니다.

86~87쪽

36 국어 시의 분위기를 생각하며 읽기

산 샘물

권태응

바위 틈새 속에서
쉬지 않고 송송송.

맑은 물이 고여선
넘쳐흘러 졸졸졸.

푸고 푸고 다 퍼도
끊임없이 송송송.

푸다 말고 놔두면
다시 고여 졸졸졸.

1 시를 읽고 물음에 답하세요.

- 다음 뜻을 가진 낱말을 시에서 찾아 쓰세요. 샘에서 나오는 물. (샘물)
- 시에서 반복되는 흉내 내는 말 두 가지를 쓰세요. (송송송, 졸졸졸)
- 시를 바르게 감상한 친구를 모두 찾아 ○ 하세요.

2 시를 읽고 떠오르는 장면을 그림으로 그려 보세요. 예

tip 기본형은 '송송, 졸졸'이고, 시에서는 '송송송, 졸졸졸'로 썼으므로 둘 다 정답으로 확인해 주세요. '졸졸'은 '가는 물줄기가 부드럽게 흐르는 소리나 모양'을 흉내 내는 말입니다. '송송'은 '작은 구멍이 많이 난 모양'이나 '살갗에 땀 등이 솟는 모양'을 흉내 내는 말입니다.

88~89쪽

37 수학 받아올림이 있는 덧셈

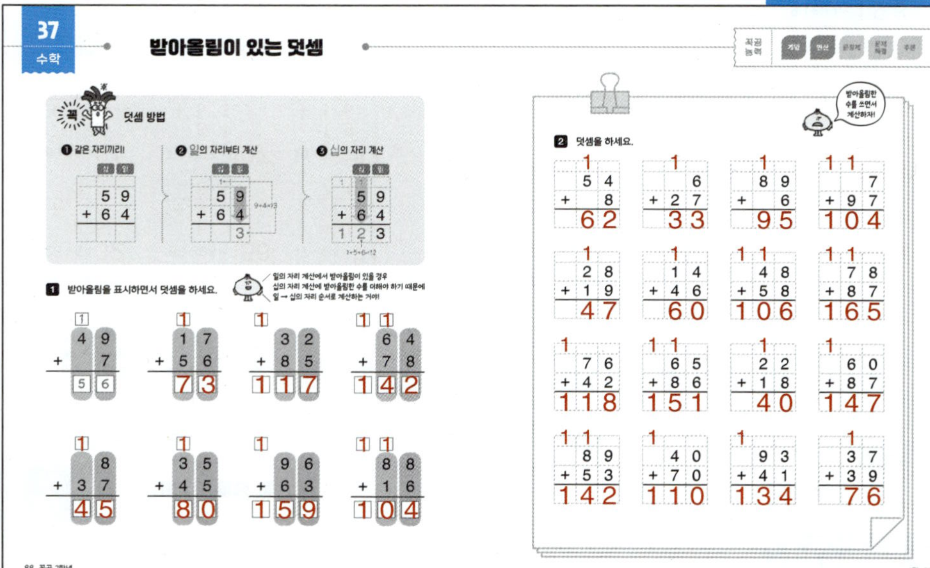

tip 받아올림한 수를 빠뜨리고 계산하는 경우가 많으므로 계산이 익숙해질 때까지는 받아올림한 수를 꼭 표시하도록 지도해 주세요.

90~91쪽

38 국어 사이좋게 지내자

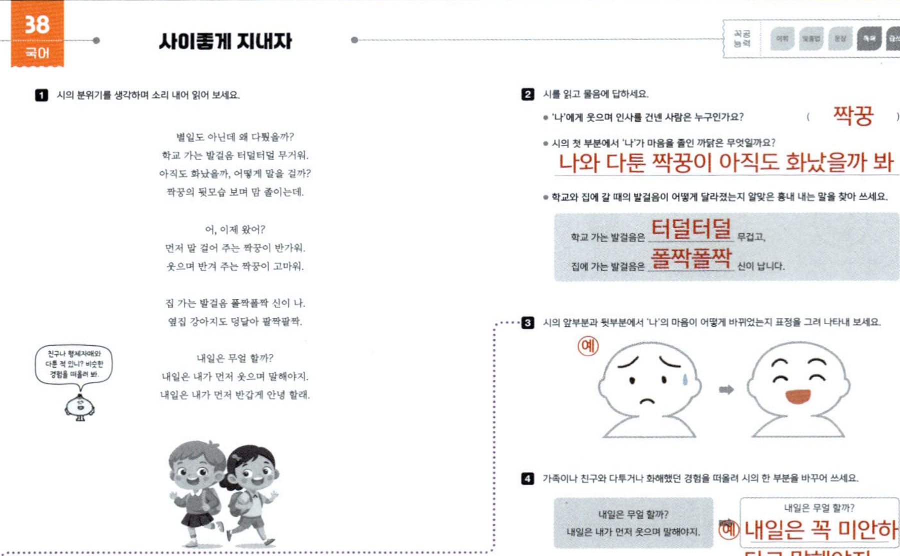

1 시의 분위기를 생각하며 소리 내어 읽어 보세요.

별일도 아닌데 왜 다퉜을까?
학교 가는 발걸음 터덜터덜 무거워.
아직도 화났을까, 어떻게 말을 걸까?
짝꿍의 뒷모습 보며 맘 졸이는데.

어, 이제 왔어?
먼저 말 걸어 주는 짝꿍이 반가워.
웃으며 반겨 주는 짝꿍이 고마워.

집 가는 발걸음 폴짝폴짝 신이 나.
옆집 강아지도 덩달아 팔짝팔짝.

내일은 무얼 할까?
내일은 내가 먼저 웃으며 말해야지.
내일은 내가 먼저 반갑게 인사 할래.

2 시를 읽고 물음에 답하세요.

- '나'에게 웃으며 인사를 건넨 사람은 누구인가요? (짝꿍)
- 시의 첫 부분에서 '나'가 마음을 졸인 까닭은 무엇일까요?
  나와 다툰 짝꿍이 아직도 화났을까 봐
- 학교와 집에 갈 때의 발걸음이 어떻게 달라졌는지 알맞은 흉내 내는 말을 찾아 쓰세요.
  학교 가는 발걸음은 터덜터덜 무겁고,
  집에 가는 발걸음은 폴짝폴짝 신이 납니다.

3 시의 앞부분과 뒷부분에서 '나'의 마음이 어떻게 바뀌었는지 표정을 그려 나타내 보세요.

예

4 가족이나 친구와 다투거나 화해했던 경험을 떠올려 시의 한 부분을 바꾸어 쓰세요.

내일은 무얼 할까? 내일은 내가 먼저 웃으며 말해야지.	내일은 무얼 할까? 예 내일은 꼭 미안하다고 말해야지.

풀이 이 시는 짝꿍과 다툰 후 학교에 간 날을 담고 있습니다. 학교에 갈 때는 걱정이 되어 '터덜터덜' 무거운 발걸음이었지만, 짝꿍이 먼저 말을 걸고 웃어 줌으로써 '폴짝폴짝' 신이 난 채로 집에 돌아옵니다. 학교에 갈 때의 무겁고 걱정스러운 마음(예 찡그린 표정)과 집에 돌아올 때의 기쁘고 후련한 마음(예 웃는 표정)을 알맞게 표현했는지 확인해 주세요.

92~93쪽

tip 가로셈의 경우 같은 자리 수가 한눈에 보이지 않아 더 어렵습니다. 같은 자리 수가 익숙해지도록 세로로 나타내는 연습을 시켜 주세요.

39 수학 가로 덧셈을 계산해!

가로셈을 세로셈으로 바꿔서 더해요. 59+4를 계산해 볼까요?
1. 더하는 두 수를 같은 자리끼리 맞춰 쓰고
2. 덧셈 기호를 써요.
3. 선을 긋고
4. 같은 자리끼리 계산해요.

같은 자리끼리 표시하면서 더해요. 38+47을 계산해 봅시다.
1. 일의 자리끼리 계산해서 일의 자리에 답 쓰기 이때 받아올림한 수를 십의 자리에 써요. 38+47=5
2. 십의 자리끼리 계산해서 십의 자리에 답 쓰기 이때 받아올림한 수도 꼭 더해요. 38+47=85

1 덧셈을 하세요.

- 26+6=32
- 63+93=156
- 47+24=71
- 8+13=21
- 54+53=107
- 19+18=37
- 7+95=102
- 59+74=133
- 82+38=120

2 덧셈을 하세요.

- 37+5=42
- 24+26=50
- 58+85=143
- 82+8=90
- 35+19=54
- 73+36=109
- 6+57=63
- 49+27=76
- 65+71=136
- 9+43=52
- 15+67=82
- 99+99=198

94~95쪽

40 국어 신나는 여름 방학

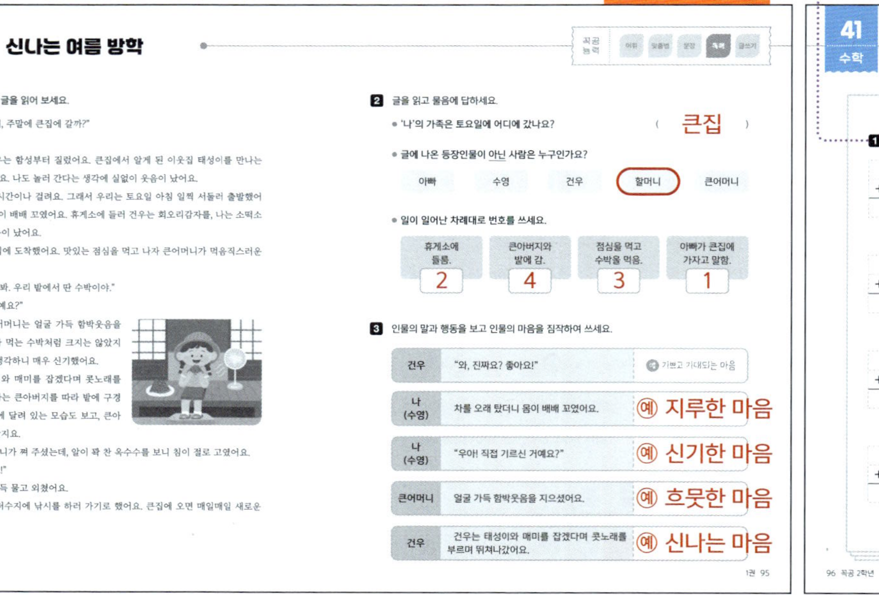

1 인물의 마음을 짐작하며 글을 읽어 보세요.

"너희들 방학도 했는데, 주말에 큰집에 갈까?"
"와, 진짜요? 좋아요!"
아빠 말씀에 동생 건우는 함성부터 질렀어요. 큰집에서 알게 된 이웃집 태성이를 만나는 게 기대되는 모양이었어요. 나도 놀러 간다는 생각에 실없이 웃음이 났어요.
큰집은 차를 타고 세 시간이나 걸려요. 그래서 우리는 토요일 아침 일찍 서둘러 출발했어요. 차를 오래 탔더니 몸이 배배 꼬였어요. 휴게소에 들러 건우는 회오리감자를, 나는 소떡소떡을 먹었더니 다시 기운이 났어요.
점심 무렵, 우리는 큰집에 도착했어요. 맛있는 점심을 먹고 나자 큰어머니가 먹음직스러운 수박을 내오셨어요.
"수영아, 수박 좀 먹어 봐. 우리 밭에서 딴 수박이야."
"우아! 직접 기르신 거예요?"
내가 깜짝 놀라자 큰어머니는 얼굴 가득 함박웃음을 지으셨어요. 가게에서 사 먹는 수박처럼 크지는 않았지만, 농사지은 수박이라 생각하니 매우 신기했어요.
곧이어 건우는 태성이와 매미를 잡겠다며 콧노래를 부르며 뛰쳐나갔어요. 나는 큰아버지를 따라 밭에 구경을 갔어요. 수박이 줄기에 달려 있는 모습도 보고, 큰아버지와 옥수수도 잔뜩 땄지요.
갓 딴 옥수수를 큰어머니가 쪄 주셨는데, 알이 꽉 찬 옥수수를 보니 침이 절로 고였어요.
"옥수수 무지 맛있어요!"
나는 옥수수를 입안 가득 물고 외쳤어요.
내일은 다 같이 근처 저수지에 낚시를 하러 가기로 했어요. 큰집에 오면 매일매일 새로운 일들로 가득해요.

2 글을 읽고 물음에 답하세요.

- '나'의 가족은 토요일에 어디에 갔나요? (큰집)
- 글에 나온 등장인물이 아닌 사람은 누구인가요?
  아빠 / 수영 / 건우 / (할머니) / 큰어머니
- 일이 일어난 차례대로 번호를 쓰세요.

휴게소에 들름.	큰아버지와 밭에 감.	점심을 먹고 수박을 먹음.	아빠가 큰집에 가자고 말함.
2	4	3	1

3 인물의 말과 행동을 보고 인물의 마음을 짐작하여 쓰세요.

인물	말과 행동	마음
건우	"와, 진짜요? 좋아요!"	기쁘고 기대되는 마음
나(수영)	차를 오래 탔더니 몸이 배배 꼬였어요.	예 지루한 마음
나(수영)	"우아! 직접 기르신 거예요?"	예 신기한 마음
큰어머니	얼굴 가득 함박웃음을 지으셨어요.	예 흐뭇한 마음
건우	건우는 태성이와 매미를 잡겠다며 콧노래를 부르며 뛰쳐나갔어요.	예 신나는 마음

96~97쪽

tip 아이가 받아올림이 없는 경우에도 무조건 받아올림한 수 1을 더하지는 않는지 살펴보세요. 받아올림이 있는 자리와 없는 자리에 주의하며 빠르고 정확하게 계산할 수 있도록 지도해 주세요.

41 수학 덧셈 연습

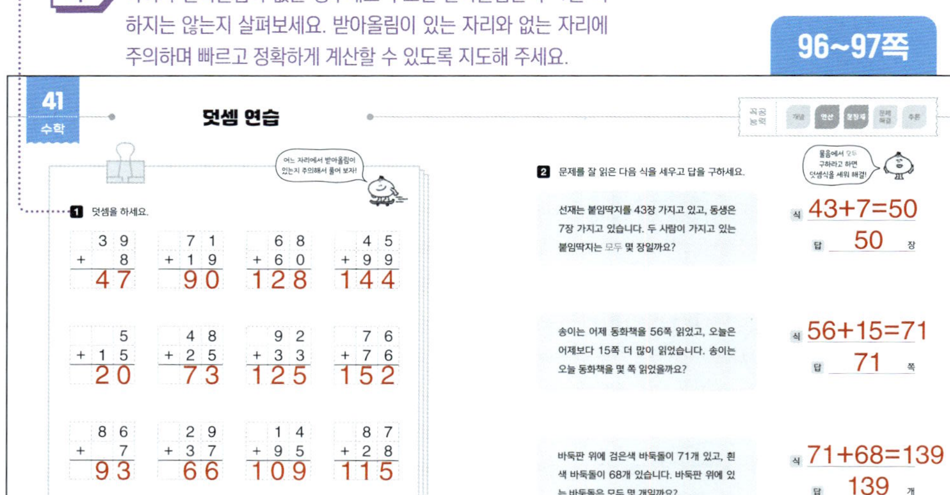

1 덧셈을 하세요.

- 39+8=47
- 71+19=90
- 68+60=128
- 45+99=144
- 5+15=20
- 48+25=73
- 92+33=125
- 76+76=152
- 86+7=93
- 29+37=66
- 14+95=109
- 87+28=115
- 7+64=71
- 38+44=82
- 73+91=164
- 25+78=103

2 문제를 잘 읽은 다음 식을 세우고 답을 구하세요.

선재는 붙임딱지를 43장 가지고 있고, 동생은 7장 가지고 있습니다. 두 사람이 가지고 있는 붙임딱지는 모두 몇 장일까요?
식 43+7=50 답 50 장

송이는 어제 동화책을 56쪽 읽었고, 오늘은 어제보다 15쪽 더 많이 읽었습니다. 송이는 오늘 동화책을 몇 쪽 읽었을까요?
식 56+15=71 답 71 쪽

바둑판 위에 검은색 바둑돌이 71개 있고, 흰색 바둑돌이 68개 있습니다. 바둑판 위에 있는 바둑돌은 모두 몇 개일까요?
식 71+68=139 답 139 개

자동차 83대가 주차장에 있었는데 잠시 후 자동차 39대가 더 들어왔습니다. 주차장에 있는 자동차는 모두 몇 대일까요?
식 83+39=122 답 122 대

98~99쪽

100~101쪽

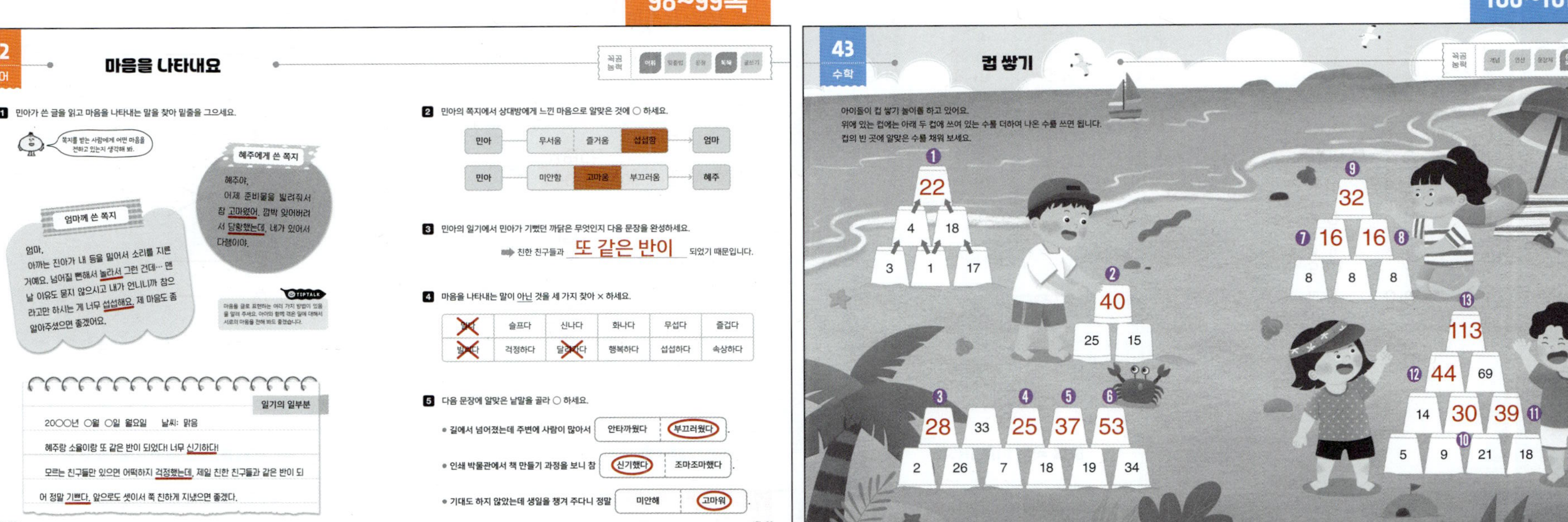

풀이 ❶ 4+18=22 ❷ 25+15=40 ❸ 2+26=28
❹ 7+18=25 ❺ 18+19=37 ❻ 19+34=53

풀이 ❼ 8+8=16 ❽ 8+8=16 ❾ 16+16=32
❿ 9+21=30 ⓫ 21+18=39
⓬ 14+30=44 ⓭ 44+69=113

102~103쪽

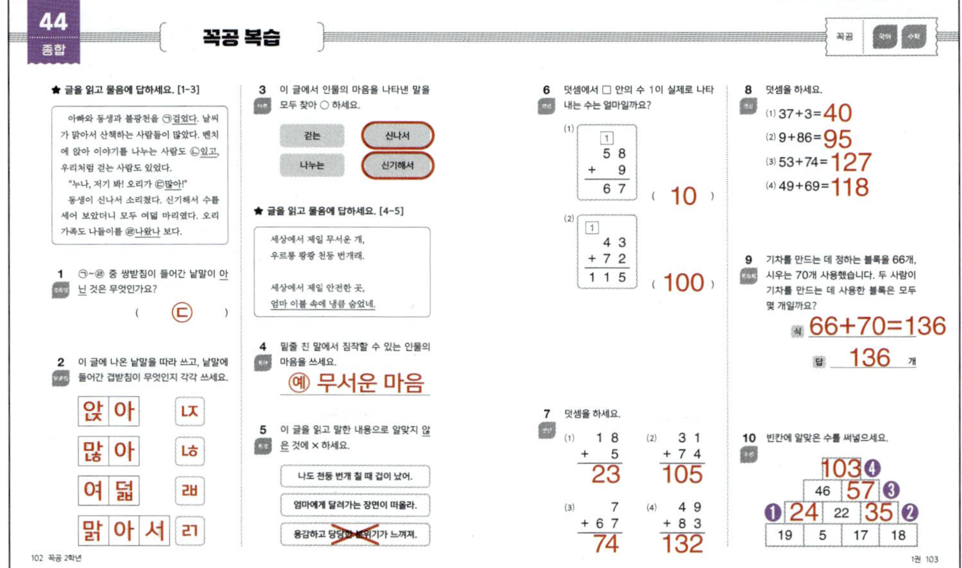

풀이 **1. 맞춤법**

㉠, ㉡, ㉣에는 쌍받침 'ㅆ'이 들어가 있고, ㉢에는 겹받침 'ㄶ'이 들어가 있습니다.

풀이 **4. 독해**

무서운 천둥 번개 때문에 안전한 엄마 이불 속에 숨어든다는 내용이므로, 무서움이나 두려움과 같은 마음을 엿볼 수 있습니다.

풀이 **5. 독해**

천둥 번개를 무섭게 느끼고 있으므로 용감하고 당당한 분위기와는 어울리지 않습니다.

풀이 **6. 개념**

(1) 일의 자리 계산 8+9=17에서 십의 자리로 받아올림한 수이므로 10을 나타냅니다.

(2) 십의 자리 계산 40+70=110에서 백의 자리로 받아올림한 수이므로 100을 나타냅니다.

풀이 **10. 추론**

❶ 19+5=24
❷ 17+18=35
❸ 22+35=57
❹ 46+57=103

꼭공 정답 45~55

106~107쪽

45 국어 · **닫히는 문에 손가락을 다쳤어**

꼭공 능력: 어휘 · 맞춤법 · 문장 · 독해 · 글쓰기

1 그림에 어울리는 낱말을 따라 쓰세요.

- 문이 **닫 혔 다**
- 팔을 **다 쳤 다**
- 수업을 **마 쳤 다**
- 과녁을 **맞 혔 다**
- 몸을 **늘 여 요**
- 달팽이는 **느 려 요**
- **걸 음**이 무척 빨라.
- **거 름**을 밭에 뿌렸어.

2 밑줄 친 부분을 바르게 고쳐서 문장을 다시 쓰세요.

- 나무늘보는 움직임이 많이 늘여요. → **나무늘보는 움직임이 많이 느려요.**
- 문제의 답을 정확히 마쳤어요. → **문제의 답을 정확히 맞혔어요.**
- 거름을 멈추고 가게를 구경했다. → **걸음을 멈추고 가게를 구경했다.**
- 옷 정리를 모두 맞혔다. → **옷 정리를 모두 마쳤다.**
- 닫힌 곳에 약을 발랐다. → **다친 곳에 약을 발랐다.**

풀이 • 때: 옷이나 몸에 묻은 더러운 먼지나 피부의 죽은 세포와 먼지가 섞여서 생긴 것. / 떼: 사람이나 동물이 한데 많이 모여 있는 것.
• 맞다: 틀리지 않다. / 맡다: 코로 냄새를 느끼다.
• 낫다: 병이나 상처 등이 없어져 본래대로 되다. / 낳다: 배 속의 아이, 새끼, 알을 몸 밖으로 내보내다.

108~109쪽

풀이 같은 자리 수끼리 뺄 수 없으면 받아내림을 해야 합니다. 일의 자리 계산에서 빼는 수가 빼어지는 수보다 크면 받아내림해야 합니다.

46 수학 · **받아내림은 뭘까?**

꼭공 능력: 개념 · 연산 · 문제해결 · 문제해결 · 추론

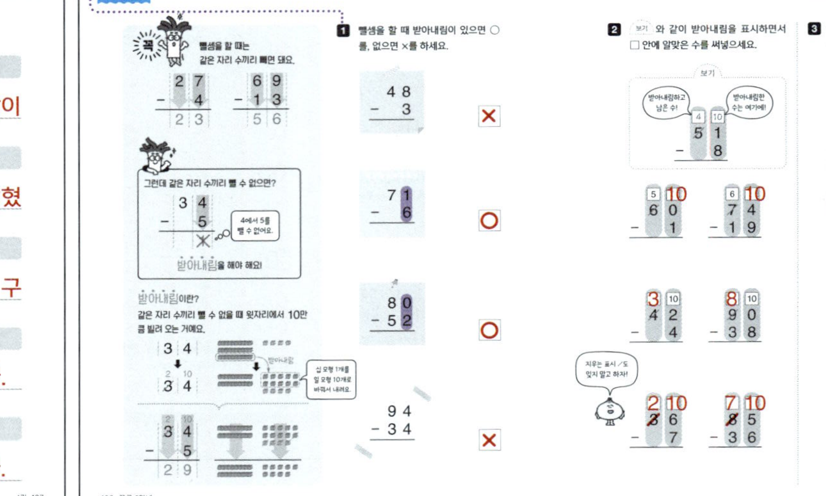

1 뺄셈을 할 때 받아내림이 있으면 ○표, 없으면 ×표 하세요.

- 48 − 3 : ×
- 71 − 6 : ○
- 80 − 52 : ○
- 94 − 34 : ×

2 보기 와 같이 받아내림을 표시하면서 □ 안에 알맞은 수를 써넣으세요.

- 60 − 1 = 59 (5, 10)
- 74 − 19 (6, 10)
- 42 − 4 (3, 10)
- 90 − 38 (8, 10)
- 36 − 7 (2, 10)
- 85 − 36 (7, 10)

3 받아내림이 있는 뺄셈을 보고 알맞은 수에 ○를 하세요.

- 22 − 9 = 13: 일의 자리를 계산할 때 십의 자리에서 받아내림한 수는 (1, **10**, 100)이에요.
- 73 − 26 = 47: □ 안의 수 6은 일의 자리로 받아내림하고 남은 수이므로 실제로 나타내는 수는 (6, **60**, 600)이에요.

110~111쪽

47 국어 · **우표는 붙이고 편지는 부치고**

꼭공 능력: 어휘 · 맞춤법 · 문장 · 독해 · 글쓰기

1 문장의 빈칸에 알맞은 낱말을 찾아 선으로 잇고, 따라 쓰세요.

- 소 □가 풀을 뜯고 있다. — **떼**
- 옷에 □가 묻어서 빨아야 해. — **때**
- 친우가 한 말이 □. — **맞 다**
- 향기로운 꽃향기를 □. — **맡 다**
- 닭이 알을 하나 □. — **낳 았 다**
- 아픈 건 이제 다 □. — **나 았 다**
- 별 모양 스티커를 □. — **붙 였 다**
- 우체국에서 삼촌께 소포를 □. — **부 쳤 다**
- 의자에 □ 앉았다. — **반 듯 이**
- 오늘 경기는 □ 이겨야 해. — **반 드 시**

2 밑줄 친 부분을 바르게 고쳐서 문장을 다시 쓰세요.

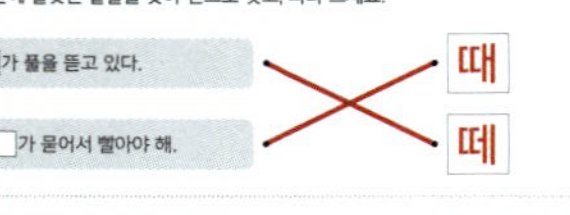

- 엄마와 한 약속을 반듯이 지킬 거야. → **엄마와 한 약속을 반드시 지킬 거야.**

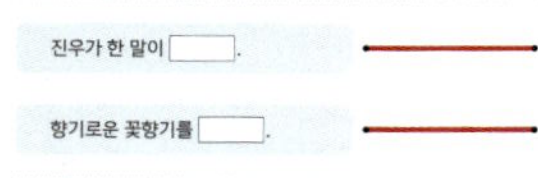

- 뚜껑을 열고 냄새를 맞습니다. → **뚜껑을 열고 냄새를 맡습니다.**

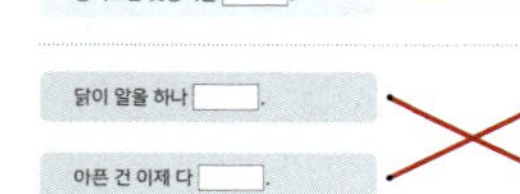

- 다이어리에 사진을 부쳐 꾸몄다. → **다이어리에 사진을 붙여 꾸몄다.**

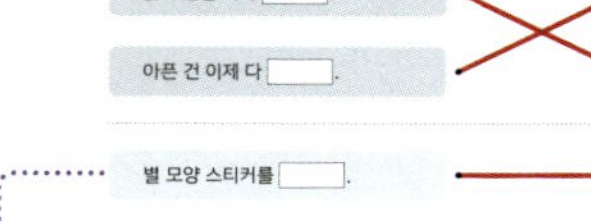

- 감기가 아직 낳지 않았다. → **감기가 아직 낫지 않았다.**

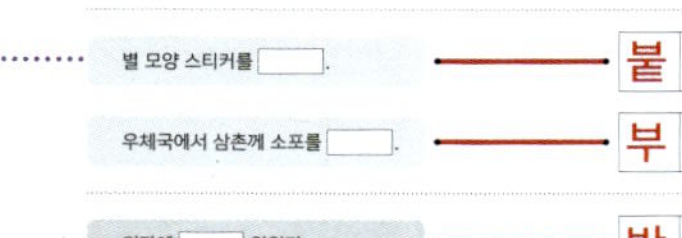

- 공원에서 비둘기 때가 모이를 먹어요. → **공원에서 비둘기 떼가 모이를 먹어요.**

풀이 • 붙이다: 무엇에 닿아서 떨어지지 않게 하다. / 부치다: 편지나 물건 등을 보내다.
• 반듯이: 비뚤어지거나 굽거나 흐트러지지 않고 바르게. / 반드시: 틀림없이 꼭.

112~113쪽

48 수학 · **받아내림이 있는 뺄셈**

꼭공 능력: 개념 · 연산 · 문제해결 · 문제해결 · 추론

꼭 뺄셈 방법

❶ 같은 자리끼리 ❷ 일의 자리부터 계산: 2에서 8을 뺄 수 없으므로 십의 자리에서 받아내림해요. (12−8=4) ❸ 십의 자리 계산: 받아내림하고 남은 수에서 빼요. (6−1=5)

72 − 18 = 54

1 받아내림을 표시하면서 뺄셈을 하세요.

- 41 − 5 = 36
- 56 − 37 = 19
- 30 − 14 = 16
- 82 − 29 = 53
- 70 − 46 = 24
- 92 − 8 = 84
- 63 − 25 = 38
- 50 − 9 = 41

2 뺄셈을 하세요.

- 33 − 9 = 24
- 70 − 12 = 58
- 46 − 5 = 41
- 85 − 49 = 36
- 60 − 21 = 39
- 28 − 5 = 23
- 81 − 63 = 18
- 74 − 5 = 69
- 54 − 8 = 46
- 67 − 53 = 14
- 93 − 4 = 89
- 40 − 10 = 30
- 95 − 32 = 63
- 80 − 8 = 72
- 36 − 29 = 7
- 62 − 7 = 55

tip 받아내림하고 남은 수에서 빼야 하는데 처음 수에서 빼는 경우가 많습니다. 계산이 익숙해질 때까지는 받아내림하고 남은 수를 꼭 표시하도록 지도해 주세요.

114~115쪽

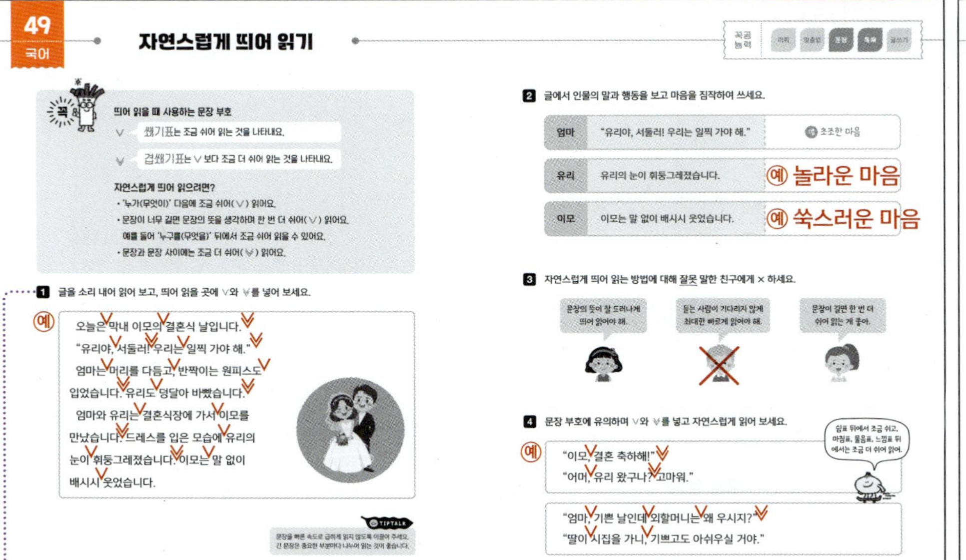

49 국어 자연스럽게 띄어 읽기

띄어 읽을 때 사용하는 문장 부호
- 쐐기표는 조금 쉬어 읽는 것을 나타내요.
- 겹쐐기표는 ∨보다 조금 더 쉬어 읽는 것을 나타내요.

자연스럽게 띄어 읽으려면?
- '누가(무엇이)' 다음에 조금 쉬어(∨) 읽어요.
- 문장이 너무 길면 문장의 뜻을 생각하며 한 번 더 쉬어(∨) 읽어요. 예를 들어 '누구를(무엇을)' 뒤에서 조금 쉬어 읽을 수 있어요.
- 문장과 문장 사이에는 조금 더 쉬어(≫) 읽어요.

1 글을 소리 내어 읽어 보고, 띄어 읽을 곳에 ∨와 ≫를 넣어 보세요.

예 오늘은∨막내 이모의∨결혼식 날입니다.≫ "유리야,∨서둘러!∨우리는∨일찍 가야 해."≫ 엄마는∨머리를 다듬고∨반짝이는 원피스도∨입었습니다.≫유리도∨덩달아 바빴습니다.≫ 엄마와 유리는∨결혼식장에 가서∨이모를 만났습니다.≫드레스를 입은 모습에∨유리의 눈이∨휘둥그레졌습니다.≫이모는∨말 없이 배시시∨웃었습니다.

2 글에서 인물의 말과 행동을 보고 마음을 짐작하여 쓰세요.

엄마	"유리야, 서둘러! 우리는 일찍 가야 해."	초조한 마음
유리	유리의 눈이 휘둥그레졌습니다.	예 놀라운 마음
이모	이모는 말 없이 배시시 웃었습니다.	예 쑥스러운 마음

3 자연스럽게 띄어 읽는 방법에 대해 잘못 말한 친구에게 × 하세요.
- 문장의 뜻이 잘 드러나게 띄어 읽어야 해.
- 듣는 사람이 기다리지 않게 최대한 빠르게 읽어야 해. (×)
- 문장이 길면 한 번 더 쉬어 읽는 게 좋아.

4 문장 부호에 유의하여 ∨와 ≫를 넣고 자연스럽게 읽어 보세요.

예 "이모,∨결혼 축하해!"≫ "어머,∨유리 왔구나?∨고마워."

"엄마,∨기쁜 날인데∨외할머니는∨왜 우시지?"≫ "딸이∨시집을 가니,∨기쁘고도 아쉬우실 거야."

풀이 '누가(무엇이)' 다음에 조금 쉬어 읽고(쐐기표), 문장과 문장 사이에는 조금 더 쉬어 읽습니다(겹쐐기표). 문장 부호도 살펴, 쉼표 다음에 조금 쉬고(쐐기표), 마침표, 느낌표, 물음표 다음에 조금 더 쉬어 읽도록(겹쐐기표) 도와주세요. 문장이 긴 경우 중간에 더 쉬어 읽기도 하므로 사람에 따라 읽는 방법이 달라질 수 있습니다. 글의 마지막에는 쐐기표를 넣지 않습니다.

116~117쪽

50 수학 가로 뺄셈을 계산하자!

가로셈을 세로셈으로 바꿔서 빼요. 43−6을 계산해 볼까요?
1. 두 수를 같은 자리끼리 맞춰 쓰고
2. 뺄셈 기호를 써요.
3. 선을 긋고
4. 같은 자리끼리 계산해요.

1 뺄셈을 하세요.

63−4=59, 30−27=3, 71−23=48
55−9=46, 80−16=64, 43−18=25
72−7=65, 40−12=28, 96−59=37

같은 자리끼리 표시하면서 빼요. 52−37을 계산해 봅시다.
1. 일의 자리끼리 계산해서 일의 자리에 답 쓰기 (이때 십의 자리에서 받아내림한 수와 같이 계산!)
2. 십의 자리끼리 계산해서 십의 자리에 답 쓰기 (이때 받아내림하고 남은 수에서 빼요.)

52−37=15

2 뺄셈을 하세요.

34−6=28, 60−39=21, 95−27=68
93−8=85, 86−48=38, 40−13=27
61−9=52, 90−16=74, 82−35=47
70−7=63, 41−24=17, 58−19=39

tip 가로셈의 경우 같은 자리 수가 한눈에 보이지 않아 더 어렵습니다. 같은 자리 수가 익숙해지도록 세로로 나타내는 연습을 시켜 주세요.

118~119쪽

51 국어 씩씩하고 명랑한 사람이야

1 그림 속 인물의 성격을 나타내는 말을 알아보고 따라 쓰세요.
- 거짓이나 숨김이 없이 바르고 곧다. — 솔직하다
- 남의 사정을 잘 이해하고 마음 씀씀이가 넓다. — 너그럽다
- 침착하지 못하고 들떠서 서두르거나 함부로 덤비다. — 덤벙대다
- 쉽게 흥분하지 않고 행동이 조심스럽고 차분하다. — 침착하다

2 글을 읽고 인물의 성격을 나타내는 말을 따라 쓰세요.
- 옛날에 몹시 게으른 사람이 살았어요. 매일 방에 누워 있기만 하고, 밥을 먹는 것조차 귀찮아할 정도였지요. — 게으르다
- 소가 된 그는 온종일 힘들게 밭을 갈았어요. 게으르게 지낸 것을 후회하면서 이제 부지런하게 살겠다고 다짐했지요. — 부지런하다

3 보기 의 낱말을 참고하여 자신이 읽은 책 속 인물의 성격을 쓰세요.

보기: 착하다 솔직하다 심술궂다 명랑하다 쾌활하다 게으르다 부지런하다 용감하다 씩씩하다 어리석다 영리하다 지혜롭다 다정하다 친절하다 무뚝뚝하다 꼼꼼하다 신중하다 덤벙대다 얌전하다 너그럽다 음흉하다

예 《흥부와 놀부》에서 제비 다리를 고쳐 준 흥부는 착하지만, 욕심을 내서 제비 다리를 일부러 부러뜨린 놀부는 정말 심술궂어.

예 《호랑이 형님》에서 호랑이를 형님이라고 부른 나무꾼은 지혜롭고, 어머니께 먹을 것을 가져다 준 호랑이는 참 착해.

120~121쪽

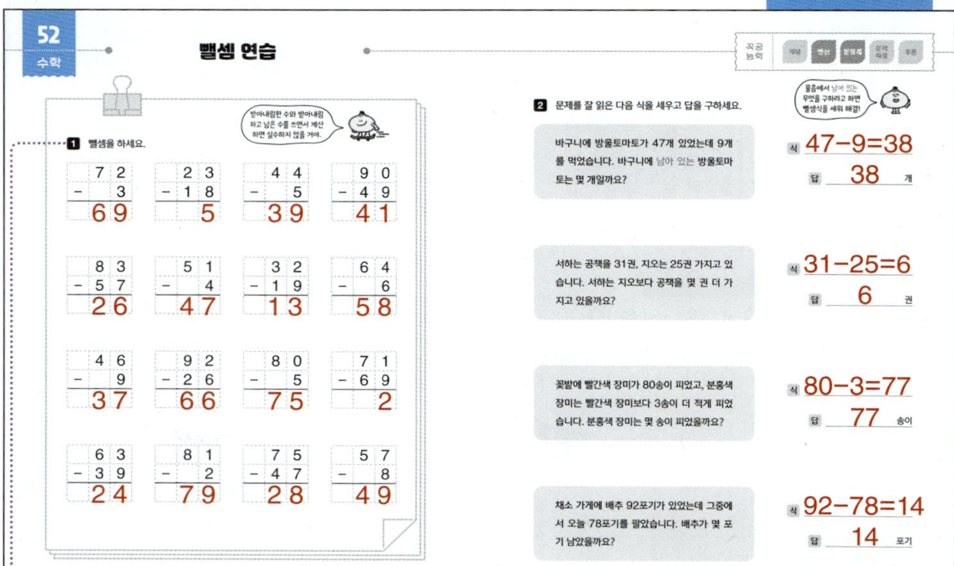

52 수학 뺄셈 연습

1 뺄셈을 하세요.

72−3=69, 23−18=5, 44−5=39, 90−49=41
83−57=26, 51−4=47, 32−19=13, 64−6=58
46−9=37, 92−26=66, 80−5=75, 71−69=2
63−39=24, 81−2=79, 75−47=28, 57−8=49

2 문제를 잘 읽은 다음 식을 세우고 답을 구하세요.
- 바구니에 방울토마토가 47개 있었는데 9개를 먹었습니다. 바구니에 남아 있는 방울토마토는 몇 개일까요? 식 47−9=38 답 38개
- 서하는 공책을 31권, 지오는 25권 가지고 있습니다. 서하는 지오보다 공책을 몇 권 더 가지고 있을까요? 식 31−25=6 답 6권
- 꽃밭에 빨간색 장미가 80송이 피었고, 분홍색 장미는 빨간색 장미보다 3송이 더 적게 피었습니다. 분홍색 장미는 몇 송이 피었을까요? 식 80−3=77 답 77송이
- 채소 가게에 배추 92포기가 있었는데 그중에서 오늘 78포기를 팔았습니다. 배추가 몇 포기 남았을까요? 식 92−78=14 답 14포기

tip 아이들이 '몇십'에서 빼는 것을 어려워합니다. 몇십은 일의 자리 수가 0이기 때문에 받아내림한 수 10에서 바로 일의 자리 수를 빼도록 지도해 주세요.

122~123쪽

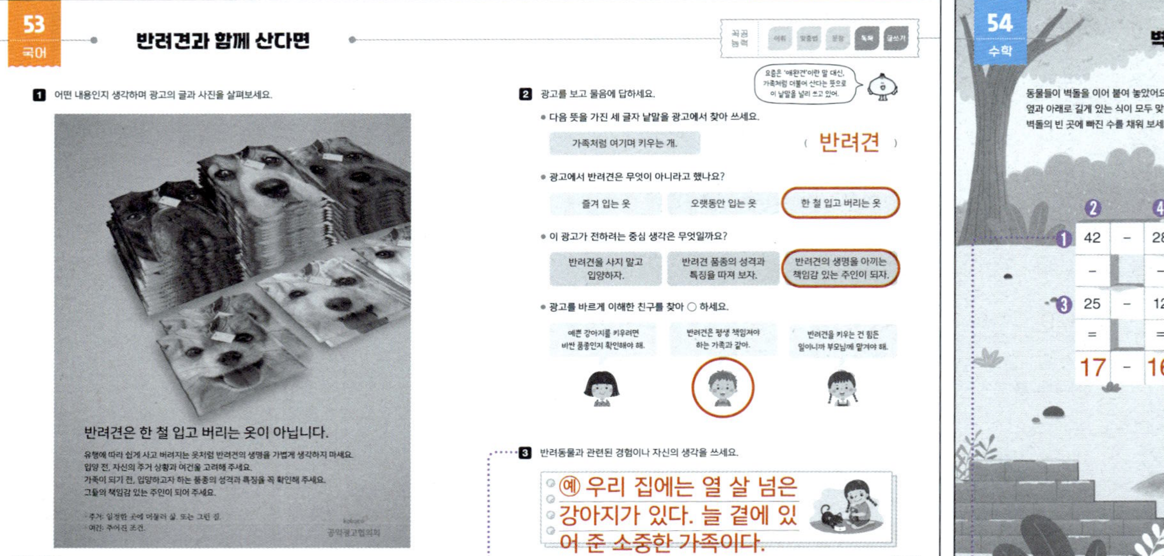

53 국어

반려견과 함께 산다면

1 어떤 내용인지 생각하며 광고의 글과 사진을 살펴보세요.

반려견은 한 철 입고 버리는 옷이 아닙니다.

2 광고를 보고 물음에 답하세요.

- 다음 뜻을 가진 세 글자 낱말을 광고에서 찾아 쓰세요.
  가족처럼 여기며 키우는 개. (반려견)
- 광고에서 반려견은 무엇이 아니라고 했나요?
  즐겨 입는 옷 / 오랫동안 입는 옷 / **한 철 입고 버리는 옷**
- 이 광고가 전하려는 중심 생각은 무엇일까요?
  반려견을 사지 말고 입양하자. / 반려견 품종의 성격과 특징을 따져 보자. / **반려견의 생명을 아끼는 책임감 있는 주인이 되자.**
- 광고를 바르게 이해한 친구를 찾아 ○ 하세요.

3 반려동물과 관련된 경험이나 자신의 생각을 쓰세요.

예 우리 집에는 열 살 넘은 강아지가 있다. 늘 곁에 있어 준 소중한 가족이다.

122 꼭공 2학년 / 1권 123

tip 반려동물을 키우거나 주변에서 본 경험, 또는 반려동물에 대한 생각을 자유롭게 쓸 수 있도록 지도해 주세요.

124~125쪽

54 수학

벽돌 공사

동물들이 벽돌을 이어 붙여 놓았어요. 옆과 아래로 길게 있는 식이 모두 맞아야 합니다. 벽돌의 빈 곳에 빠진 수를 채워 보세요.

풀이 ❶ 42-28=14 ❷ 42-25=17 ❸ 25-12=13 ❹ 28-12=16

풀이 ❺ 90-72=18 ❻ 72-45=27 ❼ 45-9=36 ❽ 81-27=54 ❾ 54-16=38 ❿ 62-7=55 ⓫ 55-47=8 ⓬ 73-54=19 ⓭ 54-34=20 ⓮ 34-19=15 ⓯ 31-15=16

126~127쪽

55 종합

꼭공 복습

1. ㉠에 들어갈 알맞은 말에 ○ 하세요. **마치고**
2. ㉡, ㉢을 바르게 고쳐 쓰세요. 거름 → **걸음**, 부쳐서 → **붙여서**
3. ⓔ에서 짐작할 수 있는 인물의 마음을 모두 고르세요. **②, ⑤**
4. 띄어 읽을 곳에 쐐기표를 넣고, 문장을 자연스럽게 읽어 보세요. 동생과 함께∨맘에 드는 스티커를 사고,∨집에 돌아왔다.
5. 빈칸에 알맞은 말을 보기 에서 찾아 문장을 완성하세요. (1) 규칙을 **반드시** 지키자. (2) 인터넷 속도가 **느리다**
6. (1) (30) (2) (80)
7. (1) 69 (2) 6 (3) 32 (4) 57 (5) 23 (6) 78
8. (1) 46-8=38 (2) 50-26=24 (3) 83-34=49
9. 식 51-39=12 답 12개
10. ❶ 54 ❷ 46 ❸ 8 ❹ 8

풀이 1. 맞춤법
'마치다'는 '하던 일이나 과정이 끝나다.'라는 뜻이고, '맞히다'는 '문제에 대한 답을 옳게 대다.'라는 뜻입니다. 두 낱말 모두 [마치다]로 발음이 같으나 글자는 다르므로, 헷갈리지 않도록 유의합니다. 이 글에서는 학교 수업이 끝났다는 뜻으로 '마치고'가 알맞습니다.

풀이 3. 독해
인물의 말이나 행동을 통해 인물의 마음을 짐작해 볼 수 있습니다. 스티커를 붙이고 나서 다이어리를 엄마와 동생에게 보여 주는 ⓔ의 행동에서, 뿌듯하고 자랑스러운 마음을 엿볼 수 있습니다.

풀이 6. 개념
(1) 3은 일의 자리로 10을 받아내림하고 남은 수이므로 30을 나타냅니다.
(2) 8은 일의 자리로 10을 받아내림하고 남은 수이므로 80을 나타냅니다.

풀이 10. 추론
❶ 63-9=54
❷ 63-17=46
❸ 46-38=8
❹ 54-46=8

130~131쪽

56 국어 보고 듣고 맡고 맛봐!

1 중요한 내용이 무엇인지 생각하며 글을 읽어 보세요.

안녕하세요! 저는 눈으로 세상을 보는 시각입니다. 저를 통해 색깔과 모양, 멀리 있는 것과 가까이 있는 것을 구분할 수 있지요. 제가 없으면 여러분은 세상을 제대로 볼 수 없을 거예요. 아름다운 풍경과 멋진 사물들을 모두 볼 수 있게 하니까요.

저는 코로 냄새를 맡는 후각입니다. 저를 통해 냄새의 종류와 강도를 구분하고, 냄새가 어디서 나는지 알 수 있지요. 제가 없으면 여러분은 세상의 냄새를 맡을 수 없을 거예요. 맛있는 음식 냄새와 향긋한 꽃향기, 그리고 친구들의 체취까지 맡을 수 있게 하니까요.

저는 귀로 소리를 듣는 청각입니다. 저를 통해 소리의 크기와 높낮이를 구분하고, 소리가 어디서 나는지 알 수 있지요. 제가 없으면 여러분은 세상의 소리를 들을 수 없을 거예요. 아름다운 음악과 새소리, 그리고 친구들의 목소리까지 들을 수 있게 하니까요.

저는 혀로 맛을 느끼는 미각입니다. 저를 통해 맛의 종류와 강도를 구분하고, 맛이 어떻게 느껴지는지 알 수 있지요. 제가 없으면 여러분은 세상의 맛을 느낄 수 없을 거예요. 달콤한 초콜릿과 새콤한 레몬 등 여러 가지 음식의 맛을 느낄 수 있게 하니까요.

저는 피부로 무언가 닿았을 때의 감각을 느끼는 촉각입니다. 저를 통해 무언가를 만지거나 몸에 닿는 느낌의 종류와 강도를 구분할 수 있지요. 제가 없으면 여러분은 세상의 촉감을 느낄 수 없을 거예요. 부드러운 이불과 차가운 얼음, 그리고 친구들의 손길까지 모두 느낄 수 있게 하니까요.

2 글을 읽고 물음에 답하세요.

- 다음과 같은 것을 느끼는 감각은 무엇인가요? 짜다, 맵다, 달다 (미각)
- 다섯 가지 감각과 신체 부위를 알맞게 선으로 이으세요. (시각–눈, 후각–코, 청각–귀, 미각–혀, 촉각–피부)

3 다섯 가지 감각의 이름과 하는 일을 정리해 보세요.

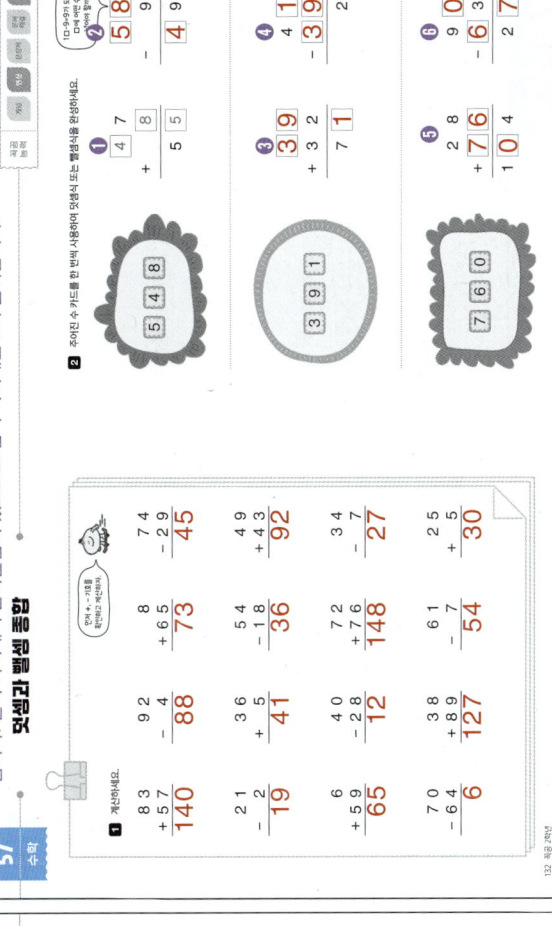

- 시각: 색깔과 모양, 멀리 있는 것과 가까이 있는 것을 구분한다.
- 후각: 예 냄새의 종류와 강도를 구분하고, 냄새가 어디서 나는지 안다.
- 청각: 소리의 크기와 높낮이를 구분하고, 소리가 어디서 나는지 안다.
- 미각: 예 맛의 종류와 강도를 구분하고, 맛이 어떻게 느껴지는지 안다.
- 촉각: 무언가를 만지거나 몸에 닿는 느낌의 종류와 강도를 구분한다.

tip 우리 몸의 눈, 코, 귀, 혀, 피부와 각 기관이 맡고 있는 감각(시각, 후각, 청각, 미각, 촉각)에 대한 글입니다. 각각의 감각이 어떤 것인지 알 수 있도록 지도해 주세요.

132~133쪽

57 수학 덧셈과 뺄셈 종합

1 계산하세요.

83+57=140	92−4=88	8+65=73	74−29=45
21−2=19	36+5=41	54−18=36	49+43=92
6+59=65	40−28=12	72+76=148	34−7=27
70−64=6	38+89=127	61−7=54	25+5=30

2 주어진 수 카드를 한 번씩 사용하여 덧셈식 또는 뺄셈식을 완성하세요.

① 47+8=55 ② 58−9=49 ③ 39+32=71 ④ 41−39=2 ⑤ 28+76=104 ⑥ 90−63=27

풀이 ① 5가 되려면 받아올림이 없을 때 5, 받아올림이 있을 때 4가 들어가야 합니다.
② 받아내림하면 1 작아지므로 십의 자리에 각각 5, 4가 들어갑니다.
③ 3과 더해서 7이 되려면 받아올림이 없을 때 4, 받아올림이 있을 때 3이 들어가야 합니다. 일의 자리에서 받아올림이 있으므로 십의 자리에는 3이 들어갑니다.
④ 4에서 빼서 0이 되려면 일의 자리로 받아내림이 있고, 3이 들어가야 합니다.
⑤ 일의 자리 계산에서 8과 더해서 14가 되려면 6, 십의 자리 계산에서 1+2와 더해서 받아올림이 있으려면 7이 들어가야 합니다.
⑥ 9에서 빼서 2가 되려면 일의 자리로 받아내림이 있고, 6이 들어가야 합니다.

134~135쪽

58 국어 일회용품 사용을 줄이자

1 중요한 내용이 무엇인지 생각하며 글을 읽어 보세요.

일회용품은 한 번만 쓰고 버리는 물건입니다. 빨대, 일회용 컵, 일회용 수저, 비닐봉지 등 우리 주변에서도 수많은 일회용품을 쉽게 발견할 수 있습니다. 이러한 일회용품을 많이 쓰면 어떤 문제점이 있을까요?

우선, 일회용품은 짧게 쓰고 금방 버려지므로 자원을 낭비하게 됩니다. 즉, 일회용품을 만들기 위해 사용한 종이, 플라스틱, 나무와 같은 자원들이 잠깐 쓰이고 버려지는 것입니다.

또한, 일회용품은 엄청난 양의 쓰레기를 남깁니다. 이 쓰레기들을 처리하는 데 많은 비용이 들고, 남은 쓰레기는 환경 오염의 원인이 됩니다. 쓰레기를 땅에 묻으면 분해 과정에서 토양이 오염되고, 불에 태웠을 때에도 해로운 물질이 나와 공기가 오염됩니다. 플라스틱으로 만든 일회용품은 분해되는 데 수백 년의 시간이 걸립니다.

그리고 함부로 버려진 일회용품은 바다로 흘러가 바다를 오염시키고 바다 생물들을 위험에 빠뜨립니다. 바다 생물들은 쓰레기를 먹이로 오해하고 삼켰다가 죽음에 이르기도 합니다. 비닐봉지를 삼켜 위가 막히거나, 주둥이에 허구가 끼어 굶어 죽는 일이 전 세계 바다에서 일어나고 있습니다.

지구의 환경과 다양한 생물들을 위해 지금부터라도 일회용품 사용을 줄여 나가야 합니다.

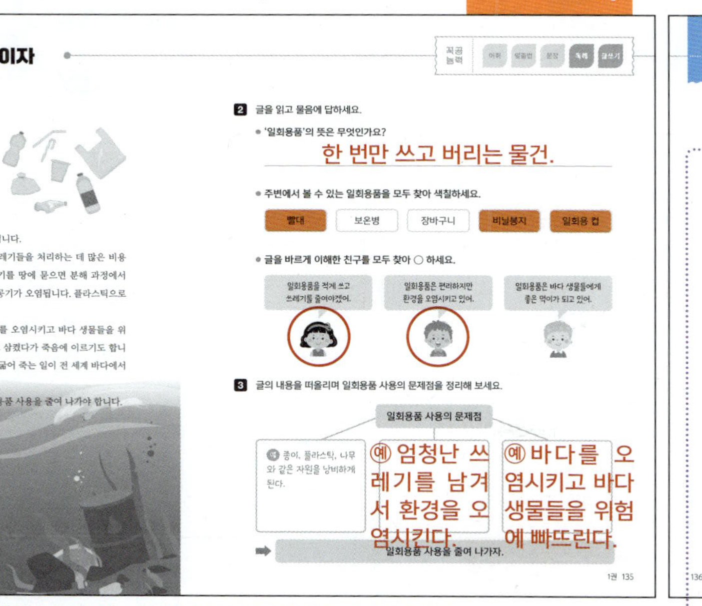

2 글을 읽고 물음에 답하세요.

- '일회용품'의 뜻은 무엇인가요? 한 번만 쓰고 버리는 물건.
- 주변에서 볼 수 있는 일회용품을 모두 찾아 색칠하세요. (빨대, 비닐봉지, 일회용 컵)
- 글을 바르게 이해한 친구를 모두 찾아 ○ 하세요. (일회용품을 적게 쓰고 쓰레기를 줄여야겠어. / 일회용품은 편리하지만 환경을 오염시키고 있어.)

3 글의 내용을 떠올리며 일회용품 사용의 문제점을 정리해 보세요.

일회용품 사용의 문제점
- 종이, 플라스틱, 나무와 같은 자원을 낭비하게 된다.
- 예 엄청난 쓰레기를 남겨서 환경을 오염시킨다.
- 예 바다를 오염시키고 바다 생물들을 위험에 빠뜨린다.

→ 일회용품 사용을 줄여 나가자.

tip 아이가 써 보았거나 주변에서 본 적 있는 일회용품에 대해 물어보고, 그 일회용품을 대신해 사용할 수 있는 것은 무엇이 있는지도 이야기를 나누어 보세요.

136~137쪽

59 수학 세 수의 계산

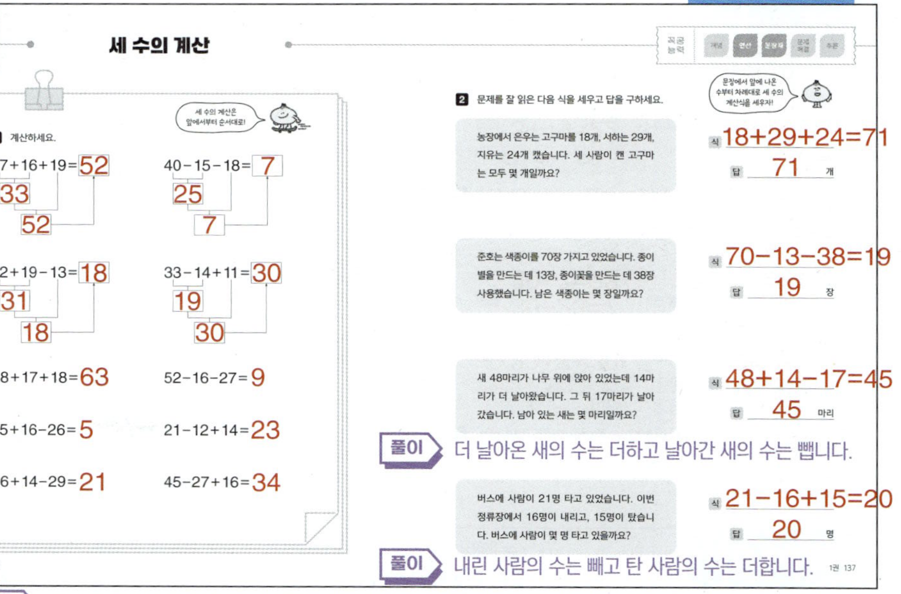

1 계산하세요.

17+16+19=52 (33, 52)	40−15−18=7 (25, 7)
12+19−13=18 (31, 18)	33−14+11=30 (19, 30)
28+17+18=63	52−16−27=9
15+16−26=5	21−12+14=23
36+14−29=21	45−27+16=34

2 문제를 잘 읽은 다음 식을 세우고 답을 구하세요.

- 농장에서 은우는 고구마를 18개, 서하는 29개, 지유는 24개 캤습니다. 세 사람이 캔 고구마는 모두 몇 개일까요? 식 18+29+24=71 답 71 개
- 준호는 색종이를 70장 가지고 있었습니다. 종이별을 만드는 데 13장, 종이꽃을 만드는 데 38장 사용했습니다. 남은 색종이는 몇 장일까요? 식 70−13−38=19 답 19 장
- 새 48마리가 나무 위에 앉아 있었는데 14마리가 더 날아왔습니다. 그 뒤 17마리가 날아갔습니다. 남아 있는 새는 몇 마리일까요? 식 48+14−17=45 답 45 마리

풀이 더 날아온 새의 수는 더하고 날아간 새의 수는 뺍니다.

- 버스에 사람이 21명 타고 있었습니다. 이번 정류장에서 16명이 내리고, 15명이 탔습니다. 버스에 사람이 몇 명 타고 있을까요? 식 21−16+15=20 답 20 명

풀이 내린 사람의 수는 빼고 탄 사람의 수는 더합니다.

tip 세 수의 덧셈은 앞에서부터 순서대로 하지 않아도 결과가 같지만 뺄셈이 섞여 있을 때는 순서대로 계산하지 않으면 올바른 답을 구할 수 없습니다. 앞에서부터 순서대로 계산하여 오류가 생기지 않도록 지도해 주세요.

138~139쪽

60 국어

장기자랑 뭐 하지?

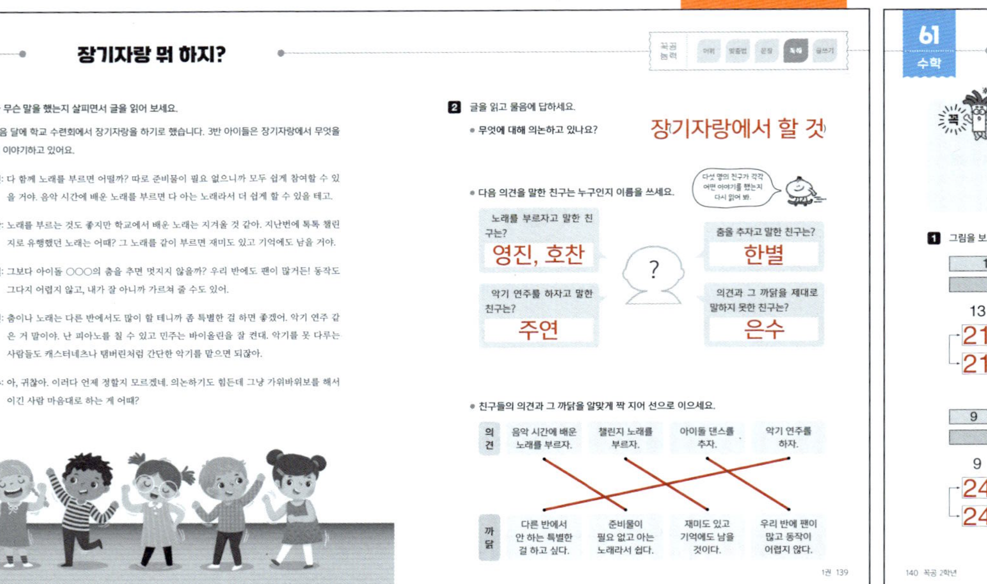

1 누가 무슨 말을 했는지 살피면서 글을 읽어 보세요.

다음 달에 학교 수련회에서 장기자랑을 하기로 했습니다. 3반 아이들은 장기자랑에서 무엇을 할지 이야기하고 있어요.

영진: 다 함께 노래를 부르면 어떨까? 따로 준비물이 필요 없으니까 모두 쉽게 참여할 수 있을 거야. 음악 시간에 배운 노래를 부르면 다 아는 노래라서 더 쉽게 할 수 있을 테고.

호찬: 노래를 부르는 것도 좋지만 학교에서 배운 노래는 지겨울 것 같아. 지난번에 톡톡 챌린지로 유행했던 노래는 어때? 그 노래를 같이 부르면 재미도 있고 기억에도 남을 거야.

한별: 그보다 아이돌 ○○○의 춤을 추면 멋지지 않을까? 우리 반에도 팬이 많거든! 동작도 그다지 어렵지 않고, 내가 잘 아니까 가르쳐 줄 수도 있어.

주연: 춤이나 노래는 다른 반에서도 많이 할 테니까 좀 특별한 걸 하면 좋겠어. 악기 연주 같은 거 말이야. 난 피아노를 칠 수 있고 민주는 바이올린을 잘 켠대. 악기를 못 다루는 사람들도 캐스터네츠나 탬버린처럼 간단한 악기를 맡으면 되잖아.

은수: 아, 귀찮아. 이러다 언제 정할지 모르겠네. 의논하기도 힘든데 그냥 가위바위보를 해서 이긴 사람 마음대로 하는 게 어때?

2 글을 읽고 물음에 답하세요.

• 무엇에 대해 의논하고 있나요? 장기자랑에서 할 것

• 다음 의견을 말한 친구는 누구인지 이름을 쓰세요.

- 노래를 부르자고 말한 친구는? 영진, 호찬
- 춤을 추자고 말한 친구는? 한별
- 악기 연주를 하자고 말한 친구는? 주연
- 의견과 그 까닭을 제대로 말하지 못한 친구는? 은수

• 친구들의 의견과 그 까닭을 알맞게 짝 지어 선으로 이으세요.

의견	음악 시간에 배운 노래를 부르자.	챌린지 노래를 부르자.	아이돌 댄스를 추자.	악기 연주를 하자.
까닭	다른 반에서 안 하는 특별한 걸 하고 싶다.	준비물이 필요 없고 아는 노래라서 쉽다.	재미도 있고 기억에도 남을 것이다.	우리 반에 팬이 많고 동작이 어렵지 않다.

tip 글을 읽고 각 인물의 의견과 그 까닭을 파악해 봅니다. 더 나아가, 어떤 의견에 찬성하는지, 또는 다른 의견이 있는지 등 아이의 의견까지 물어봐 주세요.

140~141쪽

tip '부분'과 '부분'을 더하면 '전체'가 되고 '전체'에서 '부분'을 빼면 다른 '부분'이 됩니다. '전체'와 '부분'의 관계를 생각하면서 식을 만들 수 있도록 지도해 주세요.

61 수학

덧셈과 뺄셈의 관계

덧셈식을 뺄셈식으로 나타내기: 6+3=9 → 9−6=3, 9−3=6

뺄셈식을 덧셈식으로 나타내기: 5−3=2 → 3+2=5, 2+3=5

1 그림을 보고 덧셈식을 뺄셈식으로, 뺄셈식을 덧셈식으로 나타내세요.

- 13 + 8 = 21 → 21−13=8, 21−8=13
- 12 − 5 = 7 → 5+7=12, 7+5=12
- 9 + 15 = 24 → 24−9=15, 24−15=9
- 25 − 19 = 6 → 19+6=25, 6+19=25

2 그림에 알맞은 덧셈식과 뺄셈식을 각각 2개씩 만드세요.

- (23, 7, 30) 덧셈식: 23+7=30, 7+23=30 / 뺄셈식: 30−23=7, 30−7=23
- (8, 18, 26) 덧셈식: 8+18=26, 18+8=26 / 뺄셈식: 26−8=18, 26−18=8

3 세 수를 이용하여 덧셈식과 뺄셈식을 각각 2개씩 만드세요.

- 3, 19, 22 덧셈식: 3+19=22, 19+3=22 / 뺄셈식: 22−3=19, 22−19=3
- 14, 20, 6 덧셈식: 14+6=20, 6+14=20 / 뺄셈식: 20−14=6, 20−6=14

풀이 7+□=12에서 7+5=12이므로 □=5입니다. □+8=16에서 8+8=16이므로 □=8입니다.

142~143쪽

62 국어

최고의 음식 선발 대회

1 누가 무슨 말을 했는지 살피면서 글을 읽어 보세요.

최고의 음식을 뽑는 대회가 열렸습니다. 여러 가지 음식들이 모여 누가 더 대단하고 훌륭한지 자신을 뽐냈습니다.

먼저 돈가스가 나섰습니다.

"두툼한 고기에 바삭바삭 튀김옷! 맛있고 든든한 나를 모르는 사람 있어? 어린이 정식에도 늘 들어가는 내가 맛으로도 인기로도 최고지."

햄버그스테이크가 고개를 끄덕였습니다.

그러자 김밥이 벌떡 일어났습니다.

"잠깐! 인기로 따지면 나 김밥이 최고지. 소풍이나 운동회 같은 특별한 날에 내가 빠지는 거 봤어? 게다가 한입에 쏙, 먹기도 편하고 다양한 재료로 영양까지 챙겼잖아."

구석에 있던 오므라이스도 손을 들었습니다.

"저기, 얘들아⋯ 내 계란옷 좀 봐 줄래? 내 옷은 예쁘기도 하지만, 부들부들해서 먹기도 편하고 술술 넘어간다고."

저쪽에서 피자가 데굴데굴 굴러왔습니다.

"특별한 음식 하면 나를 빼놓으면 안 되지. 흔들흔들 치즈 가득! 원하는 대로 요것조것 토핑도 고를 수 있지."

떡볶이가 통통 튀어 오르며 끼어들었습니다.

"너네들 나를 잊은 거야? 내 쫄깃한 떡과 매콤달콤 소스가 얼마나 특별한데. 나야말로 학교 앞 분식집의 최고 인기 메뉴라고!"

떡볶이의 단짝 친구 튀김이 열심히 박수를 쳤습니다.

과연 누가 최고의 음식이 되어야 할까요?

2 글을 읽고 물음에 답하세요.

• 무슨 대회가 열렸나요? 최고의 음식 선발 대회

• 자신의 매력을 자랑한 음식이 아닌 것에 모두 × 하세요.

김밥 / ~~피자~~ ✕ / 돈가스 / 떡볶이 / ~~햄버그스테이크~~ ✕

• 두툼한 고기와 바삭바삭한 튀김옷이 특징인 음식은 무엇인가요? (돈가스)

3 다음 음식이 자신이 최고라고 말한 까닭은 무엇인지 쓰세요.

- 김밥: 특별한 날에 빠지지 않고, 먹기도 편하며, 영양도 많다.
- 떡볶이: 떡과 소스가 특별하고, 학교 앞 분식집의 인기 메뉴이다.

4 자신이 최고라고 생각하는 음식은 무엇인가요? 까닭과 함께 자신의 생각을 쓰세요.

예 나는 불고기가 최고라고 생각해. 고기가 부드럽고 맛도 달콤하고 짭쪼름해서 누구나 맛있게 먹을 수 있기 때문이지.

풀이 글 속 인물의 의견과 그 까닭을 살펴본 다음, 내 생각까지 표현할 수 있게 연습합니다. 정해진 답은 없으므로 아이가 알맞은 까닭과 함께 자신의 생각을 말할 수 있는지 확인하고 공감해 주세요.

144~145쪽

63 수학

□가 있는 식

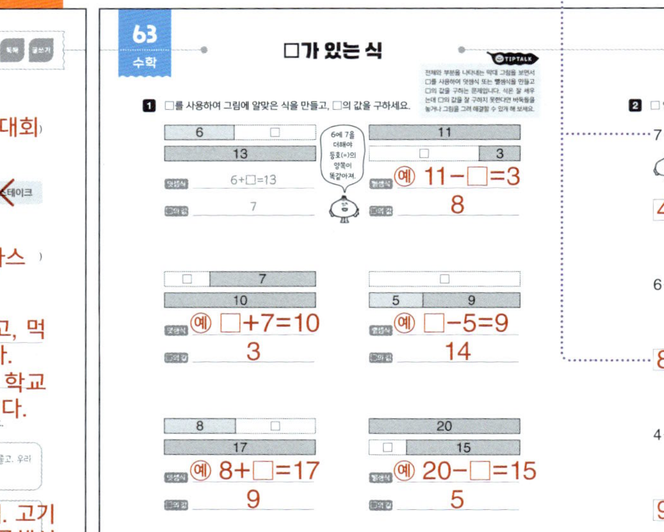

1 □를 사용하여 그림에 알맞은 식을 만들고, □의 값을 구하세요.

- (6, □, 13) 덧셈식: 6+□=13 / □의 값: 7
- (11, □, 3) 뺄셈식: 예 11−□=3 / □의 값: 8
- (□, 7, 10) 덧셈식: 예 □+7=10 / □의 값: 3
- (□, 5, 9) 뺄셈식: 예 □−5=9 / □의 값: 14
- (8, □, 17) 덧셈식: 예 8+□=17 / □의 값: 9
- (20, □, 15) 뺄셈식: 예 20−□=15 / □의 값: 5

2 □ 안에 알맞은 수를 써넣으세요.

7+5=12	13−9=4
4+9=13	10−3=7
6+9=15	12−4=8
8+8=16	11−6=5
4+7=11	14−8=6
9+5=14	17−8=9

풀이 13−□=4에서 13−9=4이므로 □=9입니다. □−6=5에서 11−6=5이므로 □=11입니다.

146~147쪽

148~149쪽

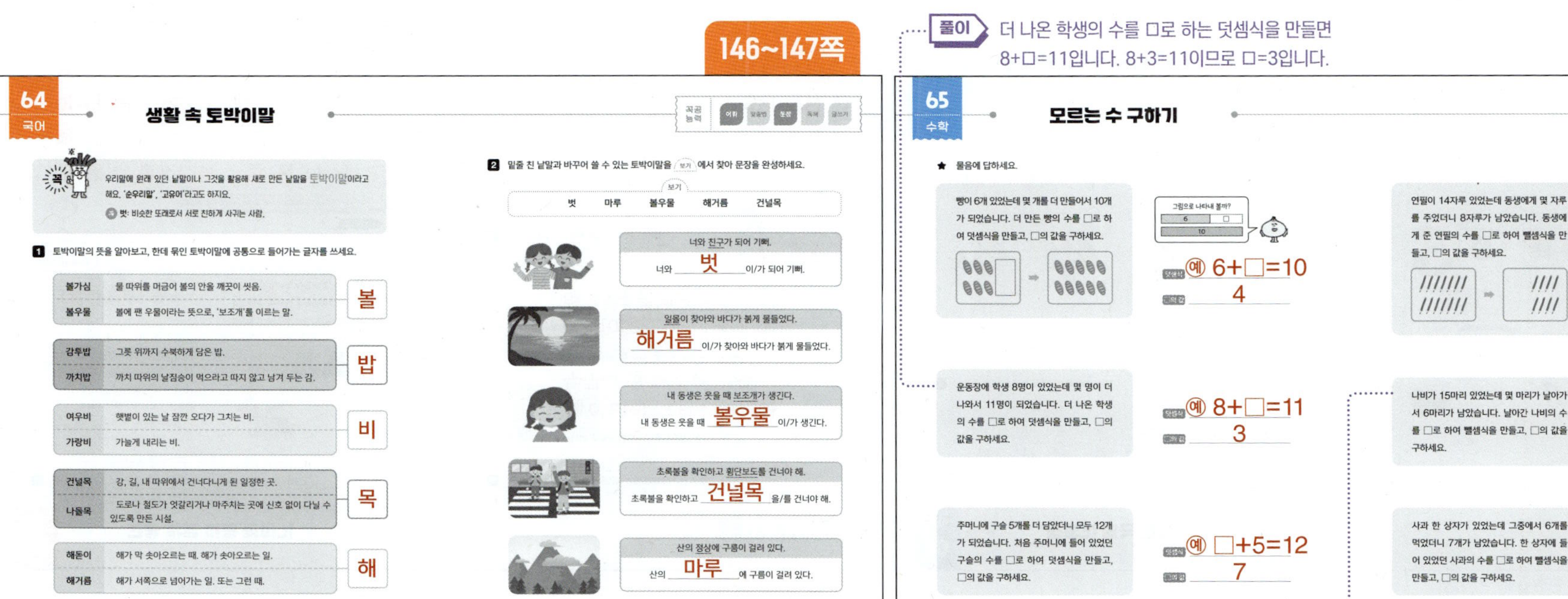

64 국어

생활 속 토박이말

우리말에 원래 있던 낱말이나 그것을 활용해 새로 만든 낱말을 토박이말이라고 해요. '순우리말', '고유어'라고도 하지요.

벗: 비슷한 또래로서 서로 친하게 사귀는 사람.

1 토박이말의 뜻을 알아보고, 한데 묶인 토박이말에 공통으로 들어가는 글자를 쓰세요.

토박이말	뜻	글자
봄가심	봄 따위를 머금어 봄의 안을 깨끗이 씻음.	볼
볼우물	볼에 팬 우물이라는 뜻으로, '보조개'를 이르는 말.	
감투밥	그릇 위까지 수북하게 담은 밥.	밥
까치밥	까치 따위의 날짐승이 먹으라고 따지 않고 남겨 두는 감.	
여우비	햇볕이 있는 날 잠깐 오다가 그치는 비.	비
가랑비	가늘게 내리는 비.	
건널목	강, 길, 내 따위에서 건너다니게 된 일정한 곳.	목
나들목	도로나 철도가 엇갈리거나 마주치는 곳에 신호 없이 다닐 수 있도록 만든 시설.	
해돋이	해가 막 솟아오르는 때. 해가 솟아오르는 일.	해
해거름	해가 서쪽으로 넘어가는 일. 또는 그런 때.	

2 밑줄 친 낱말과 바꾸어 쓸 수 있는 토박이말을 보기에서 찾아 문장을 완성하세요.

보기: 벗 마루 볼우물 해거름 건널목

- 너와 친구가 되어 기뻐. → 너와 벗 이/가 되어 기뻐.
- 일몰이 찾아와 바다가 붉게 물들었다. → 해거름 이/가 찾아와 바다가 붉게 물들었다.
- 내 동생은 웃을 때 보조개가 생긴다. → 내 동생은 웃을 때 볼우물 이/가 생긴다.
- 초록불을 확인하고 횡단보도를 건너야 해. → 초록불을 확인하고 건널목 을/를 건너야 해.
- 산의 정상에 구름이 걸려 있다. → 산의 마루 에 구름이 걸려 있다.

146 꼭공 2학년 / 1권 147

65 수학

모르는 수 구하기

★ 물음에 답하세요.

빵이 6개 있었는데 몇 개를 더 만들어서 10개가 되었습니다. 더 만든 빵의 수를 □로 하여 덧셈식을 만들고, □의 값을 구하세요.

덧셈식 예 6+□=10 / □의 값 4

운동장에 학생 8명이 있었는데 몇 명이 더 나와서 11명이 되었습니다. 더 나온 학생의 수를 □로 하여 덧셈식을 만들고, □의 값을 구하세요.

덧셈식 예 8+□=11 / □의 값 3

주머니에 구슬 5개를 더 담았더니 모두 12개가 되었습니다. 처음 주머니에 들어 있었던 구슬의 수를 □로 하여 덧셈식을 만들고, □의 값을 구하세요.

덧셈식 예 □+5=12 / □의 값 7

연필이 14자루 있었는데 동생에게 몇 자루를 주었더니 8자루가 남았습니다. 동생에게 준 연필의 수를 □로 하여 뺄셈식을 만들고, □의 값을 구하세요.

뺄셈식 예 14−□=8 / □의 값 6

나비가 15마리 있었는데 몇 마리가 날아가서 6마리가 남았습니다. 날아간 나비의 수를 □로 하여 뺄셈식을 만들고, □의 값을 구하세요.

뺄셈식 예 15−□=6 / □의 값 9

사과 한 상자가 있었는데 그중에서 6개를 먹었더니 7개가 남았습니다. 한 상자에 들어 있었던 사과의 수를 □로 하여 뺄셈식을 만들고, □의 값을 구하세요.

뺄셈식 예 □−6=7 / □의 값 13

148 꼭공 2학년 / 1권 149

풀이 더 나온 학생의 수를 □로 하는 덧셈식을 만들면 8+□=11입니다. 8+3=11이므로 □=3입니다.

풀이 날아간 나비의 수를 □로 하는 뺄셈식을 만들면 15−□=6입니다. 15−9=6이므로 □=9입니다.

150~151쪽

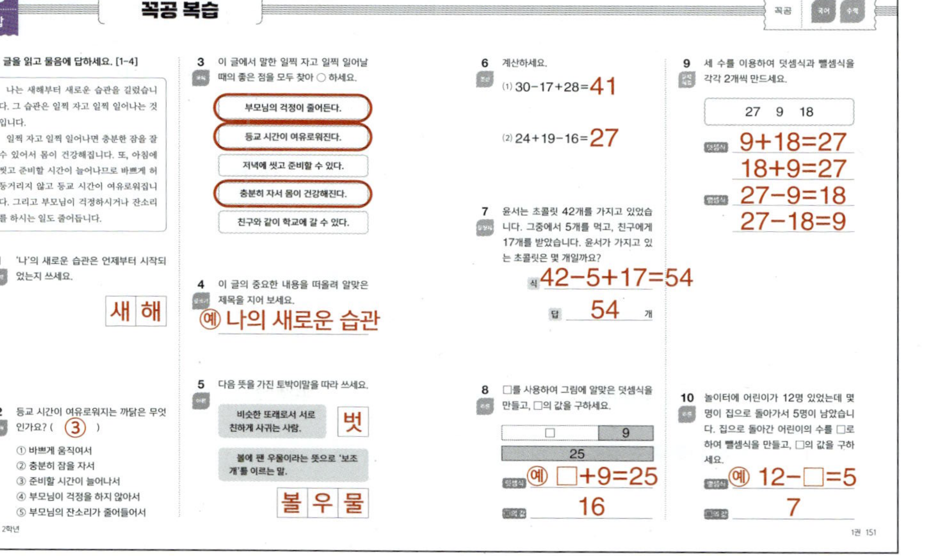

66 종합

꼭공 복습

★ 글을 읽고 물음에 답하세요. [1~4]

나는 새해부터 새로운 습관을 길렀습니다. 그 습관은 일찍 자고 일찍 일어나는 것입니다.

일찍 자고 일찍 일어나면 충분한 잠을 잘 수 있어서 몸이 건강해집니다. 또, 아침에 씻고 준비할 시간이 늘어나므로 바쁘게 허둥거리지 않고 등교 시간이 여유로워집니다. 그리고 부모님이 걱정하시거나 잔소리를 하시는 일도 줄어듭니다.

1 '나'의 새로운 습관은 언제부터 시작되었는지 쓰세요. 새해

2 등교 시간이 여유로워지는 까닭은 무엇인가요? (③)
① 바쁘게 움직여서
② 충분히 잠을 자서
③ 준비할 시간이 늘어나서
④ 부모님이 걱정을 하지 않아서
⑤ 부모님의 잔소리가 줄어들어서

3 이 글에서 말한 일찍 자고 일찍 일어날 때의 좋은 점을 모두 찾아 ○ 하세요.
부모님의 걱정이 줄어든다. (○) / 등교 시간이 여유로워진다. (○) / 저녁에 씻고 준비할 수 있다. / 충분히 자서 몸이 건강해진다. (○) / 친구와 같이 학교에 갈 수 있다.

4 이 글의 중요한 내용을 떠올려 알맞은 제목을 지어 보세요. 예 나의 새로운 습관

5 다음 뜻을 가진 토박이말을 따라 쓰세요.
비슷한 또래로서 서로 친하게 사귀는 사람. 벗
볼에 팬 우물이라는 뜻으로 '보조개'를 이르는 말. 볼우물

6 계산하세요.
(1) 30−17+28=41
(2) 24+19−16=27

7 윤서는 초콜릿 42개를 가지고 있었습니다. 그중에서 5개를 먹고, 친구에게 17개를 받았습니다. 윤서가 가지고 있는 초콜릿은 몇 개일까요?
식 42−5+17=54 / 답 54 개

8 □를 사용하여 그림에 알맞은 덧셈식을 만들고, □의 값을 구하세요.
덧셈식 예 □+9=25 / □의 값 16

9 세 수를 이용하여 덧셈식과 뺄셈식을 각각 2개씩 만드세요.
27 9 18
덧셈식 9+18=27, 18+9=27
뺄셈식 27−9=18, 27−18=9

10 놀이터에 어린이가 12명 있었는데 몇 명이 집으로 돌아가서 5명이 남았습니다. 집으로 돌아간 어린이의 수를 □로 하여 뺄셈식을 만들고, □의 값을 구하세요.
뺄셈식 예 12−□=5 / □의 값 7

150 꼭공 2학년 / 1권 151

풀이 **3. 독해**

글의 두 번째 문단에서, 일찍 자고 일찍 일어날 때의 좋은 점을 알 수 있습니다. 충분한 잠을 잘 수 있어 몸이 건강해지고, 씻고 준비할 시간이 늘어나 등교 시간이 여유로워지며, 부모님의 걱정이나 잔소리가 줄어든다고 하였습니다.

풀이 **4. 글쓰기**

이 글은 새해부터 시작한 새로운 습관(일찍 자고 일찍 일어나기)에 대한 내용입니다. 일찍 자고 일찍 일어날 때의 좋은 점도 자세히 담고 있어, 제시된 답 외에 '일찍 자고 일찍 일어나자'와 같은 제목도 어울립니다.

풀이 **6. 연산**

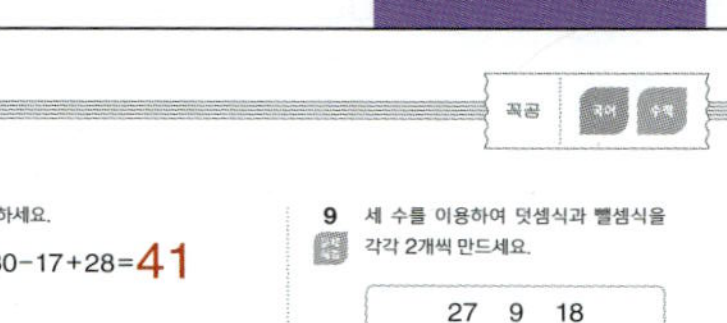

풀이 **9. 문제해결**

가장 큰 수 27을 덧셈식에서 계산 결과로 생각하면 9+18=27, 18+9=27입니다.

가장 큰 수 27은 뺄셈식에서 빼어지는 수가 되므로 27−9=18, 27−18=9입니다.

154~155쪽

67 국어 오늘의 일기

1 어떤 일에 대해 썼는지 생각하며 일기를 읽어 보세요.

2○○○년 5월 11일 토요일 날씨: 맑음

뮤지컬 본 날

엄마, 아빠, 동생과 함께 문화 회관에 뮤지컬을 보러 갔다. 내가 좋아하는 판타지 동화가 뮤지컬이라고 해서 무척 기대가 되었다.

뮤지컬의 주인공은 운세 어린 마법사였는데, 책에서 상상했던 것보다 훨씬 더 멋있었다. 주인공 마법사와 동물 친구들은 힘을 합쳐 나쁜 마녀를 물리쳤다. 마녀가 항아리에 갇히는 장면이 참 통쾌했다. 마지막에 주인공이 신나는 주제곡을 부르며 하늘을 나는 장면이 가장 인상 깊었다. 공연이 끝난 뒤, 마법사와 사진도 찍었다. 기뻐서 심장이 쿵쿵 뛰었다!

집에 오는 길에는 맛있는 피자도 먹었다. 집에 와서 동생이 우리 집 강아지 초코를 로로라고 불러서 웃었다. 로로는 뮤지컬에서 주인공의 친구로 나온 고양이인데, 동생은 로로가 기억에 남았나 보다.

재미있는 뮤지컬도 보고, 맛있는 피자까지 먹고 오늘은 참 행복한 날이었다.

2 글을 읽고 물음에 답하세요.

- 일기에 드러난 중요한 사건은 무엇인가요?

가족과 함께 (뮤지컬)을/를 본 일

- 글쓴이가 뮤지컬에서 가장 인상 깊게 본 장면은 무엇인가요?

마녀가 항아리에 갇히는 장면 / 주인공과 동물 친구들이 춤을 추는 장면 / **주인공이 주제곡을 부르며 하늘을 나는 장면** (정답)

- 일이 일어난 차례대로 번호를 쓰세요.

가족과 함께 뮤지컬을 봄.	집에 오다가 피자를 먹음.	주인공 마법사와 사진을 찍음.	동생이 우리 집 강아지를 로로라고 부름.
1	3	2	4

3 글쓴이와 비슷한 경험을 떠올려 짧은 글을 쓰세요.

예 가족들과 영화를 보았다. 가난한 주인공이 소원을 들어주는 요정을 만나 왕자가 되는 내용이었다. 나도 그런 요정을 만나고 싶다고 생각했다.

tip 재미있는 공연이나 영화, 전시 등을 보고 듣는 것은 아이에게 기억에 남는 경험이자 글감이 될 수 있습니다. 비슷한 경험에 대해 물어보고, 글로 쓸 수 있도록 이끌어 주세요.

tip 곱셈 개념을 배우기 전 물건의 수를 뛰어 세기와 묶어 세기로 알아보는 학습입니다.
같은 수로 묶어 세기 ➡ 같은 수를 여러 번 더하기 ➡ 곱셈

156~157쪽

68 수학 같은 수로 묶어 세기

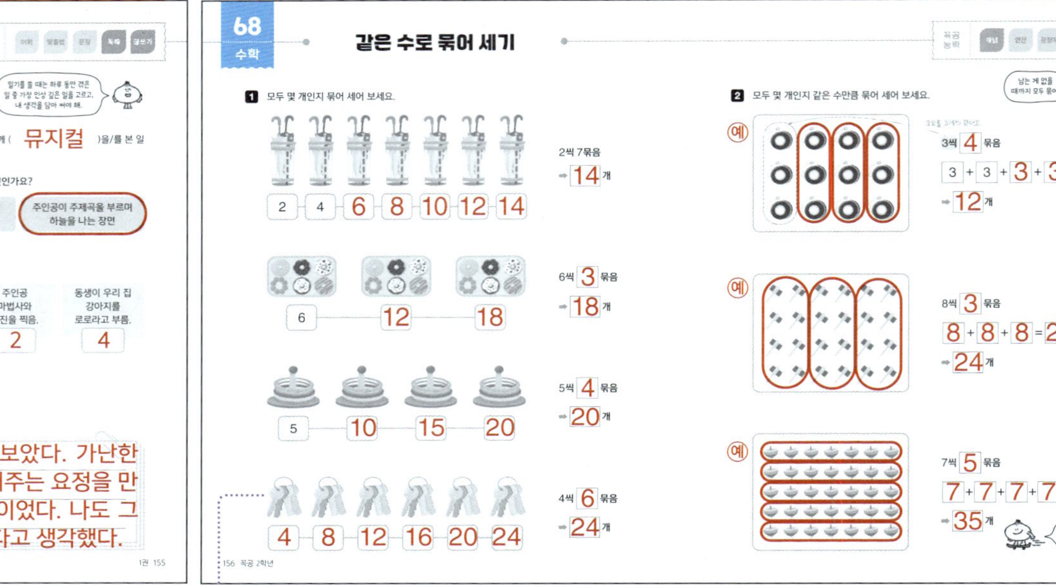

1 모두 몇 개인지 묶어 세어 보세요.

2 - 4 - 6 - 8 - 10 - 12 - 14 / 2씩 7묶음 ➡ 14개

6 - 12 - 18 / 6씩 3묶음 ➡ 18개

5 - 10 - 15 - 20 / 5씩 4묶음 ➡ 20개

4 - 8 - 12 - 16 - 20 - 24 / 4씩 6묶음 ➡ 24개

풀이 열쇠의 수는 4씩 6묶음이므로 4, 8, 12, 16, 20, 24로 세어 열쇠는 모두 24개입니다.

2 모두 몇 개인지 같은 수만큼 묶어 세어 보세요.

예 3씩 4묶음 / 3 + 3 + 3 + 3 = 12 ➡ 12개

예 8씩 3묶음 / 8 + 8 + 8 = 24 ➡ 24개

예 7씩 5묶음 / 7 + 7 + 7 + 7 + 7 = 35 ➡ 35개

tip 물건의 수를 비교하는 배의 개념은 이해하기 어려울 수 있습니다. 문제와 같은 상황을 통해 배의 개념을 이해할 수 있도록 해 주세요.

158~159쪽

69 국어 고운 말로 마음 전하기

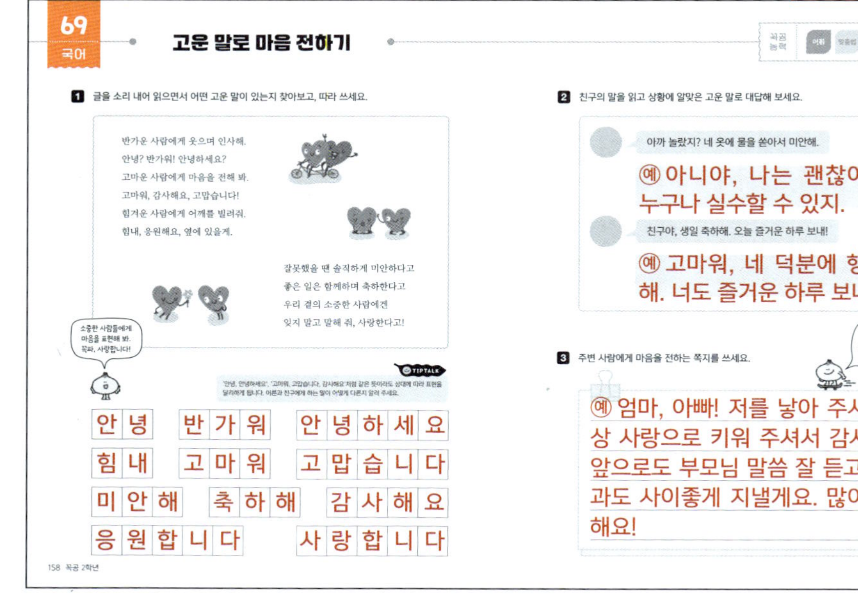

1 글을 소리 내어 읽으면서 어떤 고운 말이 있는지 찾아보고, 따라 쓰세요.

반가운 사람에게 웃으며 인사해.
안녕? 반가워! 안녕하세요?
고마운 사람에게 마음을 전해 봐.
고마워, 감사해요, 고맙습니다!
힘겨운 사람에게 어깨를 빌려줘.
힘내, 응원해요, 옆에 있을게.

잘못했을 땐 솔직하게 미안하다고
좋은 일은 함께하며 축하한다고
우리 곁의 소중한 사람에겐
잊지 말고 말해 줘, 사랑한다고!

안녕 / 반가워 / 안녕하세요
힘내 / 고마워 / 고맙습니다
미안해 / 축하해 / 감사해요
응원합니다 / 사랑합니다

2 친구의 말을 읽고 상황에 알맞은 고운 말로 대답해 보세요.

아까 놀랐지? 네 옷에 물을 쏟아서 미안해.
예 아니야, 나는 괜찮아. 누구나 실수할 수 있지.

친구야, 생일 축하해. 오늘 즐거운 하루 보내!
예 고마워, 네 덕분에 행복해. 너도 즐거운 하루 보내!

3 주변 사람에게 마음을 전하는 쪽지를 쓰세요.

예 엄마, 아빠! 저를 낳아 주시고 항상 사랑으로 키워 주셔서 감사해요. 앞으로도 부모님 말씀 잘 듣고, 동생과도 사이좋게 지낼게요. 많이 사랑해요!

160~161쪽

70 수학 묶음과 배는 같아!

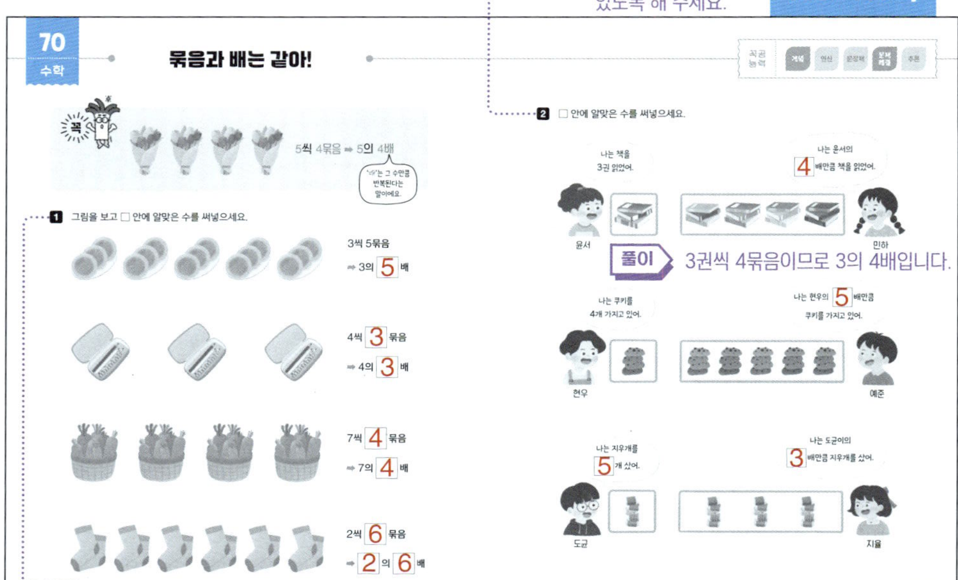

5씩 4묶음 ➡ 5의 4배

1 그림을 보고 □ 안에 알맞은 수를 써넣으세요.

3씩 5묶음 ➡ 3의 5배

4씩 3묶음 ➡ 4의 3배

7씩 4묶음 ➡ 7의 4배

2씩 6묶음 ➡ 2의 6배

tip '배'는 묶음과 같은 뜻으로 곱셈 표현입니다. ●씩 ▲묶음 ➡ ●의 ▲배
앞으로 많이 나오는 말이므로 익숙해질 수 있도록 지도해 주세요.

2 □ 안에 알맞은 수를 써넣으세요.

윤서: 나는 책을 3권 읽었어. / 민하: 나는 윤서의 4배만큼 책을 읽었어.

풀이 3권씩 4묶음이므로 3의 4배입니다.

현우: 나는 쿠키를 4개 가지고 있어. / 예준: 나는 현우의 5배만큼 쿠키를 가지고 있어.

도균: 나는 지우개를 5개 샀어. / 지율: 나는 도균이의 3배만큼 지우개를 샀어.

162~163쪽

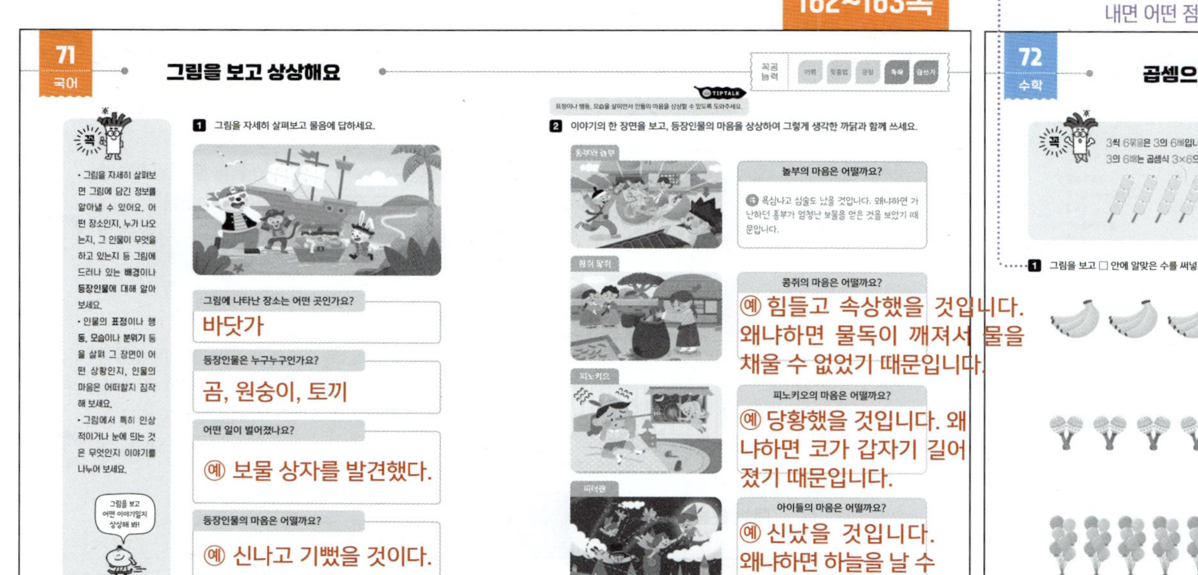

71 국어 그림을 보고 상상해요

1 그림을 자세히 살펴보고 물음에 답하세요.

- 그림에 나타난 장소는 어떤 곳인가요? 바닷가
- 등장인물은 누구누구인가요? 곰, 원숭이, 토끼
- 어떤 일이 벌어졌나요? 예 보물 상자를 발견했다.
- 등장인물의 마음은 어떨까요? 예 신나고 기뻤을 것이다.

2 이야기의 한 장면을 보고, 등장인물의 마음을 상상하여 그렇게 생각한 까닭과 함께 쓰세요.

- 놀부의 마음은 어떨까요? 예 욕심나고 심술도 났을 것입니다. 왜냐하면 가난하던 흥부가 엄청난 보물을 얻은 것을 보았기 때문입니다.
- 콩쥐의 마음은 어떨까요? 예 힘들고 속상했을 것입니다. 왜냐하면 물독이 깨져서 물을 채울 수 없었기 때문입니다.
- 피노키오의 마음은 어떨까요? 예 당황했을 것입니다. 왜냐하면 코가 갑자기 길어졌기 때문입니다.
- 아이들의 마음은 어떨까요? 예 신났을 것입니다. 왜냐하면 하늘을 날 수 있었기 때문입니다.

풀이 정해진 답은 없지만 그림에 나타난 상황과 인물의 모습을 제대로 파악하고, 그에 따른 생각과 까닭을 썼는지 확인해 주세요. 그리고 자신이 그런 상황이라면 어떤 기분이 들지도 이야기를 나누어 보세요.

164~165쪽

tip 몇 배는 같은 수가 여러 번 반복될 때 사용하는 말입니다. 몇 배를 덧셈과 곱셈으로 나타내 보면서 곱셈이 덧셈과 어떤 점이 다른지, 곱셈으로 나타내면 어떤 점이 좋은지 아이 스스로 설명할 수 있도록 물어봐 주세요.

72 수학 곱셈으로 나타내기

3씩 6묶음은 3의 6배입니다. 3의 6배는 곱셈식 3×6으로 씁니다.

1 그림을 보고 □ 안에 알맞은 수를 써넣으세요.

- 5의 3배 → 5×3 → 5+5+5
- 2의 4배 → 2×4 → 2+2+2+2
- 7의 5배 → 7×5 → 7+7+7+7+7

2 그림을 보고 여러 가지 방법으로 나타내세요.

	의자 다리의 수	자전거 바퀴의 수	개미 다리의 수	토끼풀 잎의 수
묶음	4씩 3묶음	2씩 6묶음	6씩 4묶음	3씩 5묶음
배	4의 3배	2의 6배	6의 4배	3의 5배
덧셈식	4+4+4	2+2+2+2+2+2	6+6+6+6	3+3+3+3+3
곱셈식	4×3	2×6	6×4	3×5

166~167쪽

73 국어 생각이나 느낌을 표현해요

1 이야기 속 장면을 상상하며 글을 읽어 보세요.

2 글을 읽고 물음에 답하세요.

- 책의 주인공은 누구와 누구인가요? (왕자와 거지)
- 글쓴이가 가장 기억에 남는다고 한 장면은 무엇인가요? 에드워드가 신분을 되찾고 왕이 되는 장면
- 글쓴이가 생각하거나 느낀 점을 모두 고르세요.
  - 다시 거지가 된 톰이 고생하게 되어 안타까워. ( )
  - 에드워드는 국민들의 생활을 잘 아니까 좋은 왕이 될 거야. (○)
  - 자신의 삶에 만족하며 현재에 최선을 다하는 것이 중요해. (○)

3 자신이 읽은 책 중 하나를 골라 기억에 남는 장면과 생각이나 느낌을 정리해 보세요.

책 제목	예 흥부와 놀부
기억에 남는 장면과 까닭	예 박에서 보물이 나오는 장면, 착한 흥부가 보답을 받는 것 같아 기뻤기 때문이다.
생각이나 느낌	예 작은 일이라도 착한 일을 많이 해야겠다.

풀이 책의 주인공은 왕자 에드워드와 거지 톰입니다. '왕자, 거지' 또는 '에드워드, 톰' 모두 맞는 답으로 확인해 주세요.

168~169쪽

tip 곱은 덧셈의 합과 같습니다. 2학기 때 곱셈구구를 배우면 이 덧셈 과정을 수월하게 할 수 있습니다. 지금은 덧셈과 곱셈의 관계에 집중하여 곱셈의 곱을 구할 수 있도록 지도해 주세요.

74 수학 곱 구하기

8 × 5 = 40 (8+8+8+8+8=40). 8 곱하기 5는 40과 같습니다. 8과 5의 곱은 40입니다.

1 모두 몇 개인지 덧셈식으로 구하고, 곱셈식으로 나타내세요.

- 6+6+6+6=24, 6×4=24
- 7+7+7=21, 7×3=21
- 4+4+4+4+4=20, 4×5=20

2 모두 몇 개인지 곱셈식으로 나타내세요.

- 3×2=6
- 8×4=32
- 9×3=27
- 2×5=10
- 5×6=30

풀이 3개씩 2묶음 ➡ 3+3=6
8개씩 4묶음 ➡ 8+8+8+8=32
9개씩 3묶음 ➡ 9+9+9=27
2개씩 5묶음 ➡ 2+2+2+2+2=10
5개씩 6묶음 ➡ 5+5+5+5+5+5=30

170~171쪽

75 국어 포근포근 일요일 오후

1 흉내 내는 말을 찾으면서 시를 소리 내어 읽어 보세요.

우리 가족 잠재우는
포근포근 햇살 가득 일요일 오후
할머니는 방에서 깜박깜박
아빠는 소파에서 꾸벅꾸벅
동생은 침대에서 새근새근

엄마는 뭐 하시나
슬금슬금 다가가니
홀로 책을 읽다
내 발걸음 눈치채고
빙긋 웃으시네.

쉿! 떠들면 안 돼.
소곤소곤 속삭일 테야.
숨 죽여 기대어 책장을 넘기는
포근포근 다정한 일요일 오후

2 시를 읽고 물음에 답하세요.
- 언제 있었던 일을 나타냈나요? (일요일 오후)
- 할머니, 아빠, 동생은 무엇을 하고 있나요? (낮잠)
- 각각의 등장인물을 나타낸 흉내 내는 말을 찾아 선으로 이으세요.
- 시의 분위기를 바르게 이해한 친구에게 ○ 하세요.

3 시에 나온 흉내 내는 말을 넣어 짧은 글을 지어 보세요.

예 포근포근 봄이 와서 날씨가 포근포근 따뜻하다.

풀이 시에 나온 흉내 내는 말은 '포근포근, 깜박깜박, 꾸벅꾸벅, 새근새근, 슬금슬금, 빙긋, 소곤소곤'입니다. 그중 하나를 넣어 알맞은 문장을 만들었는지 확인해 주세요.

172~173쪽

76 수학 여러 가지 곱셈식

1 사과는 모두 몇 개인지 여러 가지 곱셈식으로 나타내세요.

2개씩 묶기 2×9=18
3개씩 묶기 3×6=18
6개씩 묶기 6×3=18
9개씩 묶기 9×2=18

2 과일의 수를 여러 가지 곱셈식으로 나타내세요.

3×8=24, 4×6=24, 6×4=24, 8×3=24

4×9=36, 6×6=36, 9×4=36

예 2×6=12, 예 3×4=12, 예 4×3=12, 예 6×2=12

풀이 묶는 방법에 따라 여러 가지 곱셈식으로 나타낼 수 있습니다.
복숭아를 2개씩 묶으면 6묶음이므로 2×6=12, 3개씩 묶으면 4묶음이므로 3×4=12, 4개씩 묶으면 3묶음이므로 4×3=12, 6개씩 묶으면 2묶음이므로 6×2=12입니다.

174~175쪽

77 종합 꼭꼭 복습

1 언제 토요일 저녁 / 어디에서 거실

2 콜라를 엎지르고 말았다. ×

3 예 미안해. 다음부터는 좀 더 조심할게.

4 (①)

5 (1) 휘휘 (2) 빙긋

6 5씩 4묶음은 5의 4배입니다.

7 (②, ③)

8 (4)배

9 덧셈식 3+3+3=9, 곱셈식 3×3=9

10 예 2×8=16, 예 4×4=16, 예 8×2=16

풀이 **1. 독해**
첫 번째 문단에서 언제, 어디서 일어난 일인지 알 수 있습니다. 토요일 저녁에 (우리 집) 거실에서 동생과 치킨을 먹을 때 일어난 일입니다.

풀이 **4. 독해**
'나'는 얼떨결에 짜증을 냈다고 했으므로 실수하고 바로 사과를 한 것이 아닙니다.

풀이 **5. 문장**
(1)에서는 고개를 젓는 모양, (2)에서는 웃는 모양을 나타내는 흉내 내는 말을 찾습니다.

풀이 **8. 추론**
소이가 가진 모형의 수는 2이므로 영우가 가진 모형의 수를 2씩 묶어 보면 4묶음입니다.
따라서 2의 4배입니다.

풀이 **9. 문제해결**
구슬의 수는 3개씩 3묶음이므로 덧셈식으로 나타내면 3+3+3=9, 곱셈식으로 나타내면 3×3=9입니다.

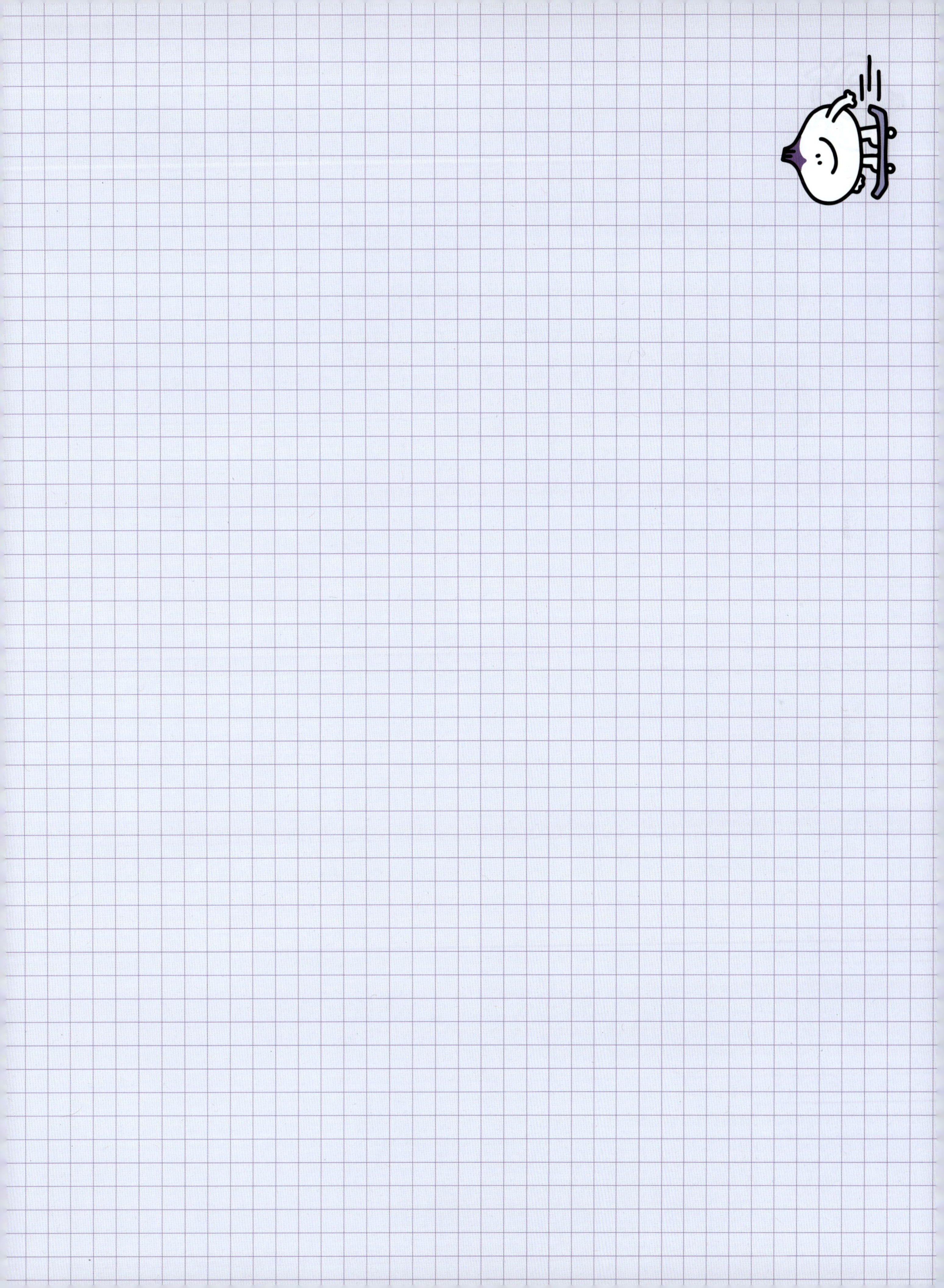

"오늘도 한 뼘 자랐습니다"

길벗스쿨

기적의 학습서, 제대로 경험하고 싶다면?

학습단에 참여하세요!

꾸준한 학습!

풀다 만 문제집만 수두룩? 기적의 학습서는 스케줄 관리를 통해 꾸준한 학습을 가능케 합니다.

푸짐한 선물!

학습단에 참여하여 꾸준히 공부만 해도 상품권, 기프티콘 등 칭찬 선물이 쏟아집니다.

알찬 학습 팁!

엄마표 학습의 고수가 알려주는 학습 팁과 노하우로 나날이 발전된 홈스쿨링이 가능합니다.

길벗스쿨 공식 카페 〈기적의 공부방〉에서 확인하세요.

http://cafe.naver.com/gilbutschool